A Arbitragem Internacional como Instrumento no Combate à Corrupção

A Arbitragem Internacional como Instrumento no Combate à Corrupção

2021

Marina Coelho Reverendo Vidal

ALMEDINA

A ARBITRAGEM INTERNACIONAL COMO INSTRUMENTO NO COMBATE À CORRUPÇÃO

AUTOR: Marina Coelho Reverendo Vidal

DIRETOR ALMEDINA BRASIL: Rodrigo Mentz
EDITORA JURÍDICA: Manuella Santos de Castro
EDITOR DE DESENVOLVIMENTO: Aurélio Cesar Nogueira
ASSISTENTES EDITORIAIS: Isabela Leite e Larissa Nogueira

DIAGRAMAÇÃO: Almedina
DESIGN DE CAPA: FBA

ISBN: 9786556272993
Setembro, 2021

Dados Internacionais de Catalogação na Publicação (CIP)
(Câmara Brasileira do Livro, SP, Brasil)

Vidal, Marina Coelho Reverendo
A arbitragem internacional como instrumento no combate à corrupção / Marina Coelho Reverendo Vidal. -- São Paulo : Almedina, 2021.

Bibliografia.
ISBN 978-65-5627-299-3

1. Arbitragem (Direito) 2. Corrupção – Combate I. Título.

21-70520 CDU-347.918:382

Índices para catálogo sistemático:

1. Arbitragem : Direito internacional 347.918:382

Cibele Maria Dias – Bibliotecária – CRB-8/9427

Este livro segue as regras do novo Acordo Ortográfico da Língua Portuguesa (1990).

EDITORA: Almedina Brasil
Rua José Maria Lisboa, 860, Conj. 131 e 132, Jardim Paulista | 01423-001 São Paulo | Brasil
editora@almedina.com.br
www.almedina.com.br

The corruption of the best things gives rise to the worst.

David Hume

Ao meu avô Alfredo Leme Coelho de Carvalho.
Sua mente irrefreável e vontade inabalável de deixar sua marca no mundo deixaram em mim a vontade de ser como você.

LISTA DE ABREVIATURAS E SIGLAS

ABA	*American Bar Association*
CCBC	Centro de Arbitragem e Mediação da Câmara de Comércio Brasil Canadá
CCBE	*Council of Bars and Law Societies of Europe*
CCI ou ICC	Corte Internacional de Arbitragem da Câmara Internacional de Comércio (em inglês, *International Court of Arbitration of the International Chamber of Commerce*)
CDC	Código de Defesa do Consumidor (Lei nº 8.078/1990)
CLCC	Convenção de Direitos Civis em Corrupção (em inglês, *Civil Law Convention on Corruption*)
Constituição Federal	Constituição Federal de 1988 da República Federativa do Brasil
Convenção Africana contra a Corrupção	Convenção da União Africana para Prevenir e Combater a Corrupção
Convenção Anticorrupção Europeia	Corrupção em que estejam implicados funcionários das Comunidades Europeias ou dos Estados-Membros da União Europeia de 1997.
Convenção de Genebra	Convenção de Genebra sobre Arbitragem Internacional de 1961 (em

	inglês, *Geneva Convention on International Commercial Arbitration*)
Convenção de Nova York	Convenção sobre o Reconhecimento e a Execução de Sentenças Arbitrais Estrangeiras de Nova Iorque de 1958
Convenção ICSID	Convenção do Centro Internacional para a Arbitragem de Disputas sobre Investimentos de 1965
PCA	Corte Permanente de Arbitragem (em inglês, *Permanent Court of Arbitration*)
ICJ	Corte Internacional de Justiça (em inglês, *Internacional Court of Justice*)
CPC/15	Código de Processo Civil Brasileiro (Lei nº 13.105/2015)
IBA	*International Bar Association*
ICSID	Centro Internacional para a Resolução de Conflitos sobre Investimentos (em inglês, *International Centre for Settlement of Investment Disputes*)
LCIA	*London Court of International Arbitration*
Lei Anticorrupção	Lei nº 12.846/2013
Lei Brasileira de Arbitragem	Lei nº 9.307/1996
Lei de Improbidade Administrativa	Lei nº 8.429/1992
Lei Modelo da UNCITRAL	Lei Modelo da UNCITRAL sobre Arbitragem Comercial Internacional de 1985 (em inglês, *UNCITRAL Model Law on International Commercial Arbitration*), com as alterações adotadas em 2006
LINDB	Lei de Introdução às Normas do Direito Brasileiro
NAFTA	Tratado de Livre Comércio da América do Norte (em inglês, *North America Free Trade Agreement*)
OAB	Ordem dos Advogados do Brasil

ONU	Organização das Nações Unidas
Relatório UNCC	Relatório de Implementação da Convenção das Nações Unidas Contra Corrupção (em inglês, *State of Implementation of the United Nations Convention against Corruption: Criminalization, Law Enforcement and International Cooperation*)
UNCC	Convenção das Nações Unidas contra a Corrupção (em inglês, *United Nations Convention against Corruption*)
UNCITRAL	Comissão das Nações Unidas para o Direito Comercial Internacional (em inglês, *United Nations Commission on International Trade Law*)
UPICC	Princípios UNIDROIT Relativos aos Contratos Comerciais Internacionais de 2016 (em inglês, *UNIDROIT Principles of International Commercial Contracts*)
USMCA	United States Mexico Canada Agreement

SUMÁRIO

Introdução

Justificativa

Sabemos que a corrupção não é uma invenção da modernidade. Na história da humanidade, onde quer que houvesse poder, pessoas se valeram dele para obter proveitos egoístas, pessoas se beneficiaram de suas posições privilegiadas para obter vantagens em detrimento dos interesses que deveriam defender, e pessoas se tornaram escravas da corrupção.

A corrupção, em sentido amplo, nada mais é do que o tratamento injusto, a atribuição de benefícios a alguém, em detrimento de outros, sem qualquer justificativa material proba[1]. Ela viceja em nossa sociedade tanto nas mais complexas quanto nas mais simples formas de organização social. Tudo que ela precisa para existir é da presença de uma pessoa investida de poder disposta a usá-lo para favorecer aqueles que lhe oferecerem em troca algum benefício pessoal.

Mas se a corrupção é um mal tão antigo, condenado até mesmos pelos Apóstolos de Cristo[2], como vivemos ainda hoje em um mundo tão corrupto? Se reconhecemos o problema, por qual razão não conseguimos trabalhar soluções aceitáveis para ele?

[1] "O vocábulo 'corrupção' (do latim *corruptio*) denota a ação de corromper, de produzir adulteração, perversão, prevaricação". PRADO, Luiz Régis. Os novos delitos de corrupção e tráfico de influência internacional no direito brasileiro. *Revista dos Tribunais*, v. 815, p. 429-445, set. 2003. "Corrumpere *é sinônimo de estragar, prejudicar, deteriorar, perder, danificar, viciar, perverter, subornar*". MATOS, Amanda Prado. Sociedade corrupta. *Revista de Direito Privado*, v. 100, 2019, p. 95-112.

[2] "Prometendo-lhes liberdade, eles mesmos são escravos da corrupção, pois o homem é escravo daquilo que o domina" (Versículo da Bíblia. Pedro 19:2).

Não sendo um mal exclusivo do século XX, a verdade é que o tempo permitiu que a corrupção se refinasse, que as práticas ficassem mais elaboradas e mais difíceis de serem rastreadas. A humanidade evoluiu e, com a evolução, surgiram novos meios e possibilidades de agentes corruptos praticarem ilicitudes, utilizando em seu favor a globalização e a tecnologia. Se antes os agentes romanos precisavam esconder os produtos da corrupção embaixo de seus colchões, hoje, os políticos corruptos podem enviar dinheiro para contas não rastreáveis em paraísos fiscais, protegendo seu patrimônio por meio das mais criativas e diferentes estruturas jurídicas, de modo a encobertar suas malversações sob um verniz de legalidade e escapar das sanções legais.

E se podemos afirmar, sem hesitar, que atualmente o favorecimento ilícito é algo que transcende barreiras geográficas, o mesmo pode ser dito da arbitragem, que pode vir a se tornar o principal palco para disputas comerciais, ou disputas entre investidores estrangeiros e Estados, que tangenciam a prática de corrupção internacional.

É à luz destes fatos que se justifica a realização da presente pesquisa, que pretende analisar em quais contextos a corrupção aparece em disputas arbitrais e qual atitude deve ser tomada pelos tribunais arbitrais, partes e advogados quando se deparam com alegações de corrupção, de maneira a assegurar o importante papel da arbitragem no combate a esse mal antigo, sistêmico e corrosivo que destrói a credibilidade dos Estados, priva setores essenciais de investimentos necessário e, em última instância, assassina direitos essenciais dos cidadãos, as vítimas reais da corrupção.

Estrutura e metodologia

Como metodologia de pesquisa, esse trabalho envolveu a análise de diversos artigos e livros que versam sobre os temas aqui tratados, além dos principais casos arbitrais nos quais a corrupção foi suscitada como matéria de fundo. Como a grande maioria do material analisado não está disponível na língua portuguesa, preferimos transcrever os trechos sempre em seu idioma original, para evitar que o conteúdo ficasse perdido na tradução, mas incluímos as respectivas traduções em nota de rodapé. Apenas traduzimos no corpo do texto as citações realizadas diretamente nos parágrafos, para assegurar a fluência do raciocínio.

Em relação à estrutura, este trabalho é dividido em 4 (quatro) grandes tópicos, cujo conteúdo encontra-se resumido nos parágrafos abaixo. Adiantamos que o primeiro Capítulo se preocupa com conceitos e premissas introdutórias do trabalho; o segundo enfatiza questões procedimentais com as quais os árbitros, os advogados e as partes que atuam em casos envolvendo alegações de corrupção precisam lidar; o terceiro aborda as consequências de alegações de corrupção em arbitragens de investimento e o quarto capítulo discute as consequências de alegações de corrupção em arbitragens comerciais internacionais.

Antes de passarmos à complexa interseção entre os temas arbitragem e corrupção, portanto, fixaremos no Capítulo 1 algumas premissas e teceremos considerações acerca dos dois assuntos. Primeiro, no subcapítulo 1.1, explicaremos o instituto da arbitragem e a sua natureza (subitens 1.1.1 e 1.1.2, respectivamente) e traçaremos a diferença entre arbitragem comercial e arbitragem de investimento (subitem 1.1.3), além de oferecermos um panorama acerca das normas, dos tratados e das convenções mais importantes para o instituto da arbitragem (subitem 1.1.4).

Em seguida, no subcapítulo 1.2, abordaremos o tema corrupção. Nele, explicaremos o sentido da palavra corrupção para a linguagem coloquial (subitem 1.2.1) e procuraremos traçar uma definição jurídica para "atos de corrupção" a partir da análise de instrumentos internacionais que versam sobre o tema (subitem 1.2.2). Após explicar o conceito de corrupção para a presente pesquisa (subitem o 1.2.3), explicaremos se e quando atos de corrupção implicam em violação à ordem pública transnacional (subitem 1.2.4).

O Capítulo 2 se volta aos desafios iniciais com os quais se deparam árbitros, partes e advogados que participam de disputas arbitrais internacionais envolvendo corrupção. São quatro os temas abordados neste capítulo: a lei aplicável ao mérito em casos envolvendo alegações de corrupção (subcapítulo 2.1), o ônus e o peso das provas de corrupção (subcapítulo 2.2), a possibilidade de tribunais arbitrais investigarem de ofício suspeitas de corrupção (subcapítulo 2.3), o poder ou dever dos envolvidos de reportar atos de corrupção às autoridade competentes (subcapítulo 2.4) e, por fim, o comportamento esperado de advogados que defendem partes envolvidas em corrupção (subcapítulo 2.5).

Em razão da diferença de tratamento nos diferentes ordenamentos jurídicos ao tema corrupção, o primeiro problema colocado perante árbitros vestidos de poder para decidir disputas internacionais envolvendo alegações de corrupção é, exatamente, identificar qual lei eles devem aplicar ao lidar com as alegações. É esta problemática que abordaremos no subcapítulo 2.1 deste trabalho, subdividido em dois tópicos: o primeiro (subitem 2.1.1), introdutório, explicará as diversas representações sobre arbitragens internacionais e o segundo (subitem 2.1.2) abordará o processo de escolha da lei que entendemos que um tribunal arbitral internacional deve adotar em arbitragens internacionais envolvendo alegações de corrupção.

Em seguida, no subcapítulo 2.2, abordaremos questões sobre o ônus e o peso das provas produzidas em casos envolvendo alegações de corrupção. Optamos por abordar as duas questões (ônus e peso atribuído à prova) conjuntamente pois os casos concretos analisados revelam que, como regra, tais questões andam de mãos dadas: nas situações em que o tribunal arbitral flexibilizou a regra de que a parte que argumenta os fatos tem o ônus de prová-los, ele também atribuiu um peso maior às evidências inconclusivas; por outro lado, nos casos em que afirmou a regra *actiori incumbat probation,* a tendência dos tribunais arbitrais foi utilizar um critério mais rigoroso em relação à suficiência das provas. Adotamos, portanto, na estrutura desta pesquisa, uma divisão que considera essas duas circunstâncias de forma conjunta.

Primeiro, no subitem 2.2.1, explicaremos a regra geral quanto ao ônus da prova, segundo a qual as partes têm a obrigação de provar os fatos aduzidos. Em seguida, no subitem 2.2.2, abordaremos circunstâncias especiais que permitem uma flexibilização da regra geral, por meio da inversão do ônus da prova, da realização de inferências negativas, da alocação de um maior peso a evidências inconclusivas, etc. Explicaremos quais elementos, ao nosso ver, devem ser considerados para essa flexibilização acontecer.

Para este subcapítulo específico, separamos os casos pertinentes em dois grandes tópicos subsequentes às considerações iniciais. No primeiro deles (subitem 2.2.3) abordamos os casos em que as alegações de corrupção não foram bem-sucedidas exatamente porque as partes que as alegaram não se desincumbiram do ônus que lhes cabia. No tópico seguinte (subitem 2.2.3) abordaremos os casos em que houve uma flexibilização do ônus da prova, quase sempre acompanhada da atribuição de maior peso a provas circunstanciais inconclusivas.

No subcapítulo 2.3, explicaremos porque os árbitros devem ter uma postura ativa ao conduzir a instrução probatória em casos envolvendo alegação de corrupção, independentemente da provocação das partes nesse sentido.

O subcapítulo 2.4 preocupa-se com uma discussão relevante acerca do poder e/ou dever dos árbitros de reportarem atos de corrupção revelados em procedimentos arbitrais para as autoridades competentes. Trata-se de uma preocupação que só importa para procedimentos arbitrais confidenciais que não envolvam o Estado-vítima, o qual, quando parte na arbitragem, já tem necessariamente conhecimento acerca dos atos que seriam denunciados. Excluem-se da esfera de preocupação do subcapítulo, portanto, as arbitragens de investimento.

Para avaliar o dever ou o direito dos árbitros de reportarem às autoridades competentes atos de corrupção revelados em procedimentos arbitrais, primeiramente, no subitem 5.2.1, explicaremos as regras e as exceções da obrigação de confidencialidade de procedimentos arbitrais, com ênfase na possibilidade de revelação de fatos de interesse público, para, em seguida, no subitem 5.2.2, ponderar se os árbitros e demais envolvidos na arbitragem têm obrigação de revelar fatos relacionados à prática de corrupção para as autoridades responsáveis pela persecução penal dos crimes.

Em seguida, no subcapítulo 2.6, abordaremos a conduta esperada dos advogados envolvidos em arbitragem que gravitam em torno do tema corrupção. Em primeiro lugar, explicaremos a dupla deontologia aplicável aos advogados que atuam em procedimentos arbitrais internacionais (subitem 2.6.1) e, em seguida, falaremos sobre a obrigação dos advogados de sempre dizer a verdade em procedimentos arbitrais, mesmo que isso signifique prejudicar a defesa de um cliente que cometeu atos criminosos (subitem 2.6.2).

Superadas as questões procedimentais que surgem em arbitragens envolvendo alegações de corrupção, passamos aos capítulos que irão desenvolver as consequências da corrupção para arbitragens de investimento (capítulo 3) e arbitragens comerciais internacionais (capítulo 4).

No Capítulo 3 nos preocupamos, portanto, com a solução dada por tribunais arbitrais para arbitragens de investimento que gravitam em torno de alegações de corrupção. Explicaremos, no subcapítulo 3.1, o conceito da doutrina das mãos limpas (*cleand hands doctrine*), esculpida para lidar com a questão. Em seguida, no subcapítulo 3.2., explicaremos como tratados e convenções internacionais introduzem expressamente a doutrina das mãos limpas para investidores que buscam proteções especiais na esfera do direito internacional. Por fim, no subcapítulo 3.3, analisaremos a aplicação da doutrina das mãos limpas quando não há previsão expressa no tratado ou convenção internacional aplicável diretamente à disputa, para identificar se investidores corruptos podem, de forma geral, se valer de proteções conferidas pelo direito internacional.

Por fim, no Capítulo 4 a preocupação é com as soluções empregadas por tribunais arbitrais que precisam lidar com alegações de corrupção em arbitragens comerciais internacionais. Primeiramente, no subcapítulo 4.1, fixaremos conceitos importantes para compreendermos o contexto em que surgem as alegações de corrupção, diferenciando os contratos obtidos por meio de corrupção (*contracts procured by corruption*) dos contratos que têm como objeto, de certa maneira, a prática de corrupção (*contracts providing for corruption*). No subcapítulo 4.2 também nos preocuparemos com conceitos introdutórios, abordando os conceitos de nulidade e anulabilidade para o direito doméstico e internacional. Em seguida, no subcapítulo 4.3, abordaremos a jurisdição do tribunal arbitral para julgar arbitragens comerciais envolvendo alegações de corrupção. Já no subcapítulo 4.4 o foco são os casos em que tribunais arbitrais em arbitragens comerciais internacionais devem determinar a nulidade absoluta dos negócios jurídicos em razão da prática de corrupção. No subcapítulo 4.5, por sua vez, abordaremos os casos em que a consequência dos atos de corrupção é a anulabilidade do negócio jurídico. Por fim, no subcapítulo 4.6, enfatizaremos as circunstâncias em que atos de corrupção podem dar ensejo à condenação ao pagamento de perdas e danos.

1.
Premissas Conceituais

Antes de introduzirmos o foco do presente trabalho – a interseção entre os temas corrupção e arbitragem e, mais especificamente, como a arbitragem pode ser utilizada como um meio no combate à corrupção internacional – são necessárias breves introduções sobre os conceitos e os instrumentos que serão objeto de estudo. No subcapítulo 2.1, explicaremos brevemente o instituto da arbitragem, o arcabouço legal que regula este instrumento de resolução de disputas e algumas classificações e conceitos doutrinários que serão utilizados no desenrolar da problemática. No subcapítulo seguinte (2.2), nossa discussão será voltada aos conceitos e normas que gravitam em torno do tema "corrupção", a fim fixarmos o conceito de "atos de corrupção" para os propósitos deste trabalho e estabelecermos o enquadramento dos atos de corrupção na ordem pública jurídica internacional.

1.1. Arbitragem

O propósito deste capítulo é introduzir noções básicas e premissas conceituais sobre o tema "arbitragem". Isso para assegurar que leitores não tão familiarizados com o instituto compreendam as premissas das análises travadas nos capítulos seguintes, que abordarão a complexa relação entre os temas corrupção e arbitragem. Dessa forma, neste subcapítulo, abordaremos a definição de arbitragem (subcapítulo 2.1.1), a natureza do instituto da arbitragem (subcapítulo 2.1.3), a diferença entre arbitragem comercial e arbitragem de investimento (subcapítulo 2.1.2) e, por fim, os principais tratados e convenções internacionais sobre o assunto (subcapítulo 2.1.4).

1.1.1. Considerações acerca do conceito e importância da arbitragem

A arbitragem é um dos principais meios de resolução de conflitos internacionais envolvendo Estados, pessoas e sociedades[3]. Trata-se de meio "alternativo" de resolução de conflitos, na medida em que é uma alternativa em relação ao meio padrão de resolução das disputas: o Poder Judiciário[4]. Essa alternativa passa a existir, se permitida pelas leis locais, pela simples vontade das partes, que escolhem[5] vestir de jurisdição terceiros que poderão julgar conflitos passados, presentes ou futuros entre elas.

Sob essa perspectiva, a arbitragem nada mais é do que um meio pelo qual as partes escolhem terceiros de sua confiança para ouvir o seu caso e proferir uma decisão que, por as partes terem assim escolhido ou a lei assim determinar, será vinculante[6].

A arbitragem, em sua origem, é de fato tão simples quanto um mero arbitramento de terceiro: durante a Idade Média, havendo uma disputa entre dois comerciantes, eles escolhiam um terceiro para decidir quem estava certo e se comprometiam a seguir a decisão deste terceiro[7].

Nos tempos atuais, Gary Born explica que embora não exista um consenso em relação ao significado do termo arbitragem, a maioria das autoridades aceita se tratar de um processo por meio do qual as partes consensualmente decidem submeter sua disputa a um terceiro adjudicador não estatal, selecionado pelas partes para proferir uma decisão vinculante, seguindo um procedimento decisório neutro que permita que as partes tenham uma chance adequada de defender o seu caso[8].

[3] Nigel, Blackaby *et al. Redfern and hunter on international arbitration*. 6. ed. Países Baixos: Kluwer Law International, 2016, p. 2.

[4] Barceló III, John J.; Von Mehren, Arthur T. *International commercial arbitration*. A transnational perspective. Estados Unidos: Thomson Reuters, 2006, p. 1.

[5] A escolha pode se dar por meio de (i) uma cláusula arbitral (*arbitration agreement*), pactuada antes mesmo da disputa surgir, (ii) um compromisso arbitral (*submission agreement*), pactuado depois que a disputa surgiu, (iii) ou mesmo por tratados internacionais. Nesse sentido: Nigel, Blackaby *et al. Redfern and hunter on international arbitration*. 6. ed. Países Baixos: Kluwer Law International, 2016, p. 18.

[6] Nigel, Blackaby *et al. Redfern and hunter on international arbitration*. 6. ed. Países Baixos: Kluwer Law International, 2016, p. 2.

[7] Nigel, Blackaby *et al. Redfern and hunter on international arbitration*. 6. ed. Países Baixos: Kluwer Law International, 2016, p. 2.

[8] Born, Gary. *International arbitration*: law and practice. Países Baixos: Kluwer Law International, 2012, p. 4.

No sistema jurídico brasileiro, Carlos Alberto Carmona conceitua arbitragem da seguinte maneira:

> Arbitragem é uma técnica para solução de controvérsias através da intervenção de uma ou mais pessoas que recebem poderes de uma convenção privada, decidindo com base nesta convenção, sem intervenção do Estado, sendo a decisão destinada a assumir eficácia de sentença judicial[9].

Alguns dos conceitos contidos nas definições acima (como a eficácia de sentença judicial das decisões arbitrais, ou seja, a sua exequibilidade contra as partes da arbitragem e/ou contra terceiros) são construídos a partir da legislação aplicável[10]. Essa legislação existe porque nenhum sistema jurídico moderno comporta um método de resolução de conflitos completamente autônomo e independente[11]. Até mesmo essa "justiça privada" chamada de arbitragem precisa de determinadas regulações e limites, que se dão por meio das leis estatais e tratados internacionais que versam sobre o assunto. Segundo Jan Paulsson, é esse o grande paradoxo da arbitragem: ela precisa, para existir, da cooperação das autoridades judiciais das quais pretende se livrar[12].

1.1.2. A natureza jurídica híbrida da arbitragem

Há na doutrina quatro principais correntes acerca da natureza jurídica da arbitragem: (a) a teoria contratualista (ou privatista), (b) a teoria jurisdicionalista (ou publicista), (c) a teoria híbrida (ou teoria mista) e (d) a teoria autônoma (ou *sui juris*).

[9] CARMONA, Carlos Alberto. *Arbitragem e processo* – um comentário à Lei n. 9.307/96. São Paulo: Atlas, 2009, p. 15.

[10] Abordaremos a problemática das legislações aplicáveis aos procedimentos arbitrais em outros subcapítulos deste trabalho. Em relação às legislações domésticas que governam os efeitos da sentença arbitral, em especial, fazemos referência ao subcapítulo 2.1.4.

[11] NIGEL, Blackaby *et al. Redfern and hunter on international arbitration.* 6. ed. Países Baixos: Kluwer Law International, 2016, p. 2.

[12] Tradução livre: "The great paradox of arbitration is that it seeks cooperation of the very public authorities from which it seeks to free itself". PAULSSOUN, Jan. *Arbitration in three dimensions.* Londres: LSE Law, Society and Economy Working Papers 2/2010. Disponível em: https://www.arbitration-icca.org/media/0/12686652821290/arbitration_in_three_dimensions.pdf. Acesso em: 3 abr. 2020.

A teoria contratualista fundamenta-se no fato de que toda arbitragem teria origem em um contrato entre as partes, ou seja, em uma manifestação da vontade de ter determinado litígio resolvido por meio da arbitragem[13].

Como a origem do poder dos árbitros deriva de um contrato, segundo a teoria contratualista, também a sentença arbitral seria um contrato[14]. Nesse sentido, a explicação de José Carlos de Magalhães, que traça as origens da teoria contratualista a um caso julgado em 1967 pela Corte de Cassação francesa:

> Segundo a concepção contratualista, a convenção de arbitragem e a sentença arbitral formam um só todo integrado. A convenção das partes é a base de uma pirâmide da qual o laudo é o topo, formando um complexo de atos incindíveis, que compreende a convenção, o processo arbitral e o laudo. Assim, a decisão complementa e integra a convenção arbitral, instrumento principal que expressa a vontade das partes e delimita a autoridade dos árbitros nomeados. Essa concepção, defendida por Balladore-Pallieri e por Klein, foi consagrada, na França, na decisão do caso Roses, em 27 de julho de 1937, em que a Corte de Cassação afirmou que 'As sentenças que têm por base um compromisso a ele se integram e participam de sua característica convencional'[15].

Tratando-se a arbitragem de um "grande contrato", os árbitros, para os contratualistas, não exercem jurisdição, o que caberia somente aos juízes togados[16].

A tese publicista, por sua vez, não nega o berço contratual do poder dos árbitros, mas defende que este poder, que nasce da vontade das partes, por força legal, atribui aos árbitros jurisdição. Para os publicistas, "a cláusula compromissória ou o compromisso, ao instituírem a arbitra-

[13] ALVIM, José Eduardo Carreira. *Tratado geral da arbitragem interno*. Belo Horizonte: Mandamentos, 2000, p. 59.

[14] Conforme explicação de LEW, Julian David Mathew; MISTELIS, Loukas A; KRÖLL, Stefan M. *Comparative international arbitration*. Países Baixos: Kluwer International, 2003, p. 77.

[15] MAGALHÃES, José Carlos. *Revista Brasileira de Arbitragem*, v. IX. Curitiba: Comitê Brasileira de Arbitragem (CBAR), 2017, p. 229.

[16] CÂMARA, Alexandre Freitas. *Arbitragem* – Lei n. 9.307/95. 5. ed. Rio de Janeiro: Lumen Juris, 2009, p. 10.

gem, fazem nascer uma jurisdição privada, conferindo aos árbitros poder e autoridade para julgar determinado litígio, nascido da relação obrigacional disciplinada no contrato"[17]. Sob esse prisma, o compromisso arbitral seria "um contrato especial de direito público, instituindo normas de processo"[18].

A tese publicista foi bastante criticada pois atribui aos árbitros as mesmas funções do juiz togado, o que faria com que sentenças arbitrais estrangeiras não pudessem ter um regime especial de homologação, estabelecido, conforme explicaremos adiante, por meio da Convenção sobre o Reconhecimento e a Execução de Sentenças Arbitrais Estrangeiras de Nova York de 1958 ("Convenção de Nova York")[19]. É essa, segundo José Carlos de Magalhães, a principal razão para ter sido superada, dando lugar à teoria híbrida.

A teoria híbrida é, em resumo, uma combinação das duas teorias acima, mas com algumas nuances, na medida em que segundo ela "a origem da arbitragem é contratualista, entretanto, sua finalidade é jurisdicional"[20]. Os defensores da teoria híbrida veem a arbitragem como um meio de resolução de conflitos que nasce de um contrato privado, mas que versa sobre direito público ao ter como objeto a função *a priori* jurisdicional de resolver um conflito. A arbitragem seria, portanto, "contratual em sua base e jurisdicional em sua função"[21].

[17] Magalhães, José Carlos. *Revista Brasileira de Arbitragem*, v. IX. Curitiba: Comitê Brasileiro de Arbitragem (CBAR), 2017, p. 230. É esse, também, o entendimento adotado pela Lei de Arbitragem Brasileira. Vide: Carmona, Carlos Alberto. *Arbitragem e processo* – um comentário à Lei n. 9.307/96. São Paulo: Atlas, 2009, p. 26.

[18] Magalhães, José Carlos. *Revista Brasileira de Arbitragem*, v. IX. Curitiba: Comitê Brasileiro de Arbitragem (CBAR), 2017, p. 230.

[19] Julian David Mathew Lew, Loukas Mistelis e Stefan M. Kröll explicam que um dos casos mais importantes para a afirmação da teoria publicista foi o caso Del Drago, julgado pela Corte de Apelação de Paris, nos qual a corte teria afirmado que uma sentença arbitral estrangeira seria igual ou equivalente a uma sentença judicial estrangeira. Lew, Julian David Mathew; Mistelis, Loukas A; Kröll, Stefan M. *Comparative international arbitration*. Países Baixos: Kluwer International, 2003, p. 77.

[20] Cahali, Francisco José. *Curso de arbitragem*: Resolução CNJ 125/2020 (e respectiva emenda de 31 de janeiro de 2013: mediação e conciliação). São Paulo: RT, 2013, p. 96.

[21] Braghetta, Adriana. *A importância da sede da arbitragem*: visão a partir do Brasil. Rio de Janeiro: Renovar, 2010, p. 6.

A função jurisdicional do árbitro não é, contudo, para os adeptos da teoria híbrida, idêntica à função jurisdicional do juiz estatal. Trata-se, nas palavras de Julian Lew, Loukas Mistellis e Stefan Kröll, de uma função "quase-jurisdicional", já que não há um ato de delegação do poder estatal; os árbitros decidem a disputa, mas os Estados é que vão decidir dar ou não à decisão força "jurisdicional estatal"[22]; *i.e.* exequibilidade, equiparação à decisão das cortes locais. Essa diferença em relação à teoria jurisdicional permite que a teoria híbrida conviva de forma harmônica com a Convenção de Nova York.

A natureza híbrida da arbitragem é a teoria dominante[23] no mundo e a adotada como premissa neste estudo. Com efeito, não há como negar a importância da autonomia da vontade para o nascimento da jurisdição arbitral, assim como não é possível negar a natureza jurisdicional da adjudicação realizada pelo árbitro, que resulta na criação de um título dotado de força específica nos termos legais.

A sentença arbitral, sob esse prisma, não é contrato, mas também não é sentença judicial. O árbitro decide, mas não substitui o juiz em todos os seus aspectos, até porque não é dotado de poder de polícia (*imperium*). A sentença arbitral é o título que manifesta a decisão de um árbitro que exerceu poder jurisdicional ao decidir um litígio e carregará a

[22] "Accordingly, it is accepted that arbitrators are decision-makers and perform a quasi-judicial function without exercising any (state) judicial power, as there is no act of delegation of state power: they resolve disputes and their decisions may be given state judicial power at the time and place of enforcement. Hence, the arbitration function is equivalent to the function of a judge, but not of a particular state's judge. While a judge is vested in principle with state power, the arbitrator's decision is only in effect vested with the same power. This was recognised by the European Court of Justice in Nordsee v. Reederei where it stated that only state courts exercise state power". LEW, Julian David Mathew; MISTELIS, Loukas A; KRÖLL, Stefan M. *Comparative international arbitration*. Países Baixos: Kluwer International, 2003, p. 80. Tradução livre: Portanto, é aceito que árbitros são fazedores de decisões e performam uma função quase judicial, sem exercer nenhum poder judicial (estatal), já que não há delegação de poder: eles resolvem disputas e suas decisões podem ser dotadas de poder estatal judicial no tempo e local de execução. Portanto, a função arbitral é equivalente à função de juiz, mas não de um juiz estatal em particular. Enquanto um juiz é revestido em princípio de poder estatal, apenas a decisão dos árbitros é revestida deste mesmo poder.

[23] LEW, Julian David Mathew; MISTELIS, Loukas A; KRÖLL, Stefan M. *Comparative international arbitration*. Países Baixos: Kluwer International, 2003, p. 81.

natureza e a força que a lei lhe atribuir (no Brasil, de título executivo judicial)[24].

Por fim, Julian Lew, Loukas Mistellis e Stefan Kröll explicam a teoria "autônoma", segundo a qual, de forma bastante simplista, a arbitragem não precisaria necessariamente se encaixar em "preconcepções" do direito internacional ou doméstico dos Estados. Esta teoria encampa os fundamentos da teoria híbrida, mas vai além para incorporar alguns princípios da teoria da deslocalização (*delocalisation theory*)[25], segundo a qual a arbitragem não está vinculada aos conceitos jurídicos da sede da arbitragem ou de qualquer outra jurisdição[26].

Segundo os autores, embora a teoria "autônoma" não seja ainda a teoria predominante, ela deve "inevitavelmente dominar a arbitragem nos anos que estão por vir"[27]. Discordamos, retomando aqui o registro de Jan Paulsson[28] utilizado para encerrar o tópico acima: a nosso ver, por mais que a arbitragem tente escapar de conceitos, definições domésticas e cortes domésticas, seu funcionamento depende da existência harmônica com as cortes e normas estatais, o que é assegurado pela teoria híbrida ao reconhecer a diferença entre juízes e árbitros e pontuar que a natureza da arbitragem e da sentença arbitral depende dos contornos que lhe são dados pela legislação doméstica. Ademais, a teoria da deslocalização, conforme veremos adiante, não encontrou muitos adeptos, de maneira que não deve inspirar uma mudança significativa em relação à teoria da arbitragem encampada atualmente pela maioria da doutrina internacional.

24 Artigo 31 da Lei de Arbitragem Brasileira: "Art. 31. A sentença arbitral produz, entre as partes e seus sucessores, os mesmos efeitos da sentença proferida pelos órgãos do Poder Judiciário e, sendo condenatória, constitui título executivo".

25 Abordaremos com maior profundidade a teoria da deslocalização ao longo do texto, após fixarmos as premissas básicas sobre arbitragem.

26 Não poderia, por exemplo, depender da natureza que a legislação da sede da arbitragem lhe atribui, como admite a teoria híbrida.

27 Lew, Julian David Mathew; Mistelis, Loukas A; Kröll, Stefan M. *Comparative international arbitration*. Países Baixos: Kluwer International, 2003, p. 82.

28 Paulssoun, Jan. *Arbitration in three dimensions*. Londres: LSE Law, Society and Economy Working Papers 2/2010. Disponível em: https://www.arbitration-icca.org/media/0/12686652821290/arbitration_in_three_dimensions.pdf. Acesso em: 3 abr. 2020.

1.1.3. Arbitragem comercial e arbitragem de investimento

A arbitragem, portanto, nada mais é do que um meio privado de resolução de conflitos de natureza híbrida, que tem origem na vontade das partes de outorgarem o poder de decidir aos árbitros que escolhem, direta ou indiretamente, para resolver eventual conflito entre elas. Uma vez fixado este conceito, explicaremos a classificação da arbitragem entre "arbitragem comercial" e "arbitragem de investimento", pois trataremos destas duas "formas de arbitragem" em tópicos diferentes ao abordarmos a problemática da corrupção como causa de pedir em procedimentos arbitrais.

Arbitragem comercial é aquela calcada em relações contratuais, que envolve disputas relacionadas à relação comercial existente entre as partes, que podem ser pessoas físicas, pessoas jurídicas ou Estados[29], dentre outros. A jurisdição do tribunal arbitral neste caso depende da manifestação de vontade de todas as partes envolvidas[30], o que pode se dar por meio de uma cláusula arbitral (pactuada antes do surgimento da disputa) ou de um compromisso arbitral (pactuado depois do surgimento da disputa). É possível discutir em arbitragens comerciais questões de direito privado, público ou até mesmo de direito criminal que tangenciem a relação comercial, tendo sobre ela algum efeito, como acontece nos casos de corrupção, em que os atos ilícitos imputados podem determinar a nulidade do contrato ou o pagamento de indenizações, por exemplo.

Arbitragem de investimento é aquela envolvendo Estados e investidores, gravitando em torno de violações a proteções asseguradas pelo Estado aos investidores estrangeiros em instrumentos do direito internacional. Em resumo, os Estados firmam acordos, tratados ou convenções se comprometendo a assegurar, de forma recíproca, determinadas proteções aos investimentos realizados por investidores nacionais dos demais Estados signatários do mesmo instrumento, oferecendo a tais

[29] Ao utilizarmos a palavra "Estado" neste trabalho, estaremos nos referindo tanto aos Estados como uma forma geral quanto às autarquias, agências governamentais, órgãos locais, empresas públicas etc.

[30] Manifestação essa que pode ser implícita ou explícita, além de outras formas admitidas de intervenção de terceiros.

investidores uma "oferta unilateral" para que sejam submetidas à arbitragem disputas acerca destas proteções, caso elas venham a surgir.

O Estado assina um documento de direito internacional se comprometendo a assegurar determinadas proteções aos investidores estrangeiros e, de imediato, concorda com a jurisdição arbitral para resolução de eventuais conflitos relacionados ao tratado, acordo ou convenção aplicável. Trata-se, portanto, de uma "porta" que o Estado coloca à disposição de qualquer investidor estrangeiro que lhe possa abrir nos termos do instrumento de direito internacional aplicável[31]. Uma vez que o investidor estrangeiro decide "abrir esta porta", ou "aceitar esta oferta", forma-se a cláusula arbitral entre o Estado e aquele investidor específico.

Nesse sentido, vejamos a explicação de Bernardo M. Cremades sobre a oferta para arbitrar contida no Acordo entre a República Federativa da Alemanha e a República Federativa das Filipinas para promoção e recíproca proteção de investimentos[32] no caso *Fraport AG vs. The Republic of the Philippines*[33], cujos fatos teremos a oportunidade de abordar com mais detalhes em outro capítulo deste estudo:

> The investor-State dispute resolution provision in Article 9 of the Philippines-Germany BIT constitutes an open offer of arbitration to the investors from the other State. The investor's acceptance of that offer, and so the formation of the arbitration agreement, does not arise until the investor commences Arbitration[34].

[31] Born, Gary. *International arbitration*: law and practice. Países Baixos: Kluwer Law International, 2012, p. 415.

[32] Tradução livre: "Agreement between the Federal Republic of Germany and the Republic of the Philippines on the Promotion and Reciprocal Protection of Investments" ("BIT Alemanha-Filipinas").

[33] *Fraport AG vs. The Republic of the Philippines* (ICSID Case No. ARB/03/25) ("Caso Fraport"). Disponível em: https://www.italaw.com/cases/456. Acesso em: 16 jul. 2020.

[34] Opinião dissidente de Bernardo M. Cremades no caso *Fraport AG vs. The Republic of the Philippines* (ICSID Case n. ARB/03/25) ("Caso Fraport"). Disponível em: https://www.italaw.com/cases/456. Acesso em: 16 jul. 2020, p. 17. Tradução livre: "A provisão para resolução de disputas entre investidor e Estado no artigo 9 do BIT Filipinas-Alemanha constitui uma oferta aberta de arbitragem aos investidores do outro Estado. A aceitação do investidor dessa oferta e, portanto, a formação da convenção de arbitragem, não ocorre até que o investidor inicie a arbitragem". No mesmo sentido: Derain, Yves; Mirabal, Josefa Sicard. *Introduction to investment-state arbitration*. Países Baixos: Kluwer Law International, 2018, p. 9.

Há muitos pontos comuns entre arbitragens comerciais e arbitragens de investimento: ambas (a) dependem da manifestação da vontade das partes de ter sua disputa submetida à arbitragem, (b) envolvem um procedimento decisório conduzido pelos árbitros escolhidos conforme tal manifestação de vontade e (c) resultam em sentenças finais e vinculantes, que podem ser institucionais ou *ad hoc*[35].

Apesar da essência procedimental das arbitragens de investimento ser a mesma das arbitragens comerciais, a prática revela importantes diferenças entre elas, em especial no que diz respeito (a) às partes envolvidas; (b) ao meio de vinculação à arbitragem; (c) ao mérito da disputa submetida à arbitragem; (d) ao alcance da jurisdição das cortes estatais para medidas auxiliares à arbitragem; e (e) a questões de transparência e/ou confidencialidade. Trataremos de cada uma das diferenças nos parágrafos abaixo.

Em relação ao ponto "(a)" (partes envolvidas), arbitragens comerciais envolvem a participação de pessoas físicas, pessoas jurídicas, Estados, etc., nos mais diferentes contextos. Já arbitragens de investimento envolvem sempre, ao menos, o Estado e o investidor estrangeiro.

Em relação ao ponto "(b)" (meio de vinculação à arbitragem), a jurisdição dos árbitros em arbitragens comerciais emana da vontade das partes, manifestada em negócios jurídicos pactuados simultaneamente entre elas (convenções de arbitragens ou compromissos arbitrais). Enquanto isso, em arbitragens de investimento, a manifestação da vontade do Estado se dá, em regra, de forma antecipada, quando este Estado pactua um instrumento de direito internacional que compreende uma "oferta para arbitrar" direcionada aos investidores de outros Estados. A convenção arbitral se forma, como já explicado, apenas quando o investidor aceita esta oferta, dando início ao procedimento arbitral[36]. Essa é, na verdade, considerada a "mais óbvia" diferença entre

[35] Born, Gary. *International arbitration*: law and practice. Países Baixos: Kluwer Law International, 2012, p. 417.

[36] Não há, por outro lado, oferta do investidor, o que significa que em arbitragens de investimento há, em regra, uma via de mão única em relação ao consentimento para arbitragem. Como consequência, há uma limitação em relação aos pedidos que podem ser feitos pelo Estado contra o investidor no âmbito de uma arbitragem de investimento iniciada com fundamento em um tratado internacional. No caso *Spyridon Roussalis vs. Romania*, um tribunal arbitral ICSID concluiu que não tinha jurisdição para julgar um pedido contraposto do

arbitragens comerciais e arbitragens de investimento, conforme explica Aloysius Llamzon:

> 5.11 The most obvious difference between commercial and investment arbitration concerns the nature of the parties' consent to arbitrate. In contract-based commercial arbitration, consent is expressed in a mutual, largely contemporaneous exchange of promises to bring a present or future dispute to arbitration. However, in investment treaty arbitration, the host State's consent is usually expressed as an open offer of arbitration for all nationals of the counterparty State to the investment treaty. That offer of arbitration is then deemed accepted and becomes a binding arbitration agreement when an investor commences arbitration. (19) Thus, while virtually all investment arbitration tribunals are not formally constituted by treaties, (20) the fact that these tribunals are constituted pursuant to treaties arguably places them at a higher – perhaps perhaps intermediate – level (21) compared to pure commercial arbitration[37].

Arbitragens consideradas de investimento calcadas em contratos firmados entre as partes, não em tratados, acordos e convenções internacionais, são a exceção à regra. Trataremos de apenas um caso em que isso aconteceu neste trabalho, o *World Duty Free Co Ltd vs. The Republic of Kenya*[38]. Apesar de a jurisdição do tribunal arbitral ter, no caso concreto,

Estado contra o investidor pois o BIT aplicável não abarcava essa possibilidade. *Spyridon Roussalis vs. Romania*. Caso ICSID n. ARB/06/1, j. 7 dez. 2011.

[37] Llamazon, Aloysius. *Corruption in international investment arbitration*. Reino Unido: Oxford International, 2014, p. 99. Tradução livre: "A diferença mais óbvia entre arbitragem comercial e de investimento diz respeito à natureza do consentimento das partes em arbitrar. Na arbitragem comercial baseada em contrato, o consentimento é expresso em uma troca de promessas mútua e amplamente contemporânea de levar uma disputa presente ou futura à arbitragem. No entanto, na arbitragem do tratado de investimento, o consentimento do Estado anfitrião é geralmente expresso como uma oferta aberta de arbitragem para todos os nacionais do Estado da contraparte no tratado de investimento. Essa oferta de arbitragem é então considerada aceita e se torna um acordo de arbitragem vinculativo quando um investidor inicia a arbitragem. (19) Assim, embora praticamente todos os tribunais de arbitragem de investimentos não sejam formalmente constituídos por tratados, (20) o fato de que esses tribunais são constituídos de acordo com tratados os coloca em um nível mais alto – talvez intermediário – (21) em comparação à arbitragem comercial".

[38] *World Duty Free Co Ltd vs. The Republic of Kenya*. Caso n. ARB/00/7 (ICSID). Sentença arbitral proferida em 4 de outubro de 2006.

fundamento em uma cláusula arbitral contida em um contrato, não em oferta unilateral para arbitrar contida em instrumento internacional, tal cláusula referia-se à arbitragem pelo Centro Internacional para a Resolução de Conflitos sobre Investimentos (*International Centre for Settlement of Investment Disputes* "ICSID") e a matéria em disputa gravitava em torno de proteções a investimentos realizados no Quênia por investidores estrangeiros[39].

Por uma questão de metodologia, explicaremos no subcapítulo abaixo como funciona o ICSID, bastando por enquanto explicar que a referência ao Centro traz para o procedimento arbitral a aplicação de normas internacionais de investimento e um regime bastante específico para a relação entre o tribunal arbitral e as cortes locais, o que faz das arbitragens conduzidas pelo ICSID arbitragens de investimento, não arbitragens comerciais[40].

Em relação ao ponto "(c)" (o mérito da disputa submetida à arbitragem), enquanto arbitragens comerciais têm como foco disputas que versam sobre direitos patrimoniais disponíveis, às quais aplicam-se, *a priori*, legislações domésticas e/ou a *lex mercatoria*, arbitragens de investimento gravitam em torno de proteções asseguradas pelos Estados por meio de

[39] Sobre a cláusula arbitral que fundamentou a jurisdição do tribunal arbitral no caso World Duty Free, Aloysius Llamzon argumenta: "Less than a year after these purported expropriatory acts, the investor (now 'claimant') filed a request for arbitration in June 2000 with the ICSID. (20) The ICSID's jurisdiction was invoked by virtue of the dispute settlement clause in the Agreement; (21) this was therefore not a case where the State's expression of consent to arbitration was founded upon a bilateral or multilateral investment treaty. That said, the dispute settlement clause did expressly provide that arbitration would be conducted under the Washington Convention, (22) and that the Agreement related to an 'investment' within the meaning of that Convention". LLAMAZON, Aloysius. *Corruption in international investment arbitration*. Reino Unido: Oxford International, 2014, p. 103. Tradução livre: "Menos de um ano após esses supostos atos expropriatórios, o investidor (agora 'requerente') apresentou uma solicitação de arbitragem em junho de 2000 ao ICSID. (20) A jurisdição do ICSID foi invocada em virtude da cláusula de solução de controvérsias do Contrato; (21) não foi, portanto, um caso em que a expressão de consentimento do Estado à arbitragem se baseou em um tratado de investimento bilateral ou multilateral. Dito isto, a cláusula de solução de controvérsias estabeleceu expressamente que a arbitragem seria conduzida sob a Convenção de Washington (22) e que o Acordo se referia a um "investimento" na acepção dessa Convenção".

[40] LLAMAZON, Aloysius. *Corruption in international investment arbitration*. Reino Unido: Oxford International, 2014, p. 89.

instrumentos internacionais de direito público (tratados internacionais, convenções, etc.) e/ou pelo direito costumeiro internacional[41]. Destacamos, novamente, registro de Aloysius Llamzon sobre a diferença em questão:

> 5.13 Differences in the source of jurisdiction also mirror the divergence in 'law-making vocations' between investment and commercial arbitration tribunals. (22) In commercial matters, national courts are the default appliers of the law, and national court decisions will normally act as precedent, given the fact that commercial arbitration disputes will almost always identify a particular national law that will govern the substance of the dispute. For international investment disputes, however, investment tribunals are the default appliers of the law, and precedents that would be considered de facto authoritative (there being no formal system of precedent) in investment cases arise not from national courts, but from international investment tribunals. 'The law applied in investment arbitration is authentically international and not national as in commercial arbitration. [...] Moreover, the increasing practice of publishing international investment awards necessarily produces a body of jurisprudence which is available to parties and subsequent tribunals and can be evaluated on its merits by the college of international lawyers and only then given some precedential persuasion. But none of that applies to international commercial arbitration.' (23)[42].

[41] DERAIN, Yves; MIRABAL, Josefa Sicard. *Introduction to investment-state arbitration*. Países Baixos: Kluwer Law International, 2018, p. 417.

[42] LLAMAZON, Aloysius. *Corruption in international investment arbitration*. Reino Unido: Oxford International, 2014, p. 89. Tradução livre: "5.13 As diferenças na fonte de jurisdição também refletem a divergência nas 'vocações legislativas' entre tribunais de investimento e arbitragem comercial. (22) Em questões comerciais, os tribunais nacionais são os aplicadores padrão da lei, e as decisões dos tribunais nacionais normalmente atuam como precedentes, dado que as disputas de arbitragem comercial quase sempre identificam uma lei nacional específica que governará a substância da disputa. Para disputas internacionais de investimento, no entanto, os tribunais de investimento são os aplicadores padrão da lei, e os precedentes que seriam considerados autoridades de fato (não existe um sistema formal de precedentes) nos casos de investimento não surgem dos tribunais nacionais, mas dos tribunais internacionais de investimento. A lei aplicada na arbitragem de investimentos é autenticamente internacional e não nacional como na arbitragem comercial. [...] Além disso, a crescente prática de publicar sentenças internacionais de investimento produz necessariamente um corpo de jurisprudência que está disponível para as partes e tribunais sub-

Em relação ao ponto "(d)" (alcance da jurisdição das cortes estatais para medidas auxiliares à arbitragem), é preciso ter em mente que quando um particular se envolve em uma disputa com um Estado, sem prejuízo das separações internas de poder, há uma desconfiança natural em relação a decisões proferidas pelo Poder Judiciário deste mesmo Estado. Por essa razão, a Convenção do Centro Internacional para a Arbitragem de Disputas sobre Investimentos de 1965 (em inglês, *Convention on the Settlement of Investment Disputes between States and Nationals of Other States* – "Convenção ICSID" ou "Convenção de Washington") criou um regime específico para a relação entre as cortes e os tribunais arbitrais constituídos em arbitragens de investimento submetidas ao ICSID que explicaremos no subitem seguinte[43]. Salvo por arbitragens ICSID, a relação entre os tribunais arbitrais e as cortes são reguladas pelas legislações locais.

Por fim, em relação ao item "(e)" (questões de transparência e/ou confidencialidade), a transparência é uma das características das arbitragens de investimento[44], enquanto a confidencialidade é, ainda, bastante utilizada em arbitragens comerciais[45]. Nesse sentido, a ONU destacou em uma resolução de 16 de dezembro de 2014 que a transparência é necessária nas arbitragens de investimento, em razão do interesse público normalmente envolvido nas disputas[46].

Seguindo as orientações da ONU, a UNCITRAL elaborou as Regras da UNCITRAL para Transparência em Arbitragens Baseadas em Tra-

sequentes e pode ser avaliado por seus méritos pelo colégio de advogados internacionais e somente então lhes será atribuída força persuasiva. Mas nada disso se aplica à arbitragem comercial internacional".

[43] Texto completo da Convenção. Disponível em: https://icsid.worldbank.org/en/Pages/icsiddocs/ICSID-Convention.aspx. Acesso em: 4 fev. 2020.

[44] O *website* https://www.italaw.com/ contém um banco significativo de sentenças arbitrais proferidas em arbitragens de investimento, separadas por tratado, partes envolvidas, ordem cronológica, etc., e é uma ótima fonte de pesquisa sobre o assunto.

[45] Derain, Yves; Mirabal, Josefa Sicard. *Introduction to investment-state arbitration*. Países Baixos: Kluwer Law International, 2018, p. 10.

[46] A Resolução destaca a "necessidade de previsão de transparência em arbitragens de investimentos baseadas em tratados, para levar em consideração o interesse público envolvido em tais arbitragens". Tradução livre: "the need for provisions on transparency in the settlement of such treaty-based investor-State disputes to take account of the public interest involved in such arbitrations". Derain, Yves; Mirabal, Josefa Sicard. *Introduction to investment-state arbitration*. Países Baixos: Kluwer Law International, 2018, p. 10.

tados Internacionais (*UNCITRAL Rules on Transparency in Treaty-based Investor-State Arbitration*), que estabelece a transparência como regra para todas as arbitragens de investimento que contam, por força da vontade das partes, com a aplicação das normas de arbitragem da UNCITRAL, salvo expressa manifestação contrária no tratado pertinente[47]. A transparência também é a regra em arbitragens ICSID.

1.1.4. A Convenção ICSID

Como esta pesquisa tem como foco discussões travadas em grande parte em arbitragens de investimento, destacamos entre os instrumentos internacionais relevantes a Convenção ICSID, que cria o ICSID, uma pessoa jurídica de direito internacional com competência para administrar disputas de investimento sempre que houver manifestação da vontade de Estado signatário da Convenção ICSID nesse sentido. Em 12 de abril de 2019, a Convenção ICSID contava com 153 Estados signatários[48].

A Convenção ICSID (i) determina a criação do ICSID como uma instituição arbitral internacional autônoma (capítulo I); (ii) estabelece a jurisdição do ICSID para "disputas legais surgindo diretamente de um investimento, entre um Estado Contratante (ou qualquer subdivisão ou agência do Estado Contratante designada ao Centro por aquele Estado) e o nacional de outro Estado Contratante, para a qual as partes da disputa submeteram seu consentimento escrito para apresentação ao Centro"[49] (capítulo II); (iii) autoriza a conciliação para as disputas submetidas à administração do centro (capítulo III); (iv) traz disposições gerais sobre o procedimento arbitral (capítulo IV); (v) endereça questões de substituição e desqualificação de árbitros e conciliadores

[47] Disponível em: https://www.uncitral.org/pdf/english/texts/arbitration/rules-on-transparency/Rules-on-Transparency-E.pdf. Acesso em: 4 mar. 2020.

[48] Lista de países signatários disponível em: https://icsid.worldbank.org/en/Documents/icsiddocs/List%20of%20Contracting%20States%20and%20Other%20Signatories%20of%20the%20Convention%20-%20Latest.pdf. Acesso em: 4 fev. 2020. O Brasil não assinou esta Convenção.

[49] Tradução livre do Artigo 25 da Convenção ICSID: "The jurisdiction of the Centre shall extend to any legal dispute arising directly out of an investment, between a Contracting State (or any constituent subdivision or agency of a Contracting State designated to the Centre by that State) and a national of another Contracting State, which the parties to the dispute consent in writing to submit to the Centre".

(capítulo V); (vi) contém disposições sobre os custos dos procedimentos arbitrais ICSID (capítulo VI), (vii) traz regras sobre a sede da arbitragem e sobre procedimento de conciliação (capítulo VII); (viii) contém regulações específicas para o caso de disputas entre Estados-contratantes sobre a interpretação ou aplicação da Convenção (capítulo VIII); (ix) regulamenta propostas de emendas pelos Estados (capítulo IX); e (x) determina como deve ocorrer a assinatura, ratificação e a denúncia da Convenção (capítulo X).

Ao pactuarem a Convenção ICSID, os Estados concordam com a aplicação de um regime específico e autossuficiente para as disputas submetidas ao ICSID. Sobre este regime específico, Jan Paulsson e Lucy Ferguson Reed:

> By contrast, as detailed in Chapter 5, the ICSID Convention provides that the arbitration law of the place (or seat) of arbitration, wherever it may be, has no impact whatsoever on the proceedings. The ICSID process is entirely self-contained and hence delocalized. The Centre oversees the appointment of arbitrators to the tribunal, the tribunal handles provisional measures, and an ICSID-appointed ad hoc committee conducts annulment proceedings. ICSID awards are final and binding on the parties. They are not subject to any appeal or review by national courts, but only to the limited remedies provided in the Convention itself: rectification, interpretation, revision and annulment (as discussed in Chapter 5).
>
> Furthermore, as set out in Chapter 6, under the Convention, monetary obligations arising from ICSID awards must be recognized and enforced in all Contracting States as if they were final judgments of the local courts. This is a distinctive feature of ICSID arbitration, as other international arbitration regimes leave enforcement to domestic laws or other applicable treaties such as the 1958 Convention on the Recognition and Enforcement of Foreign Arbitral Awards (the New York Convention) and the Inter-American Convention on International Commercial Arbitration (the Panama Convention). These domestic laws and treaties typically provide for a minimum standard of review of arbitral awards in setting-aside proceedings and provide limited grounds for refusal to recognize and enforce arbitral awards, including uncertain public policy grounds[50].

[50] REED, Lucy Ferguson; PAULSSON, Jan *et al. Guide to ICSID Arbitration*. Kluwer Law International: Países Baixos, 2010, p. 15. Tradução livre: "Por outro lado, conforme detalhado

A Convenção ICSID, vale ressaltar, apenas autoriza que os Estados signatários estabeleçam, em instrumentos autônomos, a submissão de suas disputas de investimentos à arbitragem ICSID. Em outras palavras, ao ratificar a Convenção, os Estados signatários apenas "ganham o direito" de se valer do Centro para administração de eventual disputa envolvendo investidores. Para que a disputa seja efetivamente submetida à administração do ICSID, são quatro os requisitos[51] que devem ser preenchidos, conforme explicam Jan Paulsson, Lucy Ferguson Reed e Nigel Blackaby:

> Thus, in order for an investment dispute between an investor and a host State to be eligible for ICSID arbitration: (a) the dispute must be a legal dispute and arise out of an investment; (b) the dispute must involve, on the one hand, either a Contracting State or one of its subdivisions or agencies

no Capítulo 5, a Convenção ICSID estabelece que a lei de arbitragem do local (ou sede) da arbitragem, onde quer que esteja, não tem nenhum impacto sobre os procedimentos. O processo do ICSID é totalmente independente e, portanto, deslocalizado. O Centro supervisiona a nomeação de árbitros para o tribunal, o tribunal lida com medidas provisórias e um comitê *ad hoc* nomeado pelo ICSID conduz processos de anulação. Os prêmios do ICSID são finais e vinculativos para as partes. Eles não estão sujeitos a nenhum recurso ou revisão pelos tribunais nacionais, mas apenas aos recursos limitados previstos na própria Convenção: retificação, interpretação, revisão e anulação (conforme discutido no Capítulo 5). Além disso, conforme estabelecido no Capítulo 6, de acordo com a Convenção, as obrigações monetárias decorrentes das sentenças do ICSID devem ser reconhecidas e executadas em todos os Estados Contratantes como se fossem julgamentos finais dos tribunais locais. Esta é uma característica distintiva da arbitragem do ICSID, pois outros regimes internacionais de arbitragem deixam a aplicação em leis domésticas ou em outros tratados aplicáveis, como a Convenção de 1958 sobre Reconhecimento e Execução de Sentença Arbitral Estrangeira (Convenção de Nova York) e a Convenção Interamericana sobre Arbitragem comercial internacional (Convenção do Panamá). Essas leis e tratados nacionais normalmente estabelecem um critério mínimo para a revisão de sentenças arbitrais em ações anulatórias e estabelecem motivos limitados para a recusa em reconhecer sentenças arbitrais, incluindo motivos incertos de ordem pública.

[51] Tais requisitos abrem margem para diversas discussões quanto ao enquadramento das disputas naquelas que podem ser submetidas ao centro. Não nos prolongaremos sobre o assunto, por fugir ao escopo deste trabalho. Para saber mais sobre os requisitos para submissão de disputas à arbitragem ICSID, ver: DELAUME, Georges R. ICSID arbitration: practical considerations. *Journal of International Arbitration*, v. I. 1984; REED, Lucy Ferguson; PAULSSON, Jan *et al. Guide to ICSID arbitration*. Kluwer Law International: Países Baixos, 2010.

specifically designated to ICSID and, on the other hand, a national of another Contracting State; and (c) all parties to the dispute must consent in writing to have the investment dispute submitted to ICSID[52].

O consentimento efetivo dos Estados signatários para submeter eventual disputa ao ICSID "pode ser registrado em uma cláusula arbitral, em um acordo de investimentos ou até mesmo em uma simples troca de cartas"[53]. Em caso de tratados e acordos de investimento, o consentimento em submeter a disputa à arbitragem ICSID também pode resultar "da aceitação, pelo investidor, de uma oferta unilateral do Estado Signatário envolvido, quando o Estado já tiver expressado seu consentimento com Arbitragem ICSID nas cláusulas importantes de sua legislação de investimento ou tratado bilateral"[54].

A Convenção ICSID, portanto, não estabelece o consentimento do Estado para submeter suas disputas à arbitragem ICSID, apenas a possibilidade desse consentimento existir. Esse consentimento pode ser expressado em instrumentos de direito internacional, nos quais os Estados concordam em estabelecer uma "oferta unilateral para arbitrar", que pode ou não ser aceita pelos investidores estrangeiros que tenham investimentos nestes Estados. Estas ofertas para arbitrar são contidas, na

[52] Reed, Lucy Ferguson; Paulsson, Jan *et al. Guide to ICSID arbitration*. Kluwer Law International: Países Baixos, 2010, p. 24. Tradução livre: "Assim, para que uma disputa de investimento entre um investidor e um Estado signatário seja elegível para a arbitragem do ICSID: (a) a disputa deve ser uma disputa legal e resultar de um investimento; (b) a controvérsia deve envolver, por um lado, um Estado Contratante ou uma de suas subdivisões ou agências especificamente designadas para o ICSID e, por outro lado, um nacional de outro Estado Contratante; e (c) todas as partes na controvérsia devem consentir por escrito que a disputa de investimento seja submetida ao ICSID".

[53] Tradução livre: "Consent may be recorded in an arbitration clause, in an investment agreement or in a simple exchange of letters". Delaume, Georges R. ICSID arbitration: practical considerations. *Journal of International Arbitration*, v. I. 1984, p. 104.

[54] Tradução livre: "Consent may also result from the investor's acceptance of a unilateral offer from the Contracting State involved, when that State has already consented to ICSID arbitration in relevant provisions of its investment legislation or of a bilateral treaty with the Contracting State of which the investor is a national". Delaume, Georges R. ICSID arbitration: practical considerations. *Journal of International Arbitration*, v. I. 1984, p. 104.

maioria das vezes, em instrumentos semelhantes aos que abordaremos no subcapítulo abaixo.

1.1.5. Tratados e acordos relevantes no âmbito de arbitragens de investimento

Os tratados e acordos que serão tratados neste subcapítulo, de forma geral, contém normas que procuram assegurar proteções especiais para investidores estrangeiros, de forma a proibir o tratamento desigual em relação a investidores nacionais do Estado investido e a assegurar direitos básicos à não expropriação sem compensação ou justificação adequada, ao devido processo legal, dentre outros direitos.

A gama de direitos que os Estados se comprometem a assegurar aos investidores nacionais de outros Estados ao pactuar instrumentos de direito internacional – vale dizer, sempre de forma recíproca – pode variar de um instrumento para outro. No entanto, de forma geral, são as violações a esses direitos e obrigações que ensejam arbitragens de investimento. Isso porque uma grande parte dos acordos e dos tratados firmados com o propósito de assegurar direitos a investidores estrangeiros, conforme adiantamos, contém uma oferta para arbitrar por parte dos Estados signatários, que é aceita pelo investidor ao submeter a disputa à arbitragem.

Os acordos e tratados que versam sobre proteções específicas a investimentos podem tanto ser firmados entre uma multiplicidade de Estados, como o Acordo de Livre Comércio da América do Norte (*North America Free Trade Agreement* – "Nafta")[55] e o *Energy Charter Treaty*[56] ("ECT"), como apenas entre dois Estados, hipóteses em que são chamados de tratados bilaterais internacionais ("BITs").

O NAFTA, por exemplo, foi firmado entre os Estados Unidos, o México e o Canadá e versa sobre diversas matérias de comércio e investimento. O NAFTA prevê, no Capítulo 11, Artigo 1116[57], a arbitragem

[55] Disponível em: http://sice.oas.org/trade/nafta/chap-111.asp. Acesso em: 4 fev. 2020.

[56] Disponível em: https://www.energychartertreaty.org/. Acesso em: 4 fev. 2020.

[57] "Article 1116: 1. An investor of a Party may submit to arbitration under this Section a claim that another Party has breached an obligation under: (a) Section A or Article 1503(2) (State Enterprises), or (b) Article 1502(3)(a) (Monopolies and State Enterprises) where the monopoly has acted in a manner inconsistent with the Party's obligations under Section A, and that the investor has incurred loss or damage by reason of, or arising out of, that

como um dos meios de resolução de conflitos entre investidores e Estados membros. Este tratado foi recentemente atualizado pelo *United States Mexico Canada Agreement* ("USMCA"), que manteve a arbitragem como meio de resolução de conflitos, mas reduziu o escopo dos investidores que podem recorrer à arbitragem para resolver disputas com os Estados membros[58].

O ECT[59], por sua vez, foi firmado por 54 países (não incluindo o Brasil)[60] e confere proteções específicas para investimentos estrangeiros realizados no setor de energia, trazendo também a arbitragem como um dos meios de resolução de conflitos que venham a surgir entre investidores nacionais dos Estados signatários e os Estados[61].

breach. 2. An investor may not make a claim if more than three years have elapsed from the date on which the investor first acquired, or should have first acquired, knowledge of the alleged breach and knowledge that the investor has incurred loss or damage". Tradução livre: "Artigo 1116: Um investidor de uma Parte pode submeter à arbitragem nos termos desta Seção uma reivindicação de que outra Parte violou uma obrigação sob: (a) Seção A ou Artigo 1503 (2) (Empresas Estatais) ou (b) Artigo 1502 (3) (a) (monopólios e empresas estatais) em que o monopólio agiu de maneira inconsistente com as obrigações da Parte nos termos da Seção A e que o investidor tenha incorrido em perdas ou danos em razão de ou decorrente dessa violação. 2. Um investidor não pode fazer uma reclamação se tiver decorrido mais de três anos a partir da data em que o investidor adquiriu pela primeira vez, ou deveria ter adquirido, o conhecimento da suposta violação e o conhecimento de que o investidor sofreu perdas ou danos".

[58] Nesse sentido, ver: https://www.bakermckenzie.com/en/insight/publications/2020/02/usmca-access-international-arbitration. Acesso em: 6 jul. 2020.

[59] Disponível em: https://www.energychartertreaty.org/. Acesso em: 4 fev. 2020.

[60] Lista completa de Estados signatários disponível em: https://www.energychartertreaty.org/treaty/contracting-parties-and-signatories/. Acesso em: 4 fev. 2020.

[61] "Article 26: Settlement of Disputes between an Investor and a Contracting Party [...] (3) (a) Subject only to subparagraphs (b) and (c), each Contracting Party hereby gives its unconditional consent to the submission of a dispute to international arbitration or conciliation in accordance with the provisions of this Article. (b) (i) The Contracting Parties listed in Annex ID do not give such unconditional consent where the Investor has previously submitted the dispute under subparagraph (2)(a) or (b). (ii) For the sake of transparency, each Contracting Party that is listed in Annex ID shall provide a written statement of its policies, practices and conditions in this regard to the Secretariat no later than the date of the deposit of its instrument of ratification, acceptance or approval in accordance with Article 39 or the deposit of its instrument of accession in accordance with Article 41. (c) A Contracting Party listed in Annex IA does not give such unconditional consent with respect to a dispute arising under the last sentence of Article 10(1)". Tradução livre: "Artigo

Em relação aos BITs, há diversos tratados bilaterais internacionais que dispõem sobre relações de investimento entre partes estrangeiras e Estados e que preveem a arbitragem como meio de resolução de conflitos. Nos tratados bilaterais que contém cláusula arbitral, assim como nos instrumentos mencionados acima, os Estados se comprometem a assegurar determinados direitos a investidores do outro Estado, que podem se valer da arbitragem no caso de violações a estes direitos[62]. Apesar destes tratados bilaterais serem bastante comuns no cenário internacional, vale registrar que o Brasil não integra, até então, nenhum deles.

Abordaremos nesta pesquisa disputas surgidas no âmbito dos seguintes BITs: (a) o *Bilateral Investment Treaty between Germany and Philippines* (em português, Tratado Bilateral de Investimentos entre a Alemanha e as Filipinas – "BIT Alemanha-Filipinas")[63], que contém cláusula arbitral ICSID; (b) o *Agreement for the Reciprocal Promotion and Protection of Investments signed between the Republic of El Salvador and the Kingdom of Spain* (em português, Acordo para Promoção Recíproca e Proteção de Investimentos assinado pela República de El Salvador e o Reino da Espanha – "BIT El Salvador-Espanha")[64], que contém uma cláusula arbitral

26. Resolução de Disputas entre Investidores e Partes Contratantes [...] (3) (a) Sujeito aos subparágrafos (b) e (c), cada Parte Contratante aqui outorga seu acordo incondicional para que sejam submetidas à arbitragem ou conciliação nos termos das provisões deste Artigo. As Partes Contratantes listas no Anexo ID não dão seu consentimento incondicionado quando o Investidor previamente submeter à disputa nos termos dos subparágrafos (2) (a) ou (b). Pelo bem da transparência, cada parte Contratante que é listada no Anexo ID deve entregar uma notificação escrita das suas políticas, práticas e condições neste sentido para o Secretariado não mais tarde do que o depósito dos instrumentos de ratificação, aceitação ou aprovação nos termos do artigo 39 ou o depósito deste instrumento de acessão de acordo com o artigo 41. (c). Uma Parte Contratante listada no Anexo IA não dá o seu consentimento incondicional em relação às disputas que surgem pela última sentença do Artigo 10 (1)".

[62] Nigel, Blackaby *et al. Redfern and hunter on international arbitration*. 6. ed. Países Baixos: Kluwer Law International, 2016, p. 15; Born, Gary. *International arbitration*: law and practice. Países Baixos: Kluwer Law International, 2012, p. 43.

[63] Disponível em: https://investmentpolicy.unctad.org/international-investment-agreements/treaties/bit/1739/germany---philippines-bit-1997. Acesso em: 26 jul. 2020.

[64] Disponível em: https://jusmundi.com/en/document/treaty/en-agreement-between-the--kingdom-of-spain-and-the-republic-of-el-salvador-on-the-reciprocal-promotion-and-protection-of-investments-spain-el-salvador-bit-1995-tuesday-14th-february-1995. Acesso em: 26 jul. 2020.

ICSID; (c) o *Agreement between the Government of the Czech Republic and the Government of the State of Israel for the Reciprocal Promotion and Protection of Investment* (em português, Acordo entre o Governo da República Checa e o Governo de Israel para Promoção Recíproca e Proteção de Investimentos – "República Checa-El Salvador")[65], que contém cláusula arbitral ICSID; (d) o *Treaty between the Federal Republic of Germany and the Republic of Ghana for the encouragement and reciprocal protection* (em português, Tratado entre a República Federativa da Alemanha e a República Federativa de Gahna para o encorajamento e a reciprocidade de proteção – "BIT Alemanha-Gahna"), que contém cláusula arbitral ICSID[66]; e (e) o *Agreement between the Government of the United Kingdom of Great Britain and Northern Ireland and the Government of Romania for the Promotion and Reciprocal Protection of Investments* (em português, Tratado entre o Governo do Reino Unido da Grã Bretanha e Irlanda do Norte e Governo da Romênia para o encorajamento e a reciprocidade de proteção – "BIT Alemanha-Gahna") ("Romênia-Reino Unido BIT") [67], que também contém cláusula arbitral ICSID.

1.1.6. Legislações domésticas e a lei modelo da UNCITRAL

Os países regulamentam o uso da arbitragem ora por meio de legislações específicas, conhecidas como "leis de arbitragem" (a exemplo da Lei n. 9.307/1996, a "Lei Brasileira de Arbitragem"), ora por códigos que regulam, além da arbitragem, outras matérias (a exemplo do Código Francês de Processo Civil, que traz disposições específicas sobre procedimentos arbitrais). Essa regulação também pode ser feita por meio de Convenções, como a Convenção ICSID, que se aplica apenas a um determinado tipo de disputas (de investimento).

[65] Disponível em: https://www.investorstatelawguide.com/documents/documents/BIT-0090%20-%20Czech%20Republic-Israel%20BIT%20(1997)%20UNTS.pdf. Acesso em: 26 jul. 2020.

[66] Disponível em: https://www.wipo.int/edocs/lexdocs/treaties/en/ao-de/trt_ao_de.pdf. Acesso em: 26 jul. 2020.

[67] Disponível em: https://jusmundi.com/fr/document/treaty/en-agreement-between--the-government-of-the-united-kingdom-of-great-britain-and-northern-ireland-and-the--government-of-romania-for-the-promotion-and-reciprocal-protection-of-investments--romania-united-kingdom-bit-1995-thursday-13th-july-1995. Acesso em: 26 jul. 2020.

Em um esforço para uniformizar o tratamento conferido à arbitragem pelas diferentes legislações, a Comissão da ONU sobre o Direito Comercial Internacional (*United Nations Commission on International Trade Law* – "UNCITRAL") publicou, em 1985, uma lei modelo de arbitragem, conhecida como Lei Modelo da UNCITRAL ("Lei Modelo da UNCITRAL"). A Lei Modelo da UNCITRAL foi emendada em 2006 e atualmente é a base de legislações domésticas de diversos países, incluindo o Brasil[68].

São diversas as questões tratadas nas leis de arbitragem ou códigos que regulam os procedimentos arbitrais pelo mundo. Para a finalidade desta pesquisa, frisamos que as legislações dos países costumam estabelecer (i) quais matérias podem ser submetidas à arbitragem[69], (ii) quem pode utilizar esse meio alternativo de resolução de disputas[70], (iii) como deve acontecer a interação entre os árbitros e o Judiciário[71], (iv) qual a força das decisões arbitrais[72], dentre outras questões.

[68] Disponível em: https://www.uncitral.org/pdf/english/texts/arbitration/ml-arb/07-86998_Ebook.pdf. Acesso em: 30 mar. 2020.

[69] O artigo 1º da Lei n. 9.307/1996 (Lei de Arbitragem Brasileira), por exemplo, determina que poderão ser submetidos à arbitragem "litígios relativos a direitos patrimoniais disponíveis".

[70] Também no artigo 1º da Lei de Arbitragem Brasileira, esclarece-se: "as pessoas capazes de contratar poderão valer-se da arbitragem". Já o § 2º trata da utilização da arbitragem pela administração pública direta e indireta: "§ 1º A administração pública direta e indireta poderá utilizar-se da arbitragem para dirimir conflitos relativos a direitos patrimoniais disponíveis". Quando uma matéria não pode ser submetida à arbitragem em razão da lei aplicável ou do alcance do acordo das partes em relação à arbitragem falamos em "inarbitrabilidade objetiva". Quando o problema é o "quem" e não "o que" é submetido à arbitragem, ou seja, quando o problema gravita em torno da manifestação ou não de vontade de uma determinada parte para se submeter à jurisdição do tribunal arbitral, ou da possibilidade dessa parte se submeter à arbitragem nos termos da legislação aplicável, falamos em "inarbitrabilidade subjetiva".

[71] Essa interação é regulada em artigos esparsos da Lei de Arbitragem Brasileira, como o artigo 8º, que regula o princípio da Kompetenz-Kompetenz, o artigo 22-A que dispõe sobre a concessão de medidas de urgência prévias à constituição do tribunal arbitral, o artigo 22-C que dispõe sobre a carta arbitral, etc.

[72] No Brasil, a sentença arbitral tem força de título executivo judicial, nos termos do artigo 31 da Lei de Arbitragem Brasileira: "Art. 31. A sentença arbitral produz, entre as partes e seus sucessores, os mesmos efeitos da sentença proferida pelos órgãos do Poder Judiciário e, sendo condenatória, constitui título executivo".

1.1.7. A Convenção de Nova York

A convenção internacional mais importante no âmbito das arbitragens comerciais (e arbitragens de investimento não sujeitas ao sistema ICSID) é, sem dúvida, a Convenção sobre o Reconhecimento e a Execução de Sentenças Arbitrais Estrangeiras de Nova York de 1958 ("Convenção de Nova York"). Considerada "a convenção mais importante no campo da arbitragem e o pilar atual da arbitragem internacional"[73], foi ratificada por 158 Estados[74], incluindo o Brasil[75].

Trata-se de um instrumento com foco no reconhecimento e na execução de sentenças arbitrais estrangeiras e de convenções arbitrais. Os países que pactuam a Convenção de Nova York assumem o compromisso de assegurar a utilidade e a efetividade de sentenças arbitrais estrangeiras, salvo quando presentes as exceções peremptórias descritas no artigo V da Convenção[76], criando um regime bastante favorável

[73] Tradução livre: "the most important convention in the field of arbitration and as the cornerstone of current international arbitration". BORN, Gary. *International arbitration*: law and practice. Países Baixos: Kluwer Law International, 2012, p. 4. Nesse mesmo sentido: NIGEL, Blackaby *et al. Redfern and hunter on international arbitration*. 6. ed. Países Baixos: Kluwer Law International, 2016, p. 55.

[74] O *status* dos Estados contratantes está disponível em: http://www.newyorkconvention.org/countries/status+map. Acesso em: 02 abr. 2020.

[75] A Convenção de Nova York foi recepcionada no ordenamento jurídico brasileiro por meio do Decreto n. 4.311/2020. Disponível em: http://www.planalto.gov.br/ccivil_03/decreto/2002/d4311.htm. Acesso em: 02 abr. 2020.

[76] Artigo V 1. O reconhecimento e a execução de uma sentença poderão ser indeferidos, a pedido da parte contra a qual ela é invocada, unicamente se esta parte fornecer, à autoridade competente onde se tenciona o reconhecimento e a execução, prova de que: a) as partes do acordo a que se refere o Artigo II estavam, em conformidade com a lei a elas aplicável, de algum modo incapacitadas, ou que tal acordo não é válido nos termos da lei à qual as partes o submeteram, ou, na ausência de indicação sobre a matéria, nos termos da lei do país onde a sentença foi proferida; ou b) a parte contra a qual a sentença é invocada não recebeu notificação apropriada acerca da designação do árbitro ou do processo de arbitragem, ou lhe foi impossível, por outras razões, apresentar seus argumentos; ou c) a sentença se refere a uma divergência que não está prevista ou que não se enquadra nos termos da cláusula de submissão à arbitragem, ou contém decisões acerca de matérias que transcendem o alcance da cláusula de submissão, contanto que, se as decisões sobre as matérias suscetíveis de arbitragem puderem ser separadas daquelas não suscetíveis, a parte da sentença que contém decisões sobre matérias suscetíveis de arbitragem possa ser reconhecida e executada; ou d) a composição da autoridade arbitral ou o procedimento arbitral não se deu

ao reconhecimento de decisões arbitrais alienígenas. Um breve e útil resumo introdutório sobre as matérias tratadas na Convenção de Nova York foi feito por Gary Born:

> In particular, the Convention's provisions prescribe uniform international rules that: (a) require national courts to recognize and enforce foreign arbitral awards (Articles III and IV), subject to a limited number of specified exceptions (Article V); (b) require national courts to recognize the validity of arbitration agreements, subject to specified exceptions (Article II); and (c) require national courts to refer parties to arbitration when they have entered into a valid agreement to arbitrate that is subject to the Convention (Article II(3)). The permissible exceptions to the obligation to recognize foreign awards are limited to issues of jurisdiction, procedural regularity and fairness, compliance with the parties' arbitration agreement and public policy; they do not include review by a recognition court of the merits of the arbitrators' substantive decision[77].

em conformidade com o acordado pelas partes, ou, na ausência de tal acordo, não se deu em conformidade com a lei do país em que a arbitragem ocorreu; ou e) a sentença ainda não se tornou obrigatória para as partes ou foi anulada ou suspensa por autoridade competente do país em que, ou conforme a lei do qual, a sentença tenha sido proferida. 2. O reconhecimento e a execução de uma sentença arbitral também poderão ser recusados caso a autoridade competente do país em que se tenciona o reconhecimento e a execução constatar que: a) segundo a lei daquele país, o objeto da divergência não é passível de solução mediante arbitragem; ou b) o reconhecimento ou a execução da sentença seria contrário à ordem pública daquele país.

[77] Born, Gary. *International arbitration*: law and practice. Países Baixos: Kluwer Law International, 2012, p. 19. Tradução livre: "Em particular, os artigos da Convenção prescrevem regras internacionais uniformes que (a) requerem que cortes nacionais reconheçam e executem sentenças arbitrais estrangeiras (artigos III e IV), sujeitos a um número limitado de exceções (artigo V); (b) requerem que as cortes nacionais reconheçam a validade de cláusulas arbitrais, sujeitos às exceções especificadas (artigo II); e (c) requerem que as cortes nacionais refiram as partes para arbitragem quando elas firmaram uma cláusula arbitral válida que se submete à Convenção (artigo II (3)). As exceções permitidas para a obrigação de reconhecer sentenças estrangeiras são limitadas às questões de jurisdição, regularidade procedimental e justiça, obediência à convenção arbitral das partes e ordem pública; elas não incluem revisão por uma corte de reconhecimento do mérito da decisão substancial do árbitro".

A Convenção de Nova York será mencionada diversas vezes neste trabalho, pois muitos casos envolvendo atos de corrupção acabam tendo a homologação e/ou execução da respectiva sentença arbitral resistida por alegações de violação à ordem pública (artigo V, III (b) da Convenção de Nova York), calcadas exatamente na existência de corrupção. Isso impacta diretamente na efetividade da utilização da arbitragem como o meio alternativo de resolução de conflitos apto a dar soluções concretas para casos envolvendo corrupção, que é o âmago do presente trabalho.

1.2. Corrupção

Este subcapítulo preocupa-se, como o título já revela, com o tema corrupção. Inicialmente, abordaremos o sentido coloquial da palavra corrupção (subcapítulo 1.2.1), para depois buscarmos uma definição jurídica para os "atos de corrupção" (subcapítulo 1.2.2), a partir da análise da legislação Anticorrupção da União Europeia (subcapítulo 1.2.2.1), da Convenção Interamericana contra a Corrupção (subcapítulo 1.2.2.2), da Convenção das Nações Unidas Contra a Corrupção (subcapítulo 1.2.2.3) e da Convenção da União Africana para Prevenir e Combater a Corrupção (subcapítulo 1.2.2.3). As conclusões obtidas a partir desta análise, incluindo o conceito de "atos de corrupção" adotado nesta pesquisa, encontram-se no subcapítulo 1.2.3. Por fim, abordaremos o conceito de ordem pública, explicando, por meio de casos concretos, se e quais atos de corrupção implicam em violações à ordem pública transnacional (subcapítulo 1.2.4).

1.2.1. Conceito de corrupção na linguagem coloquial

O repúdio à corrupção é um sentimento universalmente partilhado[78]. Nas palavras de Joachim Drude, "a corrupção é uma praga odiosa, um

[78] Trata-se de um sentimento que infelizmente pode ser considerado "novo" quando olhamos para a história mundial. Joachim Drude explica que ao longo da década de 1970, a corrupção de agentes estrangeiros de alguns países era considerada um preço inevitável a ser pago ao se fazer negócio com o mundo em desenvolvimento. O autor complementa que a visão pragmática dos "costumes do novo mundo" chegou a levar muitos países desenvolvidos, como a Alemanha, a até mesmo permitir reduções nos impostos em razão de subornos para oficiais estrangeiros. O marco paradigmático na mudança de postura seria, ainda segundo o autor, o *US Foreign Corrupt Practices Act* de 1977, que impôs uma série de restrições às companhias norte-americanas, as quais passaram a operar em alegada "desvanta-

câncer que corrói a sociedade e distorce a competição"[79]. Mas o que, afinal, entendemos como corrupção?

A palavra corrupção tem origem no latim *corruptus*, que significa "quebrar", o que compreenderia todas as situações nas quais os agentes públicos[80] quebram a confiança que lhes é atribuída pelo povo[81]. Algumas definições de corrupção agregam mais um elemento: a obtenção de benefício pelo agente corrupto, ou seja, a prevalência do interesse privado em detrimento do interesse público[82].

gem" em comparação às empresas que não tinham restrições semelhantes. O resultado foi uma pressão internacional dos Estados Unidos para que fossem criados mecanismos internacionais de combate à corrupção, que colocariam as empresas em pé de igualdade. DRUDE, Joachim. *Fiat iustitia, ne pereat mundus*: a novel approach to corruption and investment arbitration in journal of international arbitration. Países Baixos: Kluwer Law International, 2012, p. 667.

[79] DRUDE, Joachim. *Fiat iustitia, ne pereat mundus*: a novel approach to corruption and investment arbitration in journal of international arbitration. Países Baixos: Kluwer Law International, 2012, p. 665.

[80] Apesar de ampla, a definição não abarca sequer todos os atos considerados como atos de corrupção em ordenamentos jurídicos diversos, pois não compreende situações em que há quebra da confiança depositada em agentes do setor privado. Conforme explicaremos, atos praticados por agentes privados no próprio setor privado também podem ser considerados atos de corrupção ilegais, tipificados na legislação penal.

[81] HWANG, Michel; LIM, Kevin. Corruption in arbitration – law and reality. *In*: *Asian international arbitration journal*, v. 8. Países Baixos: Kluwer Law International, 2012, p. 4. Emerson Garcia explica a etimologia da palavra 'corrupção' passos antes, porém atingindo a mesma conclusão: "corrupção deriva do latim *rumpere*, equivalente a romper, dividir, gerando o vocábulo *corrumpere*, que, por sua vez, significa deterioração, depravação, alteração, sendo largamente coibida pelos povos civilizados". GARCIA, Emerson. *A corrupção* – uma visão jurídico-sociológica. São Paulo: RT, 2004, p. 2.

[82] Como, por exemplo, a definição de Samuel P. Hutigton, para quem corrupção é "o comportamento de autoridades públicas que se desviam das normas aceitas, a fim de servir a interesses particulares". HUTIGTON, Samuel P. *A ordem política nas sociedades em mudança*. Tradução portuguesa. Rio de Janeiro: Forense, 1975, p. 72. Sobre os dois conceitos explicados acima, que formam a definição comum de corrupção: PIPPIDI, Alina Mungiu. *The good, the bad and the ugly*: controlling corruption in the European Union, p. 4. Disponível em: https://www.againstcorruption.eu/wp-content/uploads/2013/03/ANTICORRP-Policy-Paper-on-Lessons-Learnt-1_protected1.pdf. Acesso em: 29 abr. 2020. Para Luis Greco, o cerne dos delitos de corrupção é o "pacto de injusto", que normalmente "caracteriza-se o pacto de injusto como 'relação de equivalência' ou como combinação entre vantagem e

A Transparência Internacional (*Transparency International*)[83], organização não governamental global voltada ao combate à corrupção, define corrupção como "o abuso do poder confiado para ganhos privado"[84]. A definição de "corrupção" do dicionário de Oxford é ainda mais ampla: "o ato ou efeito de fazer alguém mudar de um comportamento ético para um comportamento antiético"[85].

Não é raro que artigos jornalísticos e discussões utilizem o sentido coloquial e abrangente mencionado acima ao tratar do assunto "corrupção"[86]. A linguagem coloquial, contudo, nem sempre se reflete nas definições jurídicas acerca de "atos de corrupção" adotadas pelos países ao redor do mundo. Isso porque muitos atos nos quais há abuso de poder, ou mesmo um comportamento antiético, não são tipificados ou "elevados" à categoria de corrupção pelos ordenamentos jurídicos.

Considerando-se que definições abrangentes como aquelas abordadas neste tópico capturam comportamentos que não são tipificados ou não são "elevados" à categoria de atos de corrupção em algumas legislações locais ou no direito internacional, não iremos utilizá-las neste trabalho ao nos referirmos a "atos de corrupção". Ao utilizar esta expressão, nos referiremos apenas a aqueles atos que, além de representarem abuso de poder ou desvio de função, exprimirem um comportamento

exercício do serviço público (ou ação funcional)". GRECO, Luis. Aproximação a uma teoria da corrupção. *Revista Brasileira de Ciências Criminais*, v. 134, 2017, p. 8.

[83] Disponível em: https://transparenciainternacional.org.br/quem-somos/sobre-a-ti/. Acessso em: 7 jan. 2020.

[84] Tradução do original: "We define corruption as the abuse of entrusted power for private gain". Disponível em: https://www.transparency.org/en/what-is-corruptionhttps://transparenciainternacional.org.br/quem-somos/sobre-a-ti/. Acesso em: 7 jan. 2020.

[85] Original: "the act or effect of making somebody change from moral to immoral standards of behaviour". OXFORD DICTIONARY. Disponível em: https://www.oxfordlearnersdictionaries.com/us/definition/english/corruption?q=corruption. Acesso em: 16 abr. 2020.

[86] Dirk Tänzler, Konstadinos Maras e Angelos Giannakopoulos explicam que o entendimento mais comum do conceito de corrupção é aquele envolvendo o uso indevido do funcionário público do cargo por ele exercido, em benefício próprio. Esse entendimento, contudo, não compreende todos os casos de corrupção existentes em diferentes tempos e lugares. Segundo os autores, o sentido da palavra corrupção não se limita à definição legal de corrupção, incluindo desvios éticos que não compõem tipos penais, mas são recrimináveis. TÄNZLER, Dirk; MARAS, Konstadinos; GIANNAKOPOULOS, Angelo. *The social construction of corruption in Europe*. Routledge: Nova York, 2016, p. 1-6.

antiético proibido pelas legislações locais ou forem repreensíveis pelo direito internacional.

Analisaremos, portanto, o tratamento outorgado aos atos tidos como "de corrupção" para o direito, além das consequências quando tais atos são debatidos em procedimentos arbitrais. Para entender o alcance jurídico do termo corrupção, começaremos avaliando as suas diversas facetas no direito internacional, a partir da análise das principais convenções internacionais que versam sobre a matéria.

1.2.2. Atos de corrupção para o direito internacional

Não há um consenso sobre o significado jurídico de corrupção. Enquanto o pagamento para um oficial para acelerar determinado procedimento[87] é condenado na Grã-Bretanha, por exemplo, esse mesmo pagamento seria aceito e legal nos EUA, no Canadá e na Nova Zelândia, dentre outros países[88-89]. Não é, contudo, uma definição jurídica universal de corrupção que procuramos, mas entender se há um consenso internacional mínimo em relação à repreensão de algumas condutas que integram o sentido amplo de corrupção. E esse consenso mínimo é identificável nas convenções internacionais que versam sobre o assunto e que serão abordadas neste subcapítulo[90].

[87] São os chamados "pagamentos de facilitação" (*facilitation payments*), que consistem em "vantagens oferecidas para acelerar ou assegurar a realização de operações de rotina por funcionários do governo, políticos ou oficiais, que não envolvem uma quebra dos seus deveres". United Nations Office on Drugs and Crime. *State of implementation of the United Nations Convention against corruption*: criminalization, law enforcement and international cooperation. 2. ed. United Nations: Viena, 2017. Disponível em: https://www.unodc.org/documents/treaties/UNCAC/COSP/session7/V.17-04679_E-book.pdf. Acesso em: 20 abr. 2020, p. 35. Embora alguns países não criminalizem a conduta, a grande maioria de *experts* que fizeram parte de um comitê da ONU para avaliar medidas adotadas internacionalmente contra a corrupção entendeu que se trata de uma postura censurável, defendendo, portanto, a ampla criminalização dos "pagamentos de facilitação".

[88] Hwang, Michel; Lim, Kevin. Corruption in arbitration – law and reality. *In*: *Asian international arbitration journal*, v. 8. Países Baixos: Kluwer Law International, 2012, p. 4.

[89] Em procedimentos arbitrais internacionais, isso potencializa a discussão quanto à lei aplicável para determinações que envolvam corrupção.

[90] Além das Convenções Internacionais, outros mecanismos que tratam de matéria relativa à corrupção podem ser destacados: o Protocolo da Convenção para Proteção dos interesses

1.2.2.1. A legislação anticorrupção da União Europeia

A União Europeia foi constituída por meio do Tratado de Maastritch, assinado em fevereiro de 1992. Trata-se de um bloco que consagra a união econômica e política de (atualmente) 27 Estados membros do velho continente, cuja importância global é imensurável. O Tratado de Maastritch estabelece, no artigo K-3, a possibilidade de elaboração de tratados a serem submetidos aos Estados-parte da União Europeia, referentes aos objetivos comuns do bloco.

Em maio de 1997 foi firmada, com base na alínea "c" da cláusula 2 do art. K-3 do Tratado da União Europeia, a Convenção relativa à luta contra a corrupção em que estejam implicados funcionários das Comunidades Europeias ou dos Estados Membros da União Europeia (a "Convenção Anticorrupção Europeia"), que seguiu-se ao Primeiro Protocolo relativo à Convenção voltado à proteção dos interesses financeiros das Comunidades Europeias, firmado em 1996[91].

Segundo o preâmbulo da Convenção Anticorrupção Europeia, trata-se do "primeiro instrumento jurídico adoptado a nível internacional que incrimina as 'luvas' pagas no estrangeiro, permitindo incriminar os funcionários comunitários, mas também os actos de corrupção em que estejam implicados funcionários estrangeiros"[92].

financeiros das Comunidades Europeia (1996); o Convênio relativo à luta contra os atos de corrupção aos quais estão implicados funcionários das Comunidades Europeia ou dos Estados Membros da União Europeia, aprovado pelo Conselho da União Europeia (1997); a Resolução 7 do Comitê de Ministros do Conselho da Europa, que autorizou a criação do Grupo de Estados contra a Corrupção, conhecido como Greco (1998); o Convênio de Direito Penal sobre a corrupção e o Convênio de Direito Civil sobre a corrupção, aprovados pelo Comitê de Ministros do Conselho da Europa (1999); e o Código de Boas Práticas de Transparência em Políticas Monetárias e Financeiras, Fundo Monetário Internacional (1999). Mais detalhes sobre os instrumentos mencionados: Garcia, Emerson. *A corrupção* – uma visão jurídico-sociológica. São Paulo: RT, 2004, p. 15-20; Japiassú, Carlos Eduardo Adriano. A corrupção em uma perspectiva internacional. *Revista Brasileira de Ciências Criminais*, v. 64, 2007, p. 29-56.

[91] Convenção Anti-Corrupção Europeia. Disponível em: http://gddc.ministeriopublico.pt/sites/default/files/documentos/instrumentos/convencao_base_n2_al_c_art_k3_tratado_ue_luta_contra_corrup_implicados_funcionarios_ce_ou_est-memb_ue.pdf. Acesso em: 19 abr. 2020.

[92] Convenção Anti-Corrupção Europeia. Disponível em: https://ec.europa.eu/commission/presscorner/detail/pt/PRES_97_168. Acesso em: 19 abr. 2020.

A Convenção Anticorrupção Europeia traz os conceitos jurídicos de corrupção ativa e corrupção passiva (2º e 3º da Convenção[93-94]), impondo ao Estados membros que tomem as medidas necessárias para combater as condutas ali descritas, incluindo sua tipificação penal.

Além de conceituar a corrupção ativa e a corrupção passiva, a Convenção Anticorrupção Europeia (a) traz definições para o conceito de "funcionário"[95] (artigo 1º); (b) estabelece a aplicação dos crimes de corrupção ativa e passiva para funcionários do alto escalão dos Estados-parte (ministros, parlamentares, juízes, etc.) (artigo 4º); (c) determina imposição de sanções "penais efectivas, proporcionais e dissuasoras, incluindo, pelo menos nos casos mais graves, penas privativas da liberdade que possam determinar a extradição" (artigo 5º); d) estabelece aos Estados obrigação de adotar medidas necessárias para permitir o enquadramento penal de pessoas que controlem empresas envolvidas em atos

[93] Artigo 2.º "Corrupção passiva 1 – Para efeitos da presente Convenção, constitui corrupção passiva o facto de um funcionário, intencionalmente, de forma directa ou por interposta pessoa, solicitar ou receber vantagens de qualquer natureza, para si próprio ou para terceiros, ou aceitar promessas dessas vantagens, para que pratique ou se abstenha de praticar, em violação dos deveres do seu cargo, actos que caibam nas suas funções ou no exercício das mesmas. 2 – Cada Estado Membro deve adoptar as medidas necessárias para que os comportamentos referidos no n. 1 sejam considerados infracções penais".

[94] Artigo 3.º: "Corrupção activa 1 – Para efeitos da presente Convenção, constitui corrupção activa o facto de uma pessoa prometer ou dar intencionalmente, de forma directa ou por interposta pessoa, uma vantagem de qualquer natureza a um funcionário, para este ou para terceiros, para que pratique ou se abstenha de praticar, em violação dos deveres do seu cargo, actos que caibam nas suas funções ou no exercício das mesmas. 2 – Cada Estado Membro deve adoptar as medidas necessárias para que os comportamentos referidos no n. 1 sejam considerados infracções penais".

[95] Ana Isabel Pérez Cepeda explica que a Convenção preferiu deixar ao encargo dos Estados a definição de funcionário nacional, "pois a mesma conduta que poderia ser considerada um ato de corrupção em um país da EU, pode não o ser se a pessoa não é considerada funcionário público naquele estado". Tradução livre: "hay que destacar que si bien emplea una definición autónoma de funcionario comunitario, deja en manos de los Estados miembros la definición de funcionario nacional, con los correspondientes problemas que ello podría acarrear, pues la misma conducta podría ser considerada acto de corrupción en un país de la UE, pero no en otro si la persona que lo lleva a cabo no tiene la consideración de funcionario público en dicho estado". Cepeda, Naa Isabel Pérez. La política criminal internacional contra la corrupción. *Revista Brasileira de Ciências Criminais*, v. 89, 2001, p. 4.

de corrupção (artigo 6º); (e) traz regras de competência (artigo 7º); e (f) prevê questões relativas à extradição (artigo 8º), cooperação internacional (artigo 9º), proibição de *bis in idem* (artigo 10º), prevalência de obrigações de direito interno mais amplas (artigo 11), interpretação e aplicação da Convenção (artigos 11 a 15).

Após a adoção da Convenção Anticorrupção Europeia, diversas medidas foram tomadas pelo grupo econômico para combater a corrupção[96]. Destaca-se, entre elas, o *Corpus Juris 2000*, "uma proposta legislativa que busca unificar, no âmbito da União Europeia, princípios comuns de direito penal dos Estados membros, com vistas a estatuir uma estrutura judicial comum"[97], que também alberga tipificações de atos de corrupção ativa (artigo 5.2 do *Corpus Juris 2000*).

Não bastasse, o tratado que estabelece uma Constituição para a União Europeia foi assinado em 2004[98] e contém duas referências[99] à

[96] São exemplos: a criação do "Grupo de Estados contra a Corrupção" (*Greco – Group of States against Corruption*) em 1998; a ação comum "sobre a corrupção no setor privado" adotada pelo Conselho da Europa em 1999; o Convênio de Direito Civil sobre corrupção, editado também em 1999.

[97] GARCIA, Emerson. *A corrupção* – uma visão jurídico-sociológica. São Paulo: RT, 2004, p. 2.

[98] Disponível em: https://europa.eu/european-union/sites/europaeu/files/docs/body/treaty_establishing_a_constitution_for_europe_pt.pdf. Acesso em: 29 abr. 2020.

[99] Artigo III-271º: "A lei-quadro europeia pode estabelecer regras mínimas relativas à definição das infracções penais e das sanções em domínios de criminalidade particularmente grave com dimensão transfronteiriça que resulte da natureza ou das incidências dessas infracções, ou ainda da especial necessidade de as combater, assente em bases comuns. São os seguintes os domínios de criminalidade em causa: terrorismo, tráfico de seres humanos e exploração sexual de mulheres e crianças, tráfico de droga e de armas, branqueamento de capitais, corrupção, contrafacção de meios de pagamento, criminalidade informática e criminalidade organizada". Artigo 23(2) (a): "1. Entre 1 de Maio de 2004 e o final de 2006, a União presta assistência financeira temporária, a seguir designada "instrumento de transição", aos novos Estados Membros para desenvolver e reforçar a sua capacidade administrativa de execução e cumprimento do direito da União e da Comunidade Europeia da Energia Atómica, bem como para fomentar o intercâmbio de boas práticas entre pares 2. Esta assistência deve responder à necessidade de continuar a reforçar a capacidade institucional em determinadas áreas, através de acções que não podem ser financiadas pelos fundos com finalidade estrutural, designadamente nas seguintes: a) Justiça e assuntos internos (reforço do sistema judiciário, controlo das fronteiras externas, estratégia de luta contra a corrupção, reforço das capacidades dos serviços responsáveis pela aplicação da lei)".

corrupção, confirmando tratar-se de um assunto sensível que deve ser combatido por todos os membros do bloco.

Os esforços da União Europeia no combate à corrupção renderam frutos. O índice de percepção de corrupção (*corruption perceptions index*) publicado pela *Transparency International* em 2019 ranqueou 9 países da União Europeia entre os 20 primeiros países "mais limpos" do mundo, dentre os 180 analisados[100].

1.2.2.2. A Convenção Interamericana Contra a Corrupção (1996)

A Convenção Interamericana contra a Corrupção ("OEA") pactuada em 1996 reconhece a internacionalidade dos crimes de corrupção[101]. Trata-se de um importante instrumento para o combate à corrupção nos países em desenvolvimento da América Latina[102], que abarca medidas preventivas, medidas de cooperação e medidas de política criminal para os Estados membros. A Convenção OEA foi pactuada entre 35 países[103] e serviu de inspiração para instrumentos posteriores criados para reforçar o combate à corrupção.

Seu texto descreve condutas que devem ser tipificadas nos ordenamentos jurídicos dos Estados membros, criando, portanto, uma obriga-

[100] Pesquisa disponível em: https://www.transparency.org/cpi2019. Acesso em: 05 ago. 2020.

[101] Segundo Larissa Ramina, "esta Convenção representa o primeiro instrumento internacional a tratar com o tema da corrupção transnacional e constitui o exemplo pioneiro de ação regional no mundo em desenvolvimento. A Convenção prevê o desenvolvimento institucional e a implementação de mecanismos anticorrupção, incluindo a assistência recíproca nas áreas legal e técnica". RAMINA, Larissa. A Convenção Interamericana Contra a Corrupção: uma breve análise. *Revista de Direitos Fundamentais e Democracia*. v. 6. 2009.

[102] Incluindo o Brasil, que, apesar de ratificar a Convenção, ainda não implementou diversas medidas ali previstas. O acompanhamento das medidas determinadas pela Convenção OEA é coordenado pelo Grupo de Trabalho sobre Suborno de Transações Comerciais Internacionais, criado em maio de 1994 pelo Comitê sobre Investimento Internacional e Empresa Internacional da OCDE, que se reúne em Paris de 4 (quatro) em 4 (quatro) anos. A última avaliação feita em relação ao Brasil é de outubro de 2014, ocasião em que o Grupo de Trabalho destacou diversas preocupações acerca da implementação da Convenção OEA pelo Brasil. Disponível em: file:///C:/Users/marin/Downloads/avaliacao3_portugues.pdf. Acesso em: 20 nov. 2019.

[103] Disponível em: http://www.oas.org/en/member_states/default.asp. Acesso em: 20 abr. 2019.

ção de legislar. Nesse sentido, o artigo VI da Convenção OEA define os "atos de corrupção" que devem ser tipificados pelos Estados membros, incluindo a corrupção passiva (item "a"), a corrupção ativa (item "b"), o desvio de bens (item "c) e o "encobrimento de bens"[104]. Além disso, a Convenção OEA prevê a tipificação dos delitos de suborno transnacional e o enriquecimento ilícito (artigos VIII e IX, respectivamente)[105].

[104] Artigo IV da Convenção OEA: "Artigo VI: 1. Esta Convenção é aplicável aos seguintes atos de corrupção: a. a solicitação ou a aceitação, direta ou indiretamente, por um funcionário público ou pessoa que exerça funções públicas, de qualquer objeto de valor pecuniário ou de outros benefícios como dádivas, favores, promessas ou vantagens para si mesmo ou para outra pessoa ou entidade em troca da realização ou omissão de qualquer ato no exercício de suas funções públicas; b. a oferta ou outorga, direta ou indiretamente, a um funcionário público ou pessoa que exerça funções públicas, de qualquer objeto de valor pecuniário ou de outros benefícios como dádivas, favores, promessas, vantagens a esse funcionário público ou outra pessoa ou entidade em troca da realização ou omissão de qualquer ato no exercício de suas funções públicas; c. a realização, por parte de um funcionário público ou pessoa que exerce funções públicas, de qualquer ato ou omissão no exercício de suas funções, a fim de obter ilicitamente benefícios para si mesmo ou para um terceiro; d. o aproveitamento doloso ou a ocultação de bens provenientes de qualquer dos atos a que se refere este artigo; e e. a participação, como autor, coautor, instigador, cúmplice, acobertado ou mediante qualquer outro modo de perpetração, na tentativa de perpetração ou na associação ou confabulação para perpetrar qualquer dos atos a que se refere este artigo".

[105] Artigo VIII da Convenção OEA: "Suborno transnacional: Sem prejuízo de sua Constituição e dos princípios fundamentais de seu ordenamento jurídico, cada Estado Parte proibirá e punirá o oferecimento ou outorga, por parte de seus cidadãos, pessoas que tenham residência habitual em seu território e empresas domiciliadas no mesmo, a um funcionário público de outro Estado, direta ou indiretamente, de qualquer objeto de valor pecuniário ou outros benefícios, como dádivas, favores, promessas ou vantagens em troca da realização ou omissão, por esse funcionário, de qualquer ato no exercício de suas funções públicas relacionado com uma transação de natureza econômica ou comercial. Entre os Estados Partes que tenham tipificado o delito de suborno transnacional, este será considerado um ato de corrupção para os propósitos desta Convenção. O Estado Parte que não tenha tipificado o suborno transnacional prestará a assistência e cooperação previstas nesta Convenção relativamente a este delito, na medida em que o permitirem as suas leis. Artigo IX da Convenção OEA: "Enriquecimento ilícito: Sem prejuízo de sua Constituição e dos princípios fundamentais de seu ordenamento jurídico, os Estados Partes que ainda não o tenham feito adotarão as medidas necessárias para tipificar como delito em sua legislação o aumento do patrimônio de um funcionário público que exceda de modo significativo sua renda legítima durante o exercício de suas funções e que não possa justificar razoavelmente. Entre os Estados Partes que tenham tipificado o delito de enriquecimento ilícito, este será considerado um ato de corrupção para os propósitos desta Convenção".

1.2.2.3. A Convenção das Nações Unidas Contra a Corrupção (2003)

A Organização das Nações Unidas ("ONU") dispensa apresentações longas. Surgida das cinzas da Segunda Guerra Mundial como uma releitura da Liga das Nações, não surpreende que os primeiros princípios elencados em seu documento mais importante (a Carta da ONU[106]) se refiram à paz universal e à segurança internacional.

Logo após abordar os princípios da paz e da segurança internacional, a Carta da ONU estipula como princípio da organização o fortalecimento da cooperação internacional "para resolver os problemas internacionais de caráter econômico, social, cultural ou humanitário"[107], afirmando o seu papel de "centro destinado a harmonizar a ação das nações para a consecução desses objetivos comuns"[108]. Entre os problemas internacionais de caráter econômico, social e cultural que a ONU se propõe a combater encontra-se a corrupção.

Atendendo aos princípios elencados na Carta da ONU, em 2003, foi firmado o primeiro (e, até então, único) instrumento internacional vinculante que versa sobre o combate à corrupção: a Convenção das Nações Unidas contra a Corrupção (em inglês, *United Nations Convention Against Corruption* – "UNCC"). Trata-se do tratado mais relevante sobre o assunto, não apenas pela complexidade de suas regras, mas também pelo número de países que o ratificaram[109]. Atualmente, 140 dos 186 países

[106] Disponível em: https://nacoesunidas.org/wp-content/uploads/2017/11/A-Carta-das--Na%C3%A7%C3%B5es-Unidas.pdf. Acesso em: 19 nov. 2019.

[107] Carta da ONU, Artigo 1.3.

[108] Carta da ONU, Artigo 1.4.

[109] Ana Isabel Pérez Cepeda destaca que a UNCC é a única convenção que versa sobre corrupção e que tem alcance universal: "La Convención de Naciones Unidas contra la Delincuencia Organizada Transnacional es el primer documento con vocación universal que insta a los Estados parte a la tipificación del cohecho activo y pasivo de funcionarios públicos nacionales, entendiendo que la corrupción es una de las principales manifestaciones de la delincuencia organizada". Cepeda, Ana Isabel Pérez. Lá política criminal internacional contra la corrupción. *Revista Brasileira de Ciências Criminais*, v. 89, 2011, p. 14. Tradução livre: "A Convenção das Nações Unidas contra a Corrupção é o primeiro documento com vocação internacional que insta os Estados parte a tipificar o delito de corrupção passiva e ativa de funcionários públicos nacionais, entendendo que a corrupção é uma das principais manifestações do crime organizado.

membros da ONU aderiram à UNCC, incluindo o Brasil[110], que aderiu à convenção 3 anos após a sua promulgação, por meio do Decreto Lei n. 5.867 de 31 de janeiro de 2006[111].

A UNCC é dividida em 4 capítulos principais. Além das disposições introdutórias e das considerações finais, a Convenção versa sobre (i) medidas preventivas à corrupção (Capítulo I da UNCC)[112-113]; (ii) a

[110] A Constituição Federal de 1988 fixou as regras básicas para a recepção das convenções internacionais pelo ordenamento jurídico brasileiro. Em resumo, cabe à União manter a relação com outros países (artigo 21, I da Constituição Federal), e é competência exclusiva do Presidente da República a celebração de tratados internacionais (art. 84, VIII, da Constituição Federal), que se sujeitam ao referendo do Congresso Nacional (art. 49, I, c/c art. 84, VIII da Constituição Federal). O tratado passa a ser parte do ordenamento jurídico brasileiro após a promulgação de decreto legislativo, nos termos do art. 59, VI, da Constituição Federal. Há controvérsia acerca da hierarquia legal dos tratados internacionais ratificados pelo Brasil. Enquanto para parte da doutrina tais regras são dotadas de hierarquia superior às demais leis, outros defendem a paridade entre ambos. Em qualquer das hipóteses entende-se que os tratados são subordinados às normas da Constituição Federal, possuindo força de lei. Isso significa que, ao descumprir um tratado internacional ratificado pelo Brasil, os agentes descumprem não apenas normas de direito internacional, mas também de direito interno, devendo, portanto, se sujeitar às consequências legais do descumprimento no âmbito do ordenamento jurídico doméstico. Nesse sentido: Serrano, Vidal. *Curso de direito constitucional.* São Paulo: Saraiva, 1998, p. 131.

[111] Disponível em: http://www.planalto.gov.br/ccivil_03/_Ato2004-2006/2006/Decreto/D5687.htm. Acesso em: 18 nov. 2019.

[112] A UNCC parte da premissa que tão importante quanto a repressão é a prevenção de atos de corrupção. Por essa razão, contém um capítulo específico dedicado ao tema, com medidas direcionadas tanto ao poder público quanto aos entes privados. A UNCC estabelece princípios básicos que devem ser respeitados, e regras organizacionais mínimas que deveriam ser implementadas por cada Estado para prevenir atos de corrução. Oferece, basicamente, uma moldura que deve ser preenchida com normas de direito interno pelos Estados-parte, o que nem sempre acontece.

[113] O 1º Capítulo da UNCC, que versa sobre as medidas preventivas, não compreende a criação de tipos penais, mas já menciona condutas que precisam ser controladas adequadamente e que podem vir a configurar atos de corrupção. Por exemplo, o artigo 12º da UNCC estipula a necessidade de sanções para violações civis, administrativas ou penais relacionadas à corrupção, trazendo exemplos dos propósitos buscados, que incluem uma exigência quanto à prevenção de conflitos de interesses por meio da imposição de "restrições apropriadas, durante um período razoável, às atividades profissionais de ex-funcionários públicos ou à contratação de funcionários públicos pelo setor privado depois de sua renúncia ou aposentadoria [...]". A recomendação, de uma forma geral, não foi implementada pelo governo brasileiro. Um exemplo claro das consequências da não implementação

criminalização de atos de corrupção e a obrigatoriedade de imposição de sanções legais (Capítulo II da UNCC); (iii) medidas de cooperação internacional (Capítulo III da UNCC)[114]; e (iv) medidas que visam assegurar a recuperabilidade de ativos que são produto de atividades corruptas (Capítulo IV da UNCC)[115].

Para definir quais atos são considerados atos de corrupção para o direito internacional, os artigos 15 a 25[116] da UNCC são os mais importantes, na medida em que preveem uma série de tipos legais de corrup-

das medidas é o famoso "caso JBS", no qual um procurador do Ministério Público Federal, o sr. Marcello Miller, recebeu dinheiro para trabalhar como advogado da JBS perante o órgão público em que trabalhava, enquanto planejava passar a integrar os quadros de um famoso escritório de advocacia de São Paulo.

[114] Enquanto os capítulos anteriores da Convenção preocupavam-se com a efetividade do combate à corrupção no território dos Estados-parte, o capítulo IV da UNCC pretende estabelecer mecanismos de assistência e cooperação recíprocas para permitir a investigação e a punição adequada de crimes transnacionais. Diferente dos artigos anteriores, que estabeleciam, em regra, uma obrigação de legislar ou implementar medidas, a linguagem de muitos dos artigos contidos no capítulo IV é mandatória, fazendo nascer desde já uma obrigação de cooperação que independe de legislações e regras a serem editadas pelo próprio Estado membro.

[115] O capítulo V da UNCC versa sobre a recuperação de ativos, e poderia muito bem fazer parte do capítulo que dispõe sobre a cooperação internacional. Não há dúvida de que, havendo crime de corrupção, os ativos eventualmente desviados para outros países devem retornar ao país de origem, de forma a remediar os danos causados. Trata-se, nos termos do artigo 50 da UNCC, de um princípio fundamental da Convenção.

[116] Os demais artigos do Capítulo II tratam sobre diversos temas que visam assegurar a criminalização dos tipos penais descritos nos artigos anteriores. O artigo 26 da CCIC versa sobre a responsabilidade da pessoa jurídica pelos "delitos" estabelecidos na Convenção, e permite ao Estado-parte escolher qual é a sanção adequada, que pode ser penal, civil ou administrativa. O artigo 27 versa sobre a participação ou tentativa de crime de corrupção. Os artigos 28 (conhecimento, intenção e propósito como elementos de um delito), 29 (prescrição), 30 (processo, sentenças e sanções), 31 (embargo, apreensão e confisco), 32 (proteção a testemunhas e peritos), 33 (proteção aos denunciante), 34 (consequências dos atos de corrupção), 35 (indenização por danos e prejuízos), 36 (autoridades especializadas), 37 (cooperação com as autoridades encarregadas de fazer cumprir a lei), 38 (cooperação entre organismos nacionais), 39 (cooperação entre os organismos nacionais e o setor privado), 40 (sigilo bancário), 41 (antecedentes penais) e 42 (jurisdição), por sua vez, versam sobre a higidez da investigação das condutas previstas na UNCC e do processo penal, a efetividade e especialização do juízo, e a garantia da proporcionalidade e aplicação das sanções previstas.

ção que devem integrar o sistema jurídico dos países signatários. Os autores da Convenção preferiram imputar aos Estados-parte a "obrigação de legislar" sobre algumas condutas, ao invés de tipificar e estabelecer, desde já, sanções para cada uma das condutas descritas. Em outras palavras, a UNCC apenas descreve algumas condutas que devem ser sancionadas pela legislação doméstica de cada país signatória, que se compromete a criar tipos penais que abarquem as condutas descritas na Convenção.

Não há dúvidas quanto à importância dos tipos penais abarcados pela UNCC, que trazem parâmetros internacionais em relação à criminalização de atos de corrupção. Sem prejuízo da não implementação dos tipos legais por alguns Estados – e da ainda existente discrepância no tratamento outorgado por diferentes jurisdições para atos idênticos – as condutas descritas no Capítulo II da UNCC são reconhecidamente repreensíveis pelos Estados signatários da Convenção, oferecendo, junto com os demais instrumentos legais internacionais, um termômetro importante acerca do conceito de corrupção para o direito internacional.

Tendo em vista sua importância como parâmetro internacional em relação aos atos juridicamente considerados como atos de corrupção, trataremos brevemente de cada um dos tipos penais descritos na UNCC, comentando sua implementação (ou não) por alguns países signatários. Para tanto, utilizaremos como base o Relatório de Implementação da Convenção das Nações Unidas Contra Corrupção elaborado pela ONU, em novembro de 2017 (*State of Implementation of the United Nations Convention against Corruption: Criminalization, Law Enforcement and International Cooperation* – "Relatório UNCC")[117].

[117] UNITED NATIONS OFFICE ON DRUGS AND CRIME. *State of implementation of the United Nations Convention against corruption*: criminalization, law enforcement and international cooperation. 2. ed. United Nations: Viena, 2017. Disponível em: https://www.unodc.org/documents/treaties/UNCAC/COSP/session7/V.17-04679_E-book.pdf. Acesso em: 20 abr. 2020. O suborno é conhecido como *hard corruption* (corrupção dura), sendo provavelmente o exemplo precípuo de corrupção. Nesse sentido: KESSLER, Raeschke Hilmar. *Corrupt practices in the foreign investment context*: contractual and procedural aspects. Países Baixos: Kluwer Law International, 2004, p. 471-501.

1.2.2.3.1. Suborno de funcionários públicos nacionais e internacionais (corrupção ativa e passiva)

O artigo 15º da UNCC[118] refere-se ao suborno de funcionários públicos nacionais[119], um dos fatores centrais de legislações criminais domésticas que versam sobre corrupção[120]. Trata-se das condutas de corrupção passiva e ativa[121], que representam a forma mais simples de corrupção e

[118] Artigo 15º da UNCC: "Cada Estado Parte adotará as medidas legislativas e de outras índoles que sejam necessárias para qualificar como delito, quando cometidos intencionalmente: a) A promessa, o oferecimento ou a concessão a um funcionário público, de forma direta ou indireta, de um benefício indevido que redunde em seu próprio proveito ou no de outra pessoa ou entidade com o fim de que tal funcionário atue ou se abstenha de atuar no cumprimento de suas funções oficiais; b) A solicitação ou aceitação por um funcionário público, de forma direta ou indireta, de um benefício indevido que redunde em seu próprio proveito ou no de outra pessoa ou entidade com o fim de que tal funcionário atue ou se abstenha de atuar no cumprimento de suas funções oficiais".

[119] A definição de funcionário público, por sua vez, encontra-se no artigo 2º da Convenção UNCC. O artigo não traz uma sugestão de definição do conceito de "funcionário público", o que ficou a cargo dos Estados-signatários. O Relatório UNCC indica que na maioria dos casos a definição de funcionário público pelos Estados abarca "qualquer pessoa performando uma função pública, carregando um dever público, a quem é confiada uma tarefa pública ou quem detém uma responsiva posição oficial, ou para quem funções públicas tenham sido delegadas". United Nations Office on Drugs and Crime. *State of implementation of the United Nations Convention against corruption*: criminalization, law enforcement and international cooperation. 2. ed. United Nations: Viena, 2017. Disponível em: https://www.unodc.org/documents/treaties/UNCAC/COSP/session7/V.17-04679_E-book.pdf. Acesso em: 20 abr. 2020, p. 7. O Relatório UNCC também explica importantes diferenças em relação ao tratamento outorgado aos membros do Poder Judiciário, aos parlamentares e aos militares em diversos países.

[120] United Nations Office on Drugs and Crime. *State of implementation of the United Nations Convention against corruption*: criminalization, law enforcement and international cooperation. 2. ed. United Nations: Viena, 2017. Disponível em: https://www.unodc.org/documents/treaties/UNCAC/COSP/session7/V.17-04679_E-book.pdf. Acesso em: 20 abr. 2020, p. 13.

[121] O Relatório UNCC explica que as duas formas de corrupção são na maioria das vezes tipificadas em artigos separados, mas que a corrupção ativa por vezes é caracterizada como simples participação no crime de corrupção passiva. United Nations Office on Drugs and Crime. *State of implementation of the United Nations Convention against corruption*: criminalization, law enforcement and international cooperation. 2. ed. United Nations: Viena, 2017. Disponível em: https://www.unodc.org/documents/treaties/UNCAC/COSP/session7/V.17-04679_E-book.pdf. Acesso em: 20 abr. 2020, p. 13. Tal tratamento "subsidiário" do crime de corrupção ativa teria origem na visão tradicional segundo a qual a corrupção se

envolvem o desvio de função do funcionário público para obter proveito para si ou para outrem[122].

A ampla tipificação do crime de suborno de funcionários públicos nacionais foi reconhecida pelo Relatório UNCC[123]. Apesar disso, o documento aponta diversas falhas nas tipificações adotadas ao redor do mundo, que muitas vezes deixam de cobrir circunstâncias que se enquadrariam no tipo descrito no artigo 15º da UNCC[124]. Alguns Estados, por outro lado, vão além dos requisitos mínimos colocados pela Convenção UNCC e são elogiados por isso no Relatório UNCC[125].

daria apenas a partir do uso indevido de poder por aquele que o detém (*crimen repetundarum* ou *crimen extraordinarium concussionis*).

122 Trata-se de condutas tipificadas no Brasil por meio dos artigos que versam sobre crimes de corrupção ativa (artigo 333 do Código Penal), corrupção passiva (artigo 317 do Código Penal) e concussão (artigo 316 do Código Penal). Nesse sentido, quadro comparativo elaborado pelo Ministério Público Federal. Disponível em: https://mail.google.com/mail/u/0/#inbox/WhctKJVjMcSqWLSwPjPrbpVkKRcgmjtCPKCPzJFrJNcScQvKPZCqJnJDcgbFpvdKqjDCjkQ?projector=1&messagePartId=0.2. Acesso em: 19 nov. 2019.

123 United Nations Office on Drugs and Crime. *State of implementation of the United Nations Convention against corruption*: criminalization, law enforcement and international cooperation. 2. ed. United Nations: Viena, 2017. Disponível em: https://www.unodc.org/documents/treaties/UNCAC/COSP/session7/V.17-04679_E-book.pdf. Acesso em: 20 abr. 2020, p. 29.

124 Por exemplo, enquanto o termo "vantagem" é utilizado de forma ampla na convenção, alguns Estados exigem a troca (ou promessa de troca) de dinheiro ou bens para se demonstrar a configuração passiva ou ativa. Outro exemplo é a exclusão de terceiros beneficiários da vantagem do tipo penal. United Nations Office on Drugs and Crime. *State of implementation of the United Nations Convention against corruption*: criminalization, law enforcement and international cooperation. 2. ed. United Nations: Viena, 2017. Disponível em: https://www.unodc.org/documents/treaties/UNCAC/COSP/session7/V.17-04679_E-book.pdf. Acesso em: 20 abr. 2020, p. 20-26.

125 Como, por exemplo, os Estados que criminalizam a chamada *investive corruption*, na qual não há um *link* direto entre o benefício oferecido e uma determinada conduta do funcionário público, compreendendo qualquer cortesia ou benefício inadequado oferecido com a intenção de manter ou melhorar um relacionamento que pode gerar benefícios futuros. United Nations Office on Drugs and Crime. *State of implementation of the United Nations Convention against corruption*: criminalization, law enforcement and international cooperation. 2. ed. United Nations: Viena, 2017. Disponível em: https://www.unodc.org/documents/treaties/UNCAC/COSP/session7/V.17-04679_E-book.pdf. Acesso em: 20 abr. 2020, p. 26.

O artigo 16 da UNCC refere-se ao suborno de funcionário público estrangeiro ou de organizações internacionais[126]. Ao contrário do artigo anterior, que foi amplamente adotado, poucos países tomaram medidas para implementar o crime de suborno de funcionários públicos internacionais e de organizações internacionais. Com efeito, segundo o relatório UNCC, cerca de 1/3 (um terço) dos países não tipificou a conduta de forma satisfatória e mais de ¼ (um quarto) dos 2/3 (dois terços) restantes criminalizou apenas a conduta de corrupção ativa de funcionários públicos internacionais e de organizações internacionais (deixando de fora, portanto, a corrupção passiva). A justificativa de alguns países é que o local de origem dos funcionários públicos internacionais é que teria jurisdição para punir os crimes, que naturalmente teriam mais nexo com aquela localidade[127]. O Brasil encontra-se dentre os países que não criminalizaram as condutas descritas no artigo 16 da UNCC[128].

[126] Artigo 16 da UNCC: "1. Cada Estado Parte adotará as medidas legislativas e de outras índoles que sejam necessárias para qualificar como delito, quando cometido intencionalmente, a promessa, oferecimento ou a concessão, de forma direta ou indireta, a um funcionário público estrangeiro ou a um funcionário de organização *internacional* pública, de um benefício indevido que redunde em seu próprio proveito ou no de outra pessoa ou entidade com o fim de que tal funcionário atue ou se abstenha de atuar no exercício de suas funções oficiais para obter ou manter alguma transação comercial ou outro benefício indevido em relação com a realização de atividades comerciais internacionais. 2. Cada Estado Parte considerará a possibilidade de adotar medidas legislativas e de outras índoles que sejam necessárias para qualificar como delito, quando cometido intencionalmente, a solicitação ou aceitação por um funcionário público estrangeiro ou funcionário de organização internacional pública, de forma direta ou indireta, de um benefício indevido que redunde em proveito próprio ou no de outra pessoa ou entidade, com o fim de que tal funcionário atue ou se abstenha de atuar no exercício de suas funções oficiais".

[127] United Nations Office on Drugs and Crime. *State of implementation of the United Nations Convention against corruption*: criminalization, law enforcement and international cooperation. 2. ed. United Nations: Viena, 2017. Disponível em: https://www.unodc.org/documents/treaties/UNCAC/COSP/session7/V.17-04679_E-book.pdf. Acesso em: 20 abr. 2020, p. 32-33.

[128] Apesar de não existir no ordenamento jurídico pátrio o crime específico de suborno de funcionário públicos internacionais e de organizações internacionais, há uma ligação entre o quanto previsto no artigo 16 da UNCC e as condutas previstas nos artigos 337-B (crime de corrupção ativa em transação comercial internacional), e 337-C (crime de tráfico de influência em razão de transação comercial internacional) e 337-D (que traz o conceito de funcionário público estrangeiro), todos do Código Penal.

1.2.2.3.2. Malversação ou peculato, apropriação indébita e outras formas de desvio de bens

O artigo 17 da UNCC alberga a malversação ou peculato, a apropriação indébita, ou outras formas de desvio de bens por um funcionário público[129]. Todos os países signatários da UNCC adotaram medidas para criminalizar a fraude e a apropriação indevida de bens públicos por seus funcionários[130]. Independentemente das especificidades de cada legislação[131] e da fragmentação terminológica sobre o assunto, é unânime a vedação ao desvio de bens públicos por funcionários que se valem do seu cargo ou função para obter benefício próprio[132-133].

[129] Artigo 17 da UNCC: "Cada Estado Parte adotará as medidas legislativas e de outras índoles que sejam necessárias para qualificar como delito, quando cometido intencionalmente, a malversação ou o peculato, a apropriação indébita ou outras formas de desvio de bens, fundos ou títulos públicos ou privados ou qualquer outra coisa de valor que se tenham confiado ao funcionário em virtude de seu cargo".

[130] United Nations Office on Drugs and Crime. *State of implementation of the United Nations Convention against corruption*: criminalization, law enforcement and international cooperation. 2. ed. United Nations: Viena, 2017. Disponível em: https://www.unodc.org/documents/treaties/UNCAC/COSP/session7/V.17-04679_E-book.pdf. Acesso em: 20 abr. 2020, p. 39.

[131] O relatório UNCC critica algumas legislações que, apesar de adotarem a regra geral, trazem limitações indevidas (por exemplo, excluindo bens imóveis do conceito de "bens" do tipo penal, ou estabelecendo um valor mínimo para os bens desviados que o crime seja configurado). United Nations Office on Drugs and Crime. *State of implementation of the United Nations Convention against corruption*: criminalization, law enforcement and international cooperation. 2. ed. United Nations: Viena, 2017. Disponível em: https://www.unodc.org/documents/treaties/UNCAC/COSP/session7/V.17-04679_E-book.pdf. Acesso em: 20 abr. 2020, p. 41.

[132] O Código Penal Brasileiro, por exemplo, tipifica o crime de peculato (artigo 312 do Código Penal), de peculato mediante erro de outrem (artigo 313 do Código Penal) e de emprego irregular de verbas ou renda públicas (artigo 315 do Código Penal).

[133] United Nations Office on Drugs and Crime. *State of implementation of the United Nations Convention against corruption*: criminalization, law enforcement and international cooperation. 2. ed. United Nations: Viena, 2017. Disponível em: https://www.unodc.org/documents/treaties/UNCAC/COSP/session7/V.17-04679_E-book.pdf. Acesso em: 20 abr. 2020, p. 39.

1.2.2.3.3. Tráfico de influência

O artigo 18 da UNCC versa sobre o crime de tráfico de influência[134]. Trata-se de uma disposição polêmica, que passa longe de ser aplicada de maneira uniforme pelos Estados signatários da UNCC. Com efeito, segundo o Relatório da UNCC, apenas 1/3 dos Estados signatários implementaram satisfatoriamente este artigo.

A relutância de alguns países em relação à criminalização da conduta tem fundamento na dificuldade de separação entre a influência supostamente legítima (como, por exemplo, o *lobby*, abertamente praticado nos Estados Unidos) e a influência ilegítima, prevista no artigo 18 da UNCC. Outro argumento é o de que a proibição específica não é necessária, uma vez que a conduta já estaria prevista em tipos mais genéricos. Nesse sentido, o Relatório da UNCC:

> In some countries, mostly from the Group of Western European and other States, the adoption of implementing legislation was considered but eventually rejected. This rejection came because the concept of trading in influence was considered overly vague and not in keeping with the level of clarity and predictability required in criminal law or because the legislator, taking also into account the difficulty of distinguishing trading in influence from socially acceptable forms of pressure (e.g., lobbying from representatives of interest groups), decided to focus on the most dangerous acts, especially those that undermine confidence in public administration, justice and the authorities in general, preferring the path of prevention and establishing rules of professional ethics for the conduct in question. In one of these countries, the reluctance to introduce criminal law measures in

[134] Artigo 18 da UNCC: "Cada Estado Parte considerará a possibilidade de adotar as medidas legislativas e de outras índoles que sejam necessárias para qualificar como delito, quando cometido intencionalmente: a) A promessa, o oferecimento ou a concessão a um funcionário público ou a qualquer outra pessoa, de forma direta ou indireta, de um benefício indevido com o fim de que o funcionário público ou a pessoa abuse de sua influência real ou suposta para obter de uma administração ou autoridade do Estado Parte um benefício indevido que redunde em proveito do instigador original do ato ou de qualquer outra pessoa; b) A solicitação ou aceitação por um funcionário público ou qualquer outra pessoa, de forma direta ou indireta, de um benefício indevido que redunde em seu proveito próprio ou no de outra pessoa com o fim de que o funcionário público ou a pessoa abuse de sua influência real ou suposta para obter de uma administração ou autoridade do Estado Parte um benefício indevido

> this field was also attributed to the fact that many international non-governmental organizations were active and involved in lobbying activities on its soil. Recommendations were issued on reconsidering the possibility of introducing appropriate criminal legislation in some of these countries. In another set of States parties, almost all of them States with common-law systems and part of the Group of Asia-Pacific States and the Group of African States, the offence seem to be (at least partially) addressed through far-reaching general provisions against bribery[135].

Há poucos dados ou estatísticas confirmando a efetividade do artigo 18 da UNCC, refletindo a sua falta de aplicação. Sob essa perspectiva, sem embargo da importância da proibição ali contida, concluímos que o tráfico de influência não é uma forma de corrupção amplamente reconhecida pelas legislações domésticas, apesar de estar descrita na UNCC.

[135] Tradução livre: "Em alguns países, principalmente do Grupo da Europa Ocidental e de outros Estados, a adoção da legislação de implementação foi considerada, mas acabou sendo rejeitada. Essa rejeição ocorreu porque o conceito de tráfico de influência foi considerado excessivamente vago e não condizente com o nível de clareza e previsibilidade exigido no direito penal ou porque o legislador, considerando também a dificuldade de distinguir o tráfico de influência de formas socialmente aceitáveis de influência (por exemplo, *lobby* de representantes de grupos de interesse), decidiu concentrar-se nos atos mais perigosos, especialmente aqueles que comprometem a confiança na administração pública, na justiça e nas autoridades em geral, preferindo o caminho da prevenção e estabelecendo regras de ética profissional para a sociedade. Em um desses países, a relutância em introduzir medidas de direito penal nesse campo também foi atribuída ao fato de muitas organizações não governamentais internacionais estarem ativas e envolvidas em atividades de *lobby* em seu território. Foram feitas recomendações sobre a reconsideração da possibilidade de introduzir legislação criminal apropriada em alguns desses países. Noutro conjunto de Estados Partes, quase todos Estados com sistemas de direito comum e parte do Grupo de Estados da Ásia-Pacífico e do Grupo de Estados Africanos, a ofensa parece ser (pelo menos parcialmente) tratada através de acordos gerais de longo alcance disposições contra suborno". UNITED NATIONS OFFICE ON DRUGS AND CRIME. *State of implementation of the United Nations Convention against corruption*: criminalization, law enforcement and international cooperation. 2. ed. United Nations: Viena, 2017. Disponível em: https://www.unodc.org/documents/treaties/UNCAC/COSP/session7/V.17-04679_E-book.pdf. Acesso em: 20 abr. 2020, p. 43.

1.2.2.3.4. Abuso de função

O artigo 19 da UNCC aborda o "abuso de função" quando cometido internacionalmente, um tipo relativamente aberto que complementa outros artigos mais específicos da UNCC[136]. O Relatório UNCC registra que poucos Estados implementaram de fato a tipificação dos atos descritos neste artigo[137]. Alguns Estados preferiram impor sanções administrativas para o caso de abuso de função, ou apenas criminalizar abusos específicos de determinados funcionários públicos, muitas vezes sem considerar a internacionalidade ou não do ato. É o caso, por exemplo, do Brasil, que tipificou os crimes de violência arbitrária (artigo 322 do Código Penal[138]) e prevaricação (artigo 319 do Código Penal[139])[140].

[136] Artigo 19 da UNCC: "Cada Estado Parte considerará a possibilidade de adotar as medidas legislativas e de outras índoles que sejam necessárias para qualificar como delito, quando cometido intencionalmente, o abuso de funções ou do cargo, ou seja, a realização ou omissão de um ato, em violação à lei, por parte de um funcionário público no exercício de suas funções, com o fim de obter um benefício indevido para si mesmo ou para outra pessoa ou entidade".

[137] United Nations Office on Drugs and Crime. *State of implementation of the United Nations Convention against corruption*: criminalization, law enforcement and international cooperation. 2. ed. United Nations: Viena, 2017. Disponível em: https://www.unodc.org/documents/treaties/UNCAC/COSP/session7/V.17-04679_E-book.pdf. Acesso em: 20 abr. 2020, p. 50.

[138] "Violência arbitrária. Art. 322 – Praticar violência, no exercício de função ou a pretexto de exercê-la: Pena – detenção, de seis meses a três anos, além da pena correspondente à violência".

[139] "Prevaricação. Art. 319 – Retardar ou deixar de praticar, indevidamente, ato de ofício, ou praticá-lo contra disposição expressa de lei, para satisfazer interesse ou sentimento pessoal: Pena – detenção, de três meses a um ano, e multa. Art. 319-A. Deixar o Diretor de Penitenciária e/ou agente público, de cumprir seu dever de vedar ao preso o acesso a aparelho telefônico, de rádio ou similar, que permita a comunicação com outros presos ou com o ambiente externo: (Incluído pela Lei n. 11.466, de 2007). Pena: detenção, de 3 (três) meses a 1 (um) ano".

[140] Quando comparativo elaborado pelo Ministério Público Federal. Disponível em: https://mail.google.com/mail/u/0/#inbox/WhctKJVjMcSqWLSwPjPrbpVkKRcgmjtCPKCPzJFrJNcScQvKPZCqJnJDcgbFpvdKcjDCjkQ?projector=1&messagePartId=0.2. Acesso em: 19 nov. 2019.

1.2.2.3.5. Enriquecimento ilícito

O artigo 20º da UNCC versa sobre o enriquecimento ilícito, assim entendido como o "incremento significativo do patrimônio de um funcionário público relativo aos seus ingressos legítimos que não podem ser razoavelmente justificados por ele"[141]. Trata-se de uma disposição bastante polêmica, pois cria uma presunção de que incrementos patrimoniais não justificáveis são oriundos de atos ilícitos. A adesão pelos Estados signatários desta previsão da UNCC é baixa[142-143].

1.2.2.3.6. Suborno e malversação ou peculato no setor privado

O artigo 21 da UNCC refere-se à conduta de suborno no setor privado e o artigo 22 à malversação ou peculato, também no setor privado[144]. Ana-

[141] Artigo 20 da UNCC: "Com sujeição a sua constituição e aos princípios fundamentais de seu ordenamento jurídico, cada Estado Parte considerará a possibilidade de adotar as medidas legislativas e de outras índoles que sejam necessárias para qualificar como delito, quando cometido intencionalmente, o enriquecimento ilícito, ou seja, o incremento significativo do patrimônio de um funcionário público relativo aos seus ingressos legítimos que não podem ser razoavelmente justificados por ele".

[142] United Nations Office on Drugs and Crime. *State of implementation of the United Nations Convention against corruption*: criminalization, law enforcement and international cooperation. 2. ed. United Nations: Viena, 2017. Disponível em: https://www.unodc.org/documents/treaties/UNCAC/COSP/session7/V.17-04679_E-book.pdf. Acesso em: 20 abr. 2020, p. 52.

[143] Não há, até então, lei tipificando a conduta de enriquecimento ilícito no Brasil, mas, apenas o Projeto de Lei n. 5.586/2005, que tramita com "prioridade" no Congresso. Disponível em: https://www.camara.leg.br/proposicoesWeb/fichadetramitacao?idProposicao=292771. Acesso em: 11 nov. 2019.

[144] Artigo 21 da UNCC: "Cada Estado Parte considerará a possibilidade de adotar medidas legislativas e de outras índoles que sejam necessárias para qualificar como delito, quando cometido intencionalmente no curso de atividades econômicas, financeiras ou comerciais: a) A promessa, o oferecimento ou a concessão, de forma direta ou indireta, a uma pessoa que dirija uma entidade do setor privado ou cumpra qualquer função nela, de um benefício indevido que redunde em seu próprio proveito ou no de outra pessoa, com o fim de que, faltando ao dever inerente às suas funções, atue ou se abstenha de atuar; b) A solicitação ou aceitação, de forma direta ou indireta, por uma pessoa que dirija uma entidade do setor privado ou cumpra qualquer função nela, de um benefício indevido que redunde em seu próprio proveito ou no de outra pessoa, com o fim de que, faltando ao dever inerente às suas funções, atue ou se abstenha de atuar". Artigo 22 da UNCC: "Cada Estado Parte considerará a possibilidade de adotar medidas legislativas e de outras índoles que sejam necessárias para qualificar como delito, quando cometido intencionalmente no curso de ativida-

lisaremos os dois artigos em conjunto por suas características comuns. Apesar de as condutas descritas serem diversas, os dois artigos trazem definições de crimes que, conforme explicamos, foram incorporadas pela grande maioria dos Estados signatários da Convenção em relação aos funcionários públicos. A grande diferença, aqui, é que os atos recrimináveis seriam praticados no setor privado e não no setor público[145].

Em relação ao artigo 21 da UNCC, ao tempo em que o Relatório UNCC foi elaborado, cerca de 2/3 (dois terços) dos Estados signatários da UNCC haviam tipificado o suborno do setor privado[146]. O artigo 22 da UNCC também teve alta adesão, embora, por vezes, essa adesão tenha se dado de forma fragmentada[147].

1.2.2.3.7. Lavagem de produto de delito

O artigo 23 da UNCC prevê o crime de "lavagem" de produto de delito "quando cometido internacionalmente"[148]. Apesar da complexidade das

des econômicas, financeiras ou comerciais, a malversação ou peculato, por uma pessoa que dirija uma entidade do setor privado ou cumpra qualquer função nela, de quaisquer bens, fundos ou títulos privados ou de qualquer outra coisa de valor que se tenha confiado a essa pessoa por razão de seu cargo".

[145] Ao expandir o conceito de corrupção para atos que acontecem exclusivamente no setor privado rompe-se com a ideia defendida por alguns de que a corrupção se apresentaria como um meio de degradação do interesse público em prol da satisfação do interesse privado. Garcia, Emerson. *A corrupção* – uma visão jurídico-sociológica. São Paulo: RT, 2004, p. 10.

[146] United Nations Office on Drugs and Crime. *State of implementation of the United Nations Convention against corruption*: criminalization, law enforcement and international cooperation. 2. ed. United Nations: Viena, 2017. Disponível em: https://www.unodc.org/documents/treaties/UNCAC/COSP/session7/V.17-04679_E-book.pdf. Acesso em: 20 abr. 2020, p. 60. Não é o caso do Brasil, que ainda não criminalizou o suborno no setor privado.

[147] United Nations Office on Drugs and Crime. *State of implementation of the United Nations Convention against corruption*: criminalization, law enforcement and international cooperation. 2. ed. United Nations: Viena, 2017. Disponível em: https://www.unodc.org/documents/treaties/UNCAC/COSP/session7/V.17-04679_E-book.pdf. Acesso em: 20 abr. 2020, p. 60. As condutas descritas no artigo 22 também não foram criminalizadas no Brasil.

[148] Artigo 23 da UNCC: "Cada Estado Parte adotará, em conformidade com os princípios fundamentais de sua legislação interna, as medidas legislativas e de outras índoles que sejam necessárias para qualificar como delito, quando cometido intencionalmente: a) i) A

condutas previstas no artigo 23 da UNCC, segundo o Relatório UNCC, "é notável a uniformidade entre os Estados-parte em relação à criminalização da lavagem de dinheiro"[149]. Isso inclui o Brasil, que tipificou o crime de lavagem de capitais por meio da Lei n. 9.613/1998, atualizada pela Lei n. 12.683/2012[150].

Cabe ponderar, aqui, que a criminalização do crime de lavagem de dinheiro é um importante instrumento no combate à corrupção, mas a

conversão ou a transferência de bens, sabendo-se que esses bens são produtos de delito, com o propósito de ocultar ou dissimular a origem ilícita dos bens e ajudar a qualquer pessoa envolvida na prática do delito com o objetivo de afastar as consequências jurídicas de seus atos; ii) A ocultação ou dissimulação da verdadeira natureza, origem, situação, disposição, movimentação ou da propriedade de bens ou do legítimo direito a estes, sabendo-se que tais bens são produtos de delito; b) Com sujeição aos conceitos básicos de seu ordenamento jurídico: i) A aquisição, possessão ou utilização de bens, sabendo-se, no momento de sua receptação, de que se tratam de produto de delito; ii) A participação na prática de quaisquer dos delitos qualificados de acordo com o presente Artigo, assim como a associação e a confabulação para cometê-los, a tentativa de cometê-los e a ajuda, incitação, facilitação e o assessoramento com vistas à sua prática. 2. Para os fins de aplicação ou colocação em prática do parágrafo 1º do presente Artigo: a) Cada Estado Parte velará por aplicar o parágrafo 1º do presente Artigo à gama mais ampla possível de delitos determinantes; b) Cada Estado Parte incluirá como delitos determinantes, como mínimo, uma ampla gama de delitos qualificados de acordo com a presente Convenção; c) Aos efeitos do item "b)" supra, entre os delitos determinantes se incluirão os delitos cometidos tanto dentro como fora da jurisdição do Estado Parte interessado. Não obstante, os delitos cometidos fora da jurisdição de um Estado Parte constituirão delito determinante sempre e quando o ato correspondente seja delito de acordo com a legislação interna do Estado em que se tenha cometido e constitui-se assim mesmo delito de acordo com a legislação interna do Estado Parte que aplique ou ponha em prática o presente Artigo se o delito houvesse sido cometido ali; d) Cada Estado Parte proporcionará ao Secretário Geral das Nações Unidas uma cópia de suas leis destinadas a dar aplicação ao presente Artigo e de qualquer emenda posterior que se atenha a tais leis; e) Se assim requererem os princípios fundamentais da legislação interna de um Estado Parte, poderá dispor-se que os delitos enunciados no parágrafo 1º do presente Artigo não se apliquem às pessoas que tenham cometido o delito determinante".

149 United Nations Office on Drugs and Crime. *State of implementation of the United Nations Convention against corruption*: criminalization, law enforcement and international cooperation. 2. ed. United Nations: Viena, 2017. Disponível em: https://www.unodc.org/documents/treaties/UNCAC/COSP/session7/V.17-04679_E-book.pdf. Acesso em: 20 abr. 2020, p. 55.

150 Disponível em: http://www.planalto.gov.br/ccivil_03/Leis/L9613.htm. Acesso em: 7 jan. 2020.

conduta de "lavar dinheiro" não é, em si, um ato de corrupção quando não relacionada a um crime anterior de corrupção[151]. Em outras palavras, trata-se de um crime "acessório", que segue a caracterização do principal e que só pode ser considerado um crime de corrupção quando a ação principal também o é. A lavagem de dinheiro obtido por meio do crime de furto, por exemplo, ao nosso ver, não é um ato de corrupção, mas a lavagem de dinheiro obtido como produto do crime de malversação é um ato de corrupção.

1.2.2.3.8. Encobrimento e obstrução de justiça

O artigo 24 da UNCC dispõe sobre a conduta de "encobrimento", que consiste basicamente na tipificação de condutas voltadas ao encobrimento ou retenção de produtos de crime[152]. Já o artigo 25 da UNCC dispõe sobre a obstrução de justiça relacionada aos demais atos de corrupção descritos na UNCC[153].

[151] Como o próprio artigo 23 da UNCC deixa claro, é condenável a conversão ou transferência de bens que sejam produtos de quaisquer ilícitos, não apenas daqueles relacionados a atos de corrupção. Isso se torna evidente na medida em que outras convenções internacionais, criadas com foco na prática de delitos diversos, trazem previsão semelhante. É o caso, por exemplo, do Artigo 3º, 1, "b, da Convenção Contra o Tráfico Ilícito de Entorpecentes e Substâncias Psicotrópicas de 1988: "1 – Cada uma das Partes adotará as medidas necessárias para caracterizar como delitos penais em seu direito interno, quando cometidos internacionalmente: [...] b) i) a conversão ou a transferência de bens, com conhecimento de que tais bens são procedentes de algum ou alguns dos delitos estabelecidos no inciso a) deste parágrafo, ou da prática do delito ou delitos em questão, com o objetivo de ocultar ou encobrir a origem ilícita dos bens, ou de ajudar a qualquer pessoa que participe na prática do delito ou delitos em questão, para fugir das consequências jurídicas de seus atos". Disponível em: http://www.planalto.gov.br/ccivil_03/decreto/1990-1994/D0154.htm. Acesso em: 23 abr. 2020.

[152] Artigo 24 da UNCC: "Sem prejuízo do disposto no Artigo 23 da presente Convenção, cada Estado Parte considerará a possibilidade de adotar as medidas legislativas e de outra índole que sejam necessárias para qualificar o delito, quando cometido intencionalmente após a prática de quaisquer dos delitos qualificados de acordo com a presente Convenção mas sem haver participados deles, o encobrimento ou a retenção contínua de bens sabendo-se que tais bens são produtos de quaisquer dos delitos qualificados de acordo com a presente Convenção".

[153] Artigo 25 da UNCC: "Cada Estado Parte adotará as medidas legislativas e de outras índoles que sejam necessárias para qualificar como delito, quando cometidos intencionalmente: a) O uso da força física, ameaças ou intimidação, ou a promessa, o oferecimento ou a concessão de um benefício indevido para induzir uma pessoa a prestar falso testemunho

De forma semelhante ao crime de lavagem de dinheiro, os artigos 24 e 25 da UNCC preveem a criminalização de condutas contínuas aos demais atos de corrupção descritos na Convenção, que tendem a impedir ou dificultar a punição daqueles que cometeram os atos previstos em outros artigos da UNCC. Assim, os atos ali descritos são considerados atos de corrupção apenas quando subsequentes a outros atos de corrupção.

Enquanto é reconhecida a tipificação da conduta de "encobrimento" pela maioria dos países signatários, o Relatório UNCC aponta falhas graves em relação à criminalização do crime de obstrução de justiça[154]. Segundo o Relatório UNCC a punição existe, mas geralmente é limitada a determinados crimes e circunstâncias que não compreendem todas as situações previstas na Convenção.

Em relação à retenção, é possível fazer um paralelo, no Brasil, com o crime de receptação (artigo 180 do Código Penal[155]).

Em relação à conduta de encobrimento, a depender da situação, o terceiro será considerado coautor ou partícipe, ou ainda poderá se enquadrar no crime de favorecimento real, previsto no artigo 349 do Código Penal[156]. Já o artigo 25 da UNCC alberga a obstrução de justiça,

ou a atrapalhar a prestação de testemunho ou a apartação de provas em processos relacionados com a prática dos delitos qualificados de acordo com essa Convenção; b) O uso da força física, ameaças ou intimidação para atrapalhar o cumprimento das funções oficiais de um funcionário da justiça ou dos serviços encarregados de fazer cumprir-se a lei em relação com a prática dos delitos qualificados de acordo com a presente Convenção. Nada do previsto no presente Artigo menosprezará a legislação interna dos Estados Partes que disponham de legislação que proteja a outras categorias de funcionários públicos".

[154] United Nations Office on Drugs and Crime. *State of implementation of the United Nations Convention against corruption*: criminalization, law enforcement and international cooperation. 2. ed. United Nations: Viena, 2017. Disponível em: https://www.unodc.org/documents/treaties/UNCAC/COSP/session7/V.17-04679_E-book.pdf. Acesso em: 20 abr. 2020, p. 79-80.

[155] Artigo 180 do Código Penal Brasileiro: "Receptação Art. 180 – Adquirir, receber, transportar, conduzir ou ocultar, em proveito próprio ou alheio, coisa que sabe ser produto de crime, ou influir para que terceiro, de boa-fé, a adquira, receba ou oculte: Pena – reclusão, de um a quatro anos, e multa".

[156] Artigo 349 do Código Penal Brasileiro: "Favorecimento real. Prestar a criminoso, fora dos casos de coautoria ou de receptação, auxílio destinado a tornar seguro o proveito do crime: Pena – detenção, de um a seis meses, e multa. Art. 349-A. Ingressar, promover, intermediar, auxiliar ou facilitar a entrada de aparelho telefônico de comunicação móvel,

que se materializa no Brasil nos crimes de falso testemunho ou falsa perícia (artigo 342 do Código Penal[157]) e coação no curso do processo (artigo 344 do Código Penal[158]).

1.2.2.4. A Convenção da União Africana para Prevenir e Combater a Corrupção (2003)

A Convenção da União Africana para Prevenir e Combater a Corrupção ("Convenção Africana contra a Corrupção") foi pactuada anos após os países Europeus e das Américas darem os primeiros passos no combate à corrupção, no mesmo ano em que foi lançada a UNCC. Para não repetirmos tipificações muito semelhantes àquelas abarcadas pela UNCC, basta-nos mencionar que a Convenção Africana contra a Corrupção determina a tipificação dos crimes de corrupção ativa e passiva, malversação de fundos, tráfico de influência, corrupção ativa e passiva no setor privado e enriquecimento ilícito.

de rádio ou similar, sem autorização legal, em estabelecimento prisional (Incluído pela Lei n. 12.012, de 2009). Pena: detenção, de 3 (três) meses a 1 (um) ano".

157 Artigo 342 do Código Penal Brasileiro: "Falso testemunho ou falsa perícia. Art. 342. Fazer afirmação falsa, ou negar ou calar a verdade como testemunha, perito, contador, tradutor ou intérprete em processo judicial, ou administrativo, inquérito policial, ou em juízo arbitral: Pena – reclusão, de 2 (dois) a 4 (quatro) anos, e multa. § 1º As penas aumentam-se de um sexto a um terço, se o crime é praticado mediante suborno ou se cometido com o fim de obter prova destinada a produzir efeito em processo penal, ou em processo civil em que for parte entidade da administração pública direta ou indireta § 2º O fato deixa de ser punível se, antes da sentença no processo em que ocorreu o ilícito, o agente se retrata ou declara a verdade. Artigo 343 do Código Penal Brasileiro: "Dar, oferecer ou prometer dinheiro ou qualquer outra vantagem a testemunha, perito, contador, tradutor ou intérprete, para fazer afirmação falsa, negar ou calar a verdade em depoimento, perícia, cálculos, tradução ou interpretação: Pena – reclusão, de três a quatro anos, e multa. Parágrafo único. As penas aumentam-se de um sexto a um terço, se o crime é cometido com o fim de obter prova destinada a produzir efeito em processo penal ou em processo civil em que for parte entidade da administração pública direta ou indireta".

158 Artigo 344 do Código Penal Brasileiro: "Usar de violência ou grave ameaça, com o fim de favorecer interesse próprio ou alheio, contra autoridade, parte, ou qualquer outra pessoa que funciona ou é chamada a intervir em processo judicial, policial ou administrativo, ou em juízo arbitral: Pena – reclusão, de um a quatro anos, e multa, além da pena correspondente à violência".

1.2.3. Conceito de corrupção adotado neste trabalho

Conforme explicamos, não há um consenso internacional acerca do conceito de corrupção quando consideramos as legislações domésticas de cada país. Apesar disso, acreditamos que as convenções internacionais mencionadas neste tópico descrevem atos que, sob a perspectiva do direito internacional, são reconhecidamente atos de corrupção. Dessa forma, quando nos referirmos a "atos de corrupção" neste trabalho, estaremos nos referindo às condutas descritas nos instrumentos internacionais analisados, não ao conceito coloquial de corrupção explicado no tópico anterior.

São atos de corrupção para os fins deste trabalho, portanto: a corrupção ativa e passiva (incluindo o suborno), a malversação, o peculato, a apropriação indébita, o tráfico de influência, o abuso de função, o enriquecimento ilícito por atos de corrupção, o suborno e o peculato no setor privado, a lavagem de produto de delito de outros atos de corrupção e o encobrimento e obstrução de justiça em relação a outros atos de corrupção.

A definição de atos de corrupção para as legislações domésticas é mais problemática, uma vez que há, conforme explicamos ao abordar a adoção dos tipos descritos na UNCC, grande divergência entre os países signatários. Apesar das divergências, há um nível mínimo de tipificação de atos descritos na UNCC que nos leva a crer tratar-se de atos cuja repreensão e enquadramento como atos de corrupção são amplamente aceitos nos mais variados ordenamentos jurídicos. Os conceitos que se enquadram nessa convergência, ou seja, os atos considerados como atos de corrupção tanto para o direito internacional quanto para uma maioria significativa dos países do mundo, são, ao nosso ver, os que integram uma ordem pública transnacional, conforme explicaremos adiante.

1.2.4. Corrupção e ordem pública internacional

Os diversos instrumentos comentados acima são prova de um esforço mundial para combater a corrupção. Considerando-se os esforços nesse sentido – em especial, todo o arcabouço de normas internacionais elaborado para combater a corrupção – não é surpresa que a maioria arrebatadora da doutrina e dos casos considere que há uma ordem pública internacional voltada ao combate da corrupção[159].

[159] Os comentários aos Princípios UNIDROIT Relativos aos Contratos Comerciais Internacionais de 2016 (em inglês, *UNIDROIT Principles of International Commercial Contracts* –

Com efeito, Michel Hwang e Kevin Lim explicam que o Relatório Parcial do Comitê da Associação Internacional de Arbitragem Internacional sobre Ordem Pública como uma Barreira para a Homologação de Sentenças Arbitrais Internacionais (em inglês, *The International Law Association International Arbitration Committee's Interim Report on Public Policy as a Bar to Enforcement of International Arbitral Awards*) indicava, já no ano 2000 (antes mesmo, portanto, da edição da UNCC), que "há um consenso internacional que corrupção e suborno são contrários à ordem pública internacional"[160].

Trata-se de uma conclusão relevante, na medida em que sentenças arbitrais podem ser, como regra, anuladas por violação à ordem pública, nos termos do artigo 34 (b)(ii) da Lei Modelo da UNCITRAL, ou podem deixar de ser reconhecidas e/ou executadas por países signatários da Convenção de Nova York, com fundamento no artigo V(2)(b) daquela Convenção. Uma análise atenta dos casos proferidos sobre o assunto nos mais de 60 anos da Convenção de Nova York e dos trabalhos preparatórios para a sua elaboração, contudo, demonstra que há uma significativa relutância das cortes judiciais para negar a homologação de uma sentença arbitral estrangeira com fundamento no artigo V(2)(b)[161].

"UPICC") também explicam que instrumentos como aqueles mencionados neste capítulo são importantes definidores da ordem pública internacional: "mandatory rules of international or supranational origin are those derived from international conventions or general public international law (e.g. Hague-Visby Rules; UNIDROIT Convention on Stolen or Illegally Exported Cultural Objects; United Nations Convention against Corruption; United Nations Universal Declaration of Human Rights, etc.) or adopted by supranational organisations (e.g. European Union competition law, etc.)". Tradução livre: "regras obrigatórias de origem internacional ou supranacional são aquelas derivadas de convenções internacionais ou do direito internacional público geral (por exemplo, as Regras de Haia-Visby; a Convenção da UNIDROIT sobre Objetos Culturais Roubados ou Exportados Ilegalmente; a Convenção das Nações Unidas contra a Corrupção; Declaração Universal dos Direitos Humanos das Nações Unidas, etc.) ou adotados por organizações supranacionais (por exemplo, direito da concorrência da União Europeia, etc.)". UPPIC comentado disponível em: https://www.unidroit.org/instruments/commercial-contracts/unidroit-principles-2016. Acesso em: 29 jun. 2020.

[160] Hwang, Michel; Lim, Kevin. Corruption in arbitration – law and reality. *In*: *Asian international arbitration journal* v. 8. Países Baixos: Kluwer Law International, 2012, p. 3.

[161] Paulsson, Marike. *The 1958 New York Convention in Action*. Países Baixos: Kluwer Law International, 2012, p. 225.

Os *travaux préparatoires* contêm a história da elaboração da Convenção de Nova York entre 1955 e 1958 e podem ser encontrados no *website* da UNCITRAL, que monitora a aplicação da Convenção de Nova York[162]. A análise dos *travaux préparatoires* evidencia, de fato, que os elaboradores da Convenção de Nova York pretenderam que o conceito de ordem pública fosse entendido tão restritivamente quanto os "princípios legais fundamentais" que integram a ordem pública transnacional[163], rechaçando qualquer tipo de revisão do mérito de sentenças arbitrais estrangeiras pelas cortes locais[164]. Sobre o conceito de ordem pública transnacional, Catherine Kessedjian observa:

> Transnational public policy is composed of mandatory norms which may be imposed on actors in the market either because they have been created by those actors themselves or by civil society at large, or because they have been widely accepted by different societies around the world. These norms aim at being universal. They are the sign of the maturity of the international communities (that of merchants and that of the civil societies) who know very well that there are limits to their activities[165].

Para vasta parte da doutrina, essa interpretação restritiva leva à conclusão de que apenas sentenças arbitrais que violem uma ordem pública transnacional, que refletiria princípios básicos internacionalmente compartilhados de moralidade e justiça, poderiam impedir a homologação e a execução de uma sentença arbitral estrangeira[166]. Ou seja, princípios

[162] Disponível em: https://uncitral.un.org/en/texts/arbitration/conventions/foreign_arbitral_awards/travaux. Acesso em: 21 jun. 2019.

[163] Recognition and Enforcement of Foreign Arbitral Awards- Travaux. Summary Record of the Fourteenth Meeting, at 9, U.N. Doc E/Conf.26, SR.14) (Sep. 12, 1958), Comment of Mr. Urabe (Japan). See also Recognition and Enforcement of Foreign Arbitral Awards-Travaux. Summary Record of the Fourteenth Meeting, at 3, U.N. Doc E/Conf.26/SR.14, (Sep. 12, 1958), Comment of Mr. Adamiyat (India).

[164] Paulsson, Marike. *The 1958 New York Convention in Action*. Países Baixos: Kluwer Law International, 2012, p. 224.

[165] Kessedjian, Catherine. Transnational public policy'. *In*: Van Den Berg, Albert Ian. *International Arbitration 2006: back to basics*? Países Baixos: Kluwer Law International, 2007, p. 857.

[166] Paulsson, Marike. *The 1958 New York Convention in Action*. Países Baixos: Kluwer Law International, 2012, p. 224.

domésticos exclusivos de determinados países não poderiam ser considerados parte da ordem pública que poderia ensejar a não homologação de uma sentença arbitral nos termos da Convenção de Nova York. Cientes das oposições[167], filiamo-nos a esta corrente, segundo a qual apenas sentenças arbitrais que violam a ordem pública transnacional podem ter sua homologação recusada.

O caso *Parsons & Whittemore Overseas Co. Inc. vs. Société Générale de l'Industrie du Papier*[168] é paradigmático sobre a interpretação do conceito de ordem pública na Convenção de Nova York. Neste caso, a *Parsons & Whittemore Overseas Co. Inc.* ("Parsons"), uma companhia americana, invocou uma cláusula de força maior para não ser considerada responsável por atrasos na execução de um contrato de construção firmado com a *Société Générale de l'Industrie du Papier* ("RAKTA"). O tribunal arbitral foi constituído para resolver o litígio e proferiu uma sentença determinando a responsabilidade da Parsons pelo atraso (afastando, portanto, a alegação de força maior)[169]. A Parsons resistiu à homologação da sentença arbitral nos Estados Unidos, alegando violação à ordem pública país. A Corte de Apelação do Segundo Circuito dos Estados Unidos rejeitou os argumentos da Parsons e confirmou a homologação da sentença arbitral estrangeira. De acordo com esta corte, o histórico legis-

[167] O Superior Tribunal de Justiça Brasileiro (STJ), por exemplo, não parece partilhar da mesma opinião. No caso *ASA Bioenergy Holding AG et al. vs. Adriano Gianetti Dedini Ometto e Outros* (Sentença Estrangeira Contestada 9412 – US (2013/0278872-5), Corte Especial, j. 19-4-2017) (o "Caso Abengoa"), o Superior Tribunal de Justiça recusou a homologação de uma sentença estrangeira (que havia sido confirmada na sede da arbitragem, os Estados Unidos, em ação anulatória proposta pelo Sr. Ometto) por suposta violação à ordem pública doméstica do país. A decisão foi bastante criticada no cenário doméstico e internacional, inclusive pela autora deste trabalho. Neste sentido: Paulsson, Marike; Vidal, Marina Coelho Reverendo. ASA bioenergy holding AG *et al. v.* Adriano Gianetti Dedini Ometto *et al.* Superior Tribunal de Justiça: national courts holding arbitrators accountable: arbitration & trust. *In*: Casado Filho, Napoleão *et al.* (org.) *Direito internacional e arbitragem – estudos em homenagem ao Prof. Cláudio Finkelstein*. São Paulo: Quartier Latin, 2019.

[168] *Parsons & Whittemore Overseas Co. Inc. vs. Société Générale de l'Industrie du Papier* (RAKTA). Corte de Apelação do Segundo Circuito dos Estados Unidos, j. 23-12-1974.

[169] Sanders, Pieter. US n. 7, *Parsons & Whittemore Overseas Co. Inc. vs. Société Générale de l'Industrie du Papier* (RAKTA), Bank of America, United States Court of Appeals, Second Circuit, 23 December 1974. *In*: Van Den Berg, Jan. *Yearbook Commercial Arbitration*. v. I. Haia: Kluwer Law International, 1976, p. 2015.

lativo da Convenção de Nova York "aponta para uma interpretação restritiva do conceito de ordem pública"[170], o que significa que "a execução de sentenças arbitrais estrangeiras só pode ser negada por este fundamento quando a execução viola as "mais básicas noções de moralidade e justiça"[171].

Transportando a lição ao caso concreto, nossa opinião é a de que nem todo ato considerado ato de corrupção na legislação de determinado país pode ser considerado um ato violador da ordem pública transnacional. Em outras palavras, não basta um país atribuir o *nomen iuris* de corrupção para um determinado ilícito para ele se tornar, automaticamente, parte de um conjunto de normas e princípios internacionalmente reconhecidos como essenciais à administração da justiça. As vedações amplamente acatadas por legislações domésticas esparsas e pelas convenções internacionais que versam sobre corrupção é que, ao nosso ver, integram a ordem pública transnacional a que se refere a Convenção de Nova York.

Nesse sentido, da análise realizada, concluímos que há consenso em todos os instrumentos internacionais observados acerca da necessária tipificação dos crimes de corrupção passiva e ativa no setor público (incluindo o suborno). Estas condutas, ademais, foram tipificadas por todos os Estados signatários da UNCC e compõem, portanto, noções básicas de moralidade e de justiça universalmente partilhadas. O mesmo vale para o tipo de desvio de bens, peculato ou malversação.

A corrupção no setor privado, por sua vez, foi descrita na Convenção Anticorrupção Africana, na Convenção UNCC e amplamente tipificada pelos países signatários da UNCC. Não há consenso (como há em relação aos crimes de corrupção ativa e passiva no setor público), mas isso não significa que não se trata de condutas amplamente repreendidas nas legislações domésticas, o que é suficiente para que sejam caracterizadas, ao nosso ver, como condutas também contrárias à ordem pública transnacional.

[170] *Parsons & Whittemore Overseas Co. Inc. vs. Société Générale de l'Industrie du Papier* (RAKTA). Corte de Apelação do Segundo Circuito dos Estados Unidos, j. 23-12-1974.

[171] *Parsons & Whittemore Overseas Co. Inc. vs. Société Générale de l'Industrie du Papier* (RAKTA). Corte de Apelação do Segundo Circuito dos Estados Unidos, j. 23-12-1974.

A conduta de lavagem de dinheiro em seguida a outros atos de corrupção, apesar de encontrar previsão apenas na UNCC e na Convenção Anticorrupção Africana, foi amplamente tipificada pelos países membros da UNCC, o que também revela relativo consenso acerca da sua caracterização como um ato de corrupção, contrário à ordem pública transnacional.

As condutas de enriquecimento ilícito, tráfico de influência, encobrimento e obstrução de justiça, por sua vez, independentemente de constarem ou não de diversos instrumentos internacionais, não foram amplamente tipificadas pelos países signatários da UNCC. Temos, aqui, portanto, uma "zona cinzenta", na qual as condutas são consideradas lícitas em alguns países, mas ilícitas em outros, sem embargo da sua reprovabilidade para o direito internacional (que se extrai da sua simples presença na UNCC). Tais atos também serão tidos como atos de corrupção neste trabalho, muito embora possam ser lícitos em algumas localidades. Por outro lado, não consideramos que eles integram, ainda, a ordem pública transnacional; não fazem parte de valores universalmente partilhados de moralidade e justiça, muito embora sejam repreensíveis pela perspectiva da UNCC.

Isso significa que, por exemplo, uma sentença arbitral que determine o pagamento de um valor previsto em um contrato de *lobby* firmado nos Estados Unidos e regido pela lei americana deve ser reconhecida em outros países signatários da Convenção de Nova York, mesmo quando nestes países o *lobby* seja considerado uma conduta *contra legem*, um ato de corrupção.

Um dos casos paradigmáticos envolvendo corrupção – mais especificamente, o suborno – como parte da ordem pública transnacional é o caso World Duty Free[172]. Trata-se de arbitragem ICSID instaurada com fundamento em contrato firmado entre uma sociedade chamada House of Perfume e o Governo do Quênia, para a construção, manutenção e operação de complexos Duty-Free nos aeroportos internacionais de Nairobi e Mombassa ("Contrato *Duty Free*"). A World Duty Free Co Ltd ("World Duty Free"), sociedade constituída de acordo com as leis da

[172] *World Duty Free Co Ltd vs. The Republic of Kenya*. Caso n. ARB/00/7 (ICSID). Sentença Arbitral proferida em 4 de outubro de 2006.

Ilha de Man (Reino Unido), era acionista majoritária da House of Perfume à época dos fatos.

Na qualidade de acionista da House of Perfume, a World Duty Free alega ter investido milhões para construir e equipar os complexos Duty Free nos aeroportos em questão. Uma vez que os complexos foram inaugurados, segundo a World Duty Free, Daniel Arap Moi, ("Sr. Moi"), então presidente do Quênia, procurou-a para ajudá-lo a "obter fundos secretos no exterior para financiar sua campanha de reeleição"[173]. A World Duty Free nega ter atendido ao pedido, mas a mídia trouxe à tona um esquema massivo de fraude para o financiamento da campanha do Sr. Moi que envolvia, supostamente, a sua participação. Em resumo, a Goldenberg International Ltd ("Goldenberg") emitia documentos que evidenciavam a exportação (na verdade, inexistente) de ouro e diamante. Com a apresentação destes documentos ao Tesouro e ao Banco Central do Quênia, a Goldenberg recebia o pagamento de compensação pela exportação, que era direcionado à campanha do Sr. Moi. Os documentos indicavam que a Duty Free era custodiante do ouro e diamantes imaginários; logo, cúmplice na fraude.

A World Duty Free, por sua vez, alegou que só tomou conhecimento da falcatrua pela mídia e que, antes disso, desconhecia o uso do seu nome nos documentos fraudulentos, menos ainda, teria consentido com tal uso. Isso não impediu o governo do Quênia de, segundo a Duty Free, imediatamente tomar medidas contra os seus ativos. Nesse sentido, a Suprema Corte do Quênia, para "assegurar a não destruição de evidência essencial quanto à fraude", teria declarado um acionista minoritário o "beneficiário final da House of Perfume, além de colocar a sociedade em regime especial falimentar"[174]. A Duty Free alega que o Sr. Moi tentou coagir seus representantes a não depor no caso Goldenberg, condicionando o levantamento das medidas impostas em relação ao controle da House of Perfumes ao seu silêncio. O CEO da World Duty Free,

[173] *World Duty Free Co Ltd vs. The Republic of Kenya*. Caso n. ARB/00/7 (ICSID). Sentença Arbitral proferida em 4 de outubro de 2006, p. 15, § 68.

[174] Tradução livre: "in order to ensure the destruction of essential evidence for any successful prosecution of the fraud", the Government of Kenya [...] declared him [a minority shareholder] the beneficial owner of the company from 1992 and placed it in receivership. *World Duty Free Co Ltd vs. The Republic of Kenya*. Caso n. ARB/00/7 (ICSID). Sentença Arbitral proferida em 4 de outubro de 2006, p. 16.

então, teria denunciado a tentativa de coação à mídia, o que teria resultado em sua prisão e deportação para a Arábia Saudita.

Diante desse cenário, a World Duty Free iniciou uma arbitragem alegando a expropriação de seu investimento pelo governo do Quênia[175] e requerendo, em resumo, que o tribunal arbitral determinasse a restituição do seu investimento e condenasse o Governo do Quênia ao pagamento das perdas, danos e lucros cessantes relacionados aos atos ilícitos relatados; e subsidiariamente, o pagamento de compensação pela expropriação, "calculada com base na lei internacional" (*i.e.* em precedentes de arbitragens de investimento)[176].

[175] A sentença arbitral traz um resumo das alegações deduzidas pelo requerente: "In short, "the Claimant's contention is that the Government of Kenya expropriated the Claimant's property and destroyed its rights under the [1989] Agreement in using its executive, judiciary and agents like Kamlesh Pattni and his hand picked purported receivers". In this respect, the Claimant identifies several breaches of the agreement: i) use of World Duty Free in the Goldenberg fraud; ii) illegal expropriation of the Company; iii) placing of World Duty Free in receivership; iv) damage suffered from Court-appointed "receiver"; v) Court refusal to protect World Duty Free from crime; vi) unlawful deportation of the company's Chief Executive Officer; vii) final judgment in defiance of ICSID; and viii) registration of a duplicate World Duty Free during the pendency of the ICSID proceedings". *World Duty Free Co Ltd vs. The Republic of Kenya*. Caso n. ARB/00/7 (ICSID). Sentença Arbitral proferida em 4 de outubro de 2006, p. 16, § 64. Tradução livre: "Em suma, 'a alegação do Requerente é que o Governo do Quênia expropriou a propriedade do Requerente e destruiu seus direitos sob o Acordo [1989] ao usar seu executivo, judiciário e agentes como Kamlesh Pattni e seus supostos parceiros". A esse respeito, o Requerente identifica várias violações do contrato: i) uso do World Duty Free na fraude Goldenberg; ii) expropriação ilegal da Companhia; iii) colocação do World Duty Free em liquidação; iv) danos sofridos pelo "destinatário" designado pelas Cortes; v) recusa das Cortes em proteger o World Duty Free do crime; vi) deportação ilegal do Diretor Presidente da empresa; vii) julgamento final em desacordo com ICSID; e viii) registro de um duplicado World Duty Free durante a pendência do processo do ICSID".

[176] Os pedidos do investidor foram os seguintes: "76. On that basis, the Claimant states that it "shall seek orders for payment of full compensation. This should take the form of restitution, i.e., return of the duty free complexes at both airports under leases running until April 2009, together with payment of: i) Legal costs (on an indemnity basis) incurred in the arbitration and in all Kenyan, IOM [Isle of Man] and any other proceedings concerning the receiver; ii) The full amount needed to restore the duty free complexes to world class standards; iii) Profits expected to have accrued, if there had been no court order, from February 1998 until the date of full restitution; iv) Lost opportunity profits for the above period in respect of this inability to expand his business; v) Aggravated and exemplary

O Quênia, então, respondeu aos pleitos da World Duty Free aduzindo, em síntese, (a) que a Duty Free não poderia imputar ao governo os atos fraudulentos pois já estariam acobertados pelo manto da prescrição e, além disso, tais atos não implicavam uma quebra contratual; (b) que a disputa na verdade se dava entre o acionista minoritário que "tomou o controle" da sociedade no Quênia, e a World Duty Free, sem qualquer relação com o governo; (c) que a World Duty Free teria descumprido suas próprias obrigações no contrato; e (d) que a prisão do CEO do requerente e sua deportação foram resultado de um pedido da Interpol não relacionado às alegações de fraude.

Apenas posteriormente, em uma petição autônoma, o Quênia trouxe o argumento da ilegalidade do contrato Duty Free, com fundamento em subornos pagos ao Sr. Moi para obtenção deste contrato, pleiteando a "declaração de inexigibilidade dos pedidos do investidor estrangeiro". A World Duty Free, por outro lado, não negou os fatos narrados pelo Quênia, que envolviam a realização de uma doação de USD 2 milhões de dólares ao Sr. Moi para possibilitar a execução do Contrato Duty Free. Argumentou, contudo, que acreditava estar pagando valores lícitos,

damages for the bad faith, high-handed and unlawful behaviour the Government of Kenya has demonstrated". 77. Alternatively, the Claimant submits that "if the Tribunal does not order restitution, there must be compensation assessed on an international law basis, i.e., 'the value of the undertaking at the moment of dispossession (24 February 1998) plus the interest to the day of payment' (Chorzów Factory Case (1928) PCIJ series A n. 17). *World Duty Free Co Ltd vs. The Republic of Kenya.* Caso n. ARB/00/7 (ICSID). Sentença Arbitral proferida em 4 de outubro de 2006, p. 17. Tradução livre: "Nessa base, o Requerido coloca que "busca ordens para pagamento da compensação total. Isso deve assumir a forma de restituição, ou seja, devolução dos complexos com isenção de impostos nos dois aeroportos sob arrendamento até abril de 2009, juntamente com o pagamento de: i) Custos legais (com base em indenização) incorridos na arbitragem e em todo o Quênia; OIM [Ilha de Man] e qualquer outro processo referente ao receptor; ii) A quantia total necessária para restaurar os complexos isentos de impostos aos padrões de classe mundial; iii) Lucros que se esperava acumular, se não houvesse ordem judicial vigente desde fevereiro de 1998 até a data da restituição total; iv) lucros cessantes perdidos no período acima em relação a essa incapacidade de expandir seus negócios; v) Danos agravados e exemplares pelo comportamento em má-fé, arrogante e ilegal que o Governo do Quênia demonstrou ". 77. Alternativamente, o Reclamante alega que "se o Tribunal não ordenar a restituição, deve haver uma indenização avaliada com base no direito internacional, ou seja, 'o valor da empresa no momento da expropriação (24 de fevereiro de 1998) mais o interesse de o dia do pagamento'. Chorzów Factory Case (1928) Série PCIJ A n. 17."

já que "à época era uma rotina prática fazer doações em antecipação a negócios com o Quênia; prática essa que tem raízes culturais"[177].

O tribunal arbitral rejeitou os argumentos da World Duty Free registrando que a prática de suborno era um crime não apenas no Quênia e na Inglaterra (a lei inglesa era aplicável ao contrato), mas também um ato contrário à ordem pública transnacional, o que impedia a World Duty Free de obter a proteção almejada para o seu investimento. Abaixo, transcrevemos parte da decisão do tribunal arbitral:

> 157. In light of domestic laws and international conventions relating to corruption, and in light of the decisions taken in this matter by courts and arbitral tribunals, this Tribunal is convinced that bribery is contrary to the **international public policy of most, if not all, States or, to use another formula, to transnational public policy**. Thus, claims based on contracts of corruption or on contracts obtained by corruption cannot be upheld by this Arbitral Tribunal[178](p. 36).

O tribunal arbitral também declarou que, como consequência das ilicitudes praticadas pela World Duty Free, o Quênia poderia declarar a anulação (*avoidance*) do Contrato Duty Free de acordo com a legislação do Quênia e da Inglaterra. A anulação não foi declarada no âmbito da arbitragem, vale registrar, pois não havia pedido expresso nesse sentido; foi declarada em notificação enviada pelo Quênia à World Duty Free após o início da arbitragem.

No âmbito de arbitragens comerciais, há mais de 50 anos, no caso CCI 1110, o árbitro único escolhido para julgar o caso (juiz Lagergren) afirmou: "a corrupção é um mal internacional [...] contrário à moral

[177] Tradução livre: "at that time, it was routine practice to make such donations in advance of doing business in Kenya; said practice had cultural roots [...]. *World Duty Free Co Ltd vs. The Republic of Kenya.* Caso n. ARB/00/7 (ICSID), p. 30.

[178] *World Duty Free Co Ltd vs. The Republic of Kenya.* Caso n. ARB/00/7 (ICSID). Sentença Arbitral proferida em 4 de outubro de 2006, p. 36. Sem ênfase no original. Tradução livre: "À luz das leis domésticas e convenções internacionais relacionadas à corrupção e à luz das decisões tomadas nesta matéria pelas cortes e tribunais arbitrais, este Tribunal está convencido de que o suborno é contrário à ordem pública internacional da maioria, senão de todos os Estados ou, para usar outra fórmula, à ordem pública transnacional. Portanto, reivindicações baseadas em contratos prevendo corrupção ou contratos obtidos por corrupção não podem ser acolhidas por este tribunal arbitral".

e à ordem pública internacional comum à comunidade das nações"[179]. Tratava-se de arbitragem iniciada por um engenheiro argentino contra uma companhia britânica que produzia equipamentos elétricos. O engenheiro havia sido contratado pela companhia em razão da sua boa relação com o governo argentino, para que a Argentina comprasse os equipamentos elétricos produzidos. As partes concordaram que o engenheiro teria direito a receber uma comissão para os contratos com o governo argentino que conseguisse materializar para a companhia, consistente em 10% do valor do contrato obtido.

A disputa se instaurou em torno do pagamento de uma comissão que o engenheiro alegava ser devida, relacionada a um contrato obtido pela companhia britânica no âmbito de um consórcio composto por outras empresas, para o qual o engenheiro, segundo a companhia britânica, não teria contribuído. O engenheiro buscava na arbitragem o pagamento da sua comissão.

Durante a instrução probatória, o tribunal arbitral constatou que 8% da comissão a que o engenheiro teria, em tese, direito, seria direcionada aos seus "colaboradores", o que seria evidência contundente de que se referia ao pagamento de suborno para oficiais argentinos. O engenheiro, por sua vez, alegou que na Argentina, durante o regime de Juan Perón, todos aqueles que desejavam fazer negócio com o governo deveriam se submeter ao pagamento de propinas, conduta que era tolerada no país.

Tolerada ou não na Argentina, como explicado, o árbitro único afirmou que o pagamento do suborno era inaceitável de acordo com a ordem pública internacional e recusou sua jurisdição para decidir a causa, sob a alegação de que não é possível tutelar direitos absolutamente ilegais:

> After weighing all the evidence I am convinced that a case such as this, involving such gross violations of good morals and international public policy, can have no countenance in any court either in the Argentine or in France, or, for that matter, in any other civilised country, nor in any arbitral tribunal. Thus, jurisdiction must be declined in this case. It follows from the foregoing, that in concluding that I have no jurisdiction, guidance has

[179] Caso ICC 1110. Sentença Arbitral de 1963. Disponível em: https://www.trans-lex.org/201110/_/icc-award-no-1110-of-1963-by-gunnar-lagergren-yca-1996-at-47-et-seq-/. Acesso em: 15 jun. 2020.

> been sought from general principles denying arbitrators to entertain disputes of this nature rather than from any national rules on arbitrability. Parties who ally themselves in an enterprise of the present nature must realise that they have forfeited any right to ask for assistance of the machinery of justice (national courts or arbitral tribunals) in settling their disputes[180].

Mais recentemente, no Caso CCI n. 13384[181], novamente endereçando alegações de suborno, um tribunal arbitral afirmou que "atos de corrupção são internacionalmente tidos como ilegais e, portanto, uma prática inaceitável" e que "a condenação destas práticas deve ser vista como uma regra material da ordem pública internacional", conforme demonstra o trecho abaixo transcrito da sentença arbitral:

> there is no doubt that corruption is worldwide considered a wrongful and, indeed, unacceptable practice which is condemned by various international conventions, instruments of international organizations such as UN, UNCITRAL, OECD, European Union etc. not to mention national legislations. There is no need to make specific references to these sources. Condemnation of such practice may in effect be seen as a material rule of international public policy, indeed a rule of 'transnational or truly international public policy' (to use an expression today common in the international legal community), which must apply irrespective of whichever national law parties to a contract may have chosen to govern it[182].

[180] Tradução livre: "Após pesar todas as provas, estou convencido de que um caso como esse, envolvendo violações tão grosseiras da moral e da ordem pública internacional, não podem ser expressos em nenhuma corte na Argentina ou na França, ou mesmo em qualquer outro país civilizado ou perante qualquer tribunal arbitral. Portanto, a jurisdição deve ser declinada nesse caso. Segue-se do exposto, ao concluir que eu não tenho jurisdição, com orientação nos princípios gerais recusando a jurisdição de tribunal arbitral para conhecer de disputa desta natureza, não de regras nacionais de arbitrabilidade. Partes que se aliam em negócios dessa natureza devem realizar que abdicaram de qualquer direito de pedir assistência do maquinário da justiça (cortes nacionais ou tribunais arbitrais) para resolver a sua disputa". Caso ICC 1110. Sentença Arbitral de 1963. Disponível em: https://www.trans-lex.org/201110/_/icc-award-no-1110-of-1963-by-gunnar-lagergren-yca-1996-at-47-et-seq. Acesso em: 15 jun. 2020.

[181] Caso CCI n. 13384, j. dez. 2005, ICC Bulletin (Supplement) 24 (2013) 62, 63.

[182] Bentolila, Dolores. *Arbitrators as lawmakers*. Países Baixos: Kluwer Law International, 2017, p. 200.

Neste caso, contudo, as alegações de corrupção foram afastadas pelo tribunal arbitral, em razão da falta de provas. A matéria de fundo gravitou em torno de comissões devidas pela parte requerida, uma companhia europeia, para um consultor que teria lhe ajudado com alguns investimentos no Oriente Médio. A companhia europeia alegou que o contrato de consultoria seria inválido por envolver atos de corrupção do consultor perante funcionários do Estado em que atuaria. O tribunal arbitral, por sua vez, entendeu que os elementos que embasavam a alegação de corrupção (valor das comissões, costumes no Estado, falta de experiência do consultor, circunstâncias suspeitas sobre a forma de pagamento, etc.) não ofereciam evidência conclusiva acerca dos atos de corrupção, confirmando a validade do contrato de consultoria.

No caso *Westacre Investments Inc vs. Jugoimport-SDRP Holding Co Ltd*[183] ("Caso Westacre"), que também versava sobre a prática de atos de corrupção, a Alta Corte da Inglaterra e País de Gales (*England and Wales High Court*) entendeu que uma questão de ordem pública doméstica da Inglaterra, não considerada questão de ordem pública pelo tribunal arbitral sediado na Suíça e pela Suprema Corte Federal Suíça (em sede de apelação contra a sentença arbitral), não poderia, nos termos da Convenção de Nova York, ensejar a não homologação de uma sentença arbitral estrangeira.

No caso em questão, a Westacre serviu como consultor a uma agência governamental da Iugoslávia, para facilitar a obtenção de contratos para equipamentos militares com o governo do Kuwait. O contrato de consultoria firmado entre as partes era regido pela lei suíça e previa arbitragem ICC com sede na Suíça como meio para a resolução dos conflitos. Quando chegou o momento de pagar ao consultor a comissão que lhe era devida, a agência governamental alegou que o contrato teria sido pactuado com a pretensão de obter contratos por meio de tráfico de influência e de suborno de oficiais e que, portanto, seria inválido por vio-

[183] *Westacre Investments Inc vs. Jugoimport-SDRP Holding Co Ltd.* Alta Corte da Inglaterra e País de Gales (England and Wales High Court), j. 19-12-1997. Disponível em: http://newyorkconvention1958.org/index.php?lvl=notice_display&id=1187&opac_view=6. Acesso em: 7 maio 2020.

lação à ordem pública. O consultor, então, iniciou uma arbitragem para cobrar os valores.

O tribunal arbitral rejeitou a alegação de suborno pela ausência de provas. Em relação à alegação de *lobby* (ou tráfico de influência) praticado pela Westacre, o tribunal entendeu que não se tratava de um ilícito nos termos da lei suíça, aplicável ao contrato, confirmando a sua validade. Superadas as questões, foi proferida uma sentença arbitral em favor da Westacre.

A Westacre tentou homologar a sentença arbitral na Inglaterra e a agência governamental alegou que a sentença não poderia ser homologada, por violar a ordem pública daquele país, já que o *lobby* é considerado uma atividade ilegal pela lei inglesa. A Alta Corte da Inglaterra e País de Gales, no entanto, rejeitou este argumento e homologou a sentença arbitral por entender que o *lobby* não era uma conduta ilegal nos termos da lei aplicável à arbitragem (Suíça) ou da legislação do local onde o *lobby* seria praticado (Kuwait). A decisão da Alta Corte da Inglaterra e País de Gales destacou que os atos em questão não eram suficientemente graves para afastar a política pró-homologação da Convenção de Nova York, mas que em outras situações mais graves isso seria possível:

> Given the weight to be attached to the public policy of sustaining the finality of international awards which I have already discussed, it is difficult to see how enforcement of such award could be said to represent a lack of respect for the law of or administration of justice in Kuwait, so as to give that country, which is a party to the New York Convention, a just cause for complaining against English Courts. Moreover, as I have already held, it does not follow that, merely because an underlying contract is void at common law because direct enforcement would be contrary to public policy enforcement of an international arbitration award which treated that contract as enforceable would be itself automatically contrary to public policy. Apart from any question of estoppel, the court has to strike a balance between, on one hand, the nature of the illegality alleged and, on the other hand, the policy of upholding international awards. No doubt, if it were proved that the underlying contract was, in spite of all outwards appearances, one involving drug-trafficking, the alleged offensiveness of the transaction would be such as to outweigh any countervailing consideration.

> Where, however, the degree of offensiveness is as far as down the scale as in the present case, I see no reason why the balance of policy should be against enforcement[184].

No caso em questão, a Alta Corte da Inglaterra e País de Gales entendeu que especificamente a conduta de *lobby*, legal em diversos países, não é grave o suficiente para ser considerada parte de uma ordem pública internacional, por mais que fosse condenável ou até se enquadrasse no sentido amplo de corrupção pela lei inglesa.

A decisão no caso Westacre, ao nosso ver, alinha-se perfeitamente ao entendimento que expusemos neste capítulo sobre o enquadramento de atos de corrupção no conceito de ordem pública transacional para fins de aplicação da Convenção de Nova York. Nem todas as condutas consideradas corruptas em alguns países violam noções básicas de moralidade e de justiça universalmente partilhadas, tomando-se o *lobby* no caso Westacre como exemplo. Isso não significa que a Alta Corte da Inglaterra e País de Gales teria homologado, por exemplo, uma sentença arbitral que chancelasse atos de suborno, rechaçados pela ordem pública transnacional

[184] *Westacre Investments Inc vs. Jugoimport-SDRP Holding Co Ltd.* Alta Corte da Inglaterra e País de Gales (England and Wales High Court), j. 19-12-1997. Disponível em: http://newyorkconvention1958.org/index.php?lvl=notice_display&id=1187&opac_view=6. Acesso em: 7 maio 2020, p. 601. Tradução livre: "Dado o peso atribuído à ordem pública de se manter a finalidade de sentenças arbitrais internacionais, que eu já debati, é difícil ver como a execução de tal sentença arbitral poderia representar uma falta de respeito à lei ou à administração da justiça no Kuwait, a ponto de dar a este país, que é parte da Convenção de Nova York, uma justa causa de reclamação contra as cortes inglesas. Além disso, como já decidi, não se segue que, apenas porque um determinado contrato é nulo pela *common law* porque a execução direta seria contrária à política de executar sentenças arbitrais internacionais que trataram aquele contrato como exequível seria automaticamente contrário à ordem pública. Além da questão do *estoppel*, as cortes precisam encontrar em equilíbrio entre, de um lado, a natureza da ilegalidade alegada e, do outro, a política de confirmar sentenças arbitrais. Não há dúvida de que, se fosse comprovado que o contrato em questão, apesar de todas as aparências externas, fosse um contrato envolvendo o tráfico de drogas, a alegada ofensividade da transação seria tamanha a ponto de superar qualquer consideração contrária. Onde, contudo, o grau de ofensividade é tão abaixo na escala como no presente caso, não vejo por que a balança na política pública não deve pender em favor da exequibilidade".

A conclusão é de que atos de corrupção, no sentido amplo, são moralmente reprováveis. Isso não significa que todos os atos que seriam considerados atos de corrupção, por exemplo, na Convenção UNCC, são atos universalmente vistos como violadores de princípios básicos de moralidade e justiça, com um grau de periculosidade e reprovação que justificam sua inclusão no conceito de ordem pública transnacional. Uma conduta ilegal, considerada corrupção na Inglaterra, integra a ordem pública doméstica da Inglaterra, mas não necessariamente uma ordem pública transnacional.

Ao afirmarmos isso, não estamos chancelando as condutas que não fazem parte da ordem pública transnacional. Ao nosso ver, condutas como o *lobby* deveriam há muito tempo ter sido internacionalmente reconhecidas como ilegais nos países em que não o são. Não é essa, contudo, a realidade de muitas legislações, fato que, quando sopesado com a política de homologação de sentenças estrangeiras da Convenção de Nova York, pesa em favor da homologação da sentença arbitral estrangeira, conforme ponderação realizada no caso Westacre.

2.
Questões Procedimentais de Arbitragens Envolvendo Corrupção

A corrupção pode ser matéria de fundo em procedimentos arbitrais em diversas circunstâncias, em arbitragens comerciais e em arbitragens de investimento. São inúmeras as dúvidas que podem surgir nesse contexto, antes mesmo de o tribunal arbitral passar efetivamente a apreciar as consequências das alegações trazidas pelas partes. Este capítulo preocupa-se com questões que antecedem a análise do mérito e/ou permeiam a condução do procedimento arbitral, tais como (a) a legislação aplicável para os atos de corrupção em arbitragens internacionais (subcapítulo 3.1), (b) o ônus da prova para questões envolvendo corrupção (subcapítulo 3.2), (c) o dever do tribunal arbitral de investigar *sua ponte* suspeitas de corrupção (subcapítulo 3.3), (d) o dever do tribunal arbitral de reportar às autoridades competentes atos de corrupção revelados em procedimentos arbitrais e (e) o comportamento esperado dos advogados que se deparam com alegações de corrupção e as penalidades que podem ser impostas pelo tribunal arbitral para advogados que violam suas obrigações no âmbito de procedimentos arbitrais.

2.1. Lei aplicável ao mérito

A corrupção, conforme ressaltamos nesta pesquisa, desconhece fronteiras. Este fato, atrelado à não rara internacionalidade de arbitragens envolvendo a questão, enseja diversas dúvidas quanto à legislação aplicável para eventuais alegações de corrupção. Para abordar estas dúvidas, inicialmente explicaremos as diferentes representações sobre a arbitragem internacional (subcapítulo 2.1) que influenciam na deferência que os árbitros devem atribuir à sede da arbitragem ao determinar a legislação aplicável ao mérito da disputa. Em seguida, abordaremos o processo de escolha da lei aplicável ao mérito que é realizado pelo tribunal arbitral, com ênfase no que consideramos a melhor solução para arbitragens envolvendo alegações de corrupção (subcapítulo 2.2).

2.1.1. As representações sobre a arbitragem internacional

Antes de abordar as possíveis legislações aplicáveis a atos de corrupção em arbitragens internacionais, cabe uma breve introdução acerca das representações sobre a arbitragem internacional, que impactam diretamente na deferência dada à lei da sede da arbitragem[185] e, como consequência, no arcabouço normativo que orientará a legislação aplicável

[185] A sede da arbitragem é o local escolhido pelas partes como domicílio para o seu procedimento arbitral, o que abarca a escolha das normas deste domicílio para a sua disputa (*lex arbitri*), nos termos da teoria territorialista, que explicaremos a seguir. A sede da arbitragem não se confunde com o local em que os atos da arbitragem são realizados, sendo apenas o local que as partes, de livre escolha, manifestaram sua vontade de vincular o procedimento arbitral. MANN, Francis. A *Lex Facit Arbitrum*. *In*: SANDERS, Pieter (ed.). *Internacional arbitration*. Liver Amicorum for Martin Domke. Haia: Martins Nijhoff, 1976, p. 162-163. O conceito de sede da arbitragem, incluindo a diferença entre a sede e o local da arbitragem, foi explicado no caso *Union of India vs. Mcdonell Douglas Corporation*, julgado pela Queen's Bench Devision (Commercial Court) em 22-12-1998: "the word seat, he suggests, is a legal term of art, meaning the legal place of the arbitration proceedings. By choosing the legal place of the arbitration proceedings, the parties ipso facto chose the laws of that place to govern their arbitration proceedings. Indeed, although the choice of a "seat" also indicates the geographical place for the arbitration, this does not mean that the parties have limited themselves to that place [...]. Tradução livre: "a palavra sede, ele sugere, é um termo legal de arte, que significa o local do procedimento arbitral. Ao escolher o local do procedimento arbitral, as partes estão de fato escolhendo as leis daquele local para governar o procedimento arbitral. Com efeito, apesar da escolha da "sede" também indicar a localização geográfica do local da arbitragem, isso não significa que as parte se limitaram para aquele lugar". No caso em questão, a corte inglesa afirmou que não era possível que as partes escapassem da aplicação da *lex arbitri* da Inglaterra ao escolherem Londres como a sede da arbitragem, de modo que a escolha das partes por normas procedimentais da Índia só poderia existir em paralelo com as normas mandatórias da sede da arbitragem sobre procedimentos arbitrais. BARCELÓ III, John J.; VON MEHREN, Arthur T. *International commercial arbitration*. A transnational perspective. Estados Unidos: Thomson Reuters, 2006, p. 977-985.

para questões de corrupção em arbitragens internacionais. As considerações feitas neste subitem, destaca-se, não se aplicam para arbitragens de investimento sob o sistema ICSID, considerando-se toda a gama de normas especiais criadas pela Convenção ICSID para os Estados signatários.

As diferentes representações sobre a arbitragem internacional procuram definir qual é a ligação entre arbitragens internacionais e as ordens domésticas dos países, explicando como se legitimam as sentenças arbitrais no cenário internacional; se são elas parte do ordenamento jurídico da sede, de todos os ordenamentos que lhe outorgam força jurídica ou de uma ordem jurídica supranacional, de maneira a explicar quando as cortes locais podem exercer controle sobre uma sentença arbitral.

Há 3 (três) principais teorias sobre a arbitragem internacional: (a) a *teoria pluralista* ou modelo *westphaliano*, segundo a qual uma arbitragem internacional pode-se vincular a uma pluralidade de ordens jurídicas (incluindo as normas da sede e do provável local de execução da sentença arbitral), de maneira que as cortes de mais de um local podem exercer controle sobre a sua validade; (b) a *teoria autonomista*, que propõe a existência de uma ordem jurídica arbitral autônoma, não vinculada às legislações estatais; e (c) a *teoria territorialista*, que, conforme revela o nome, estabelece que o território da arbitragem é a sede, havendo vinculação com o ordenamento jurídico vigente em tal território.

As três teorias são analisadas por diversos doutrinadores brasileiros[186] e estrangeiros[187], cabendo para os fins deste trabalho apenas descrever

[186] Braghetta, Adriana. *A importância da sede da arbitragem*: visão a partir do Brasil. Rio de Janeiro: Renovar, 2010, p. 125-215; Alves, Rafael Francisco. *A inadmissibilidade de medidas antiarbitragem no direito brasileiro*. São Paulo: Atlas, 2009, p. 24-57; Lessa Neto, João Luiz. *Arbitragem e Poder Judiciário*: a definição da competência do árbitro. Salvador: Juspodivm, 2016, p. 70-89; Bonato, Giovanni. Panorama da arbitragem na França e na Itália. Perspectiva de direito comparado com o brasileiro. *Revista Brasileira de Arbitragem*, Curitiba, v. XI, n. 43, 2014, trimestral, p. 59-92.

[187] Nigel, Blackaby *et al. Redfern and hunter on international arbitration*. 6. ed. Países Baixos: Kluwer Law International, 2016, p. 166-194; Kohler, Gabrielle Kaufmann. Identifying and applying the law governing the arbitration procedure – the role of the law of the place of arbitration. *In*: Van Den Berg, Albert Jan. *Improving the efficiency of arbitration agreements and awards*: 40 years of application of the New York Convention, ICCA Congress Series. Países Baixos: Kluwer International, 1999, p. 336-365; Brekoulakis, Stravos. Chapter 1: introduction. *In*: Lew, Julian David Mathew *et al. The evolution and future of international arbi-*

cada uma delas e explicar a qual corrente nos filiamos (a *teoria territorialista*), o que é essencial para determinar a legislação aplicável aos atos de corrupção em arbitragens internacionais.

A *teoria pluralista* destaca que em uma arbitragem internacional as normas mais importantes são aquelas que vão assegurar a utilidade final da sentença arbitral e que a sentença arbitral faz parte de uma pluralidade de ordens jurídicas, podendo qualquer delas exercer controle sobre a sua validade e a eficácia. Desconsidera, portanto, a vinculação da arbitragem e da sentença arbitral com a sede da arbitragem, na medida em que a arbitragem e a sentença arbitral fariam parte de todas as ordens jurídicas dos locais onde a sentença poderia vir a produzir efeitos[188].

Esta teoria, ao nosso ver, ignora aspectos práticos importantes, que definem a importância da sede da arbitragem para o procedimento arbitral[189].

Do ponto de vista prático, a ligação da arbitragem com o local da sede é, não raramente, uma consequência imperativa da própria lei deste local. Essa é, na verdade, a tendência atual, refletida na Lei Modelo da UNCITRAL, que prevê sua aplicação "se o local da arbitragem encontrar-se dentro do território" do Estado (artigo 2º, § 2º) e traz hipóteses de anulação do laudo arbitral na sede da arbitragem (artigo 34)[190].

tration. Países Baixos: Kluwer International, 2016, p. 1-20; Paulssoun, Jan. *The idea of arbitration*. Nova York: Oxford University Press, 2013, p. 29-59; Gaillard, Emmanuel. *A teoria jurídica da arbitragem internacional*. Tradução de Natália Mizrahi Lamas. São Paulo: Atlas, 2014; Gaillard, Emmanuel. Transcending national legal orders for international arbitration. *In:* Van Den Berg, Albert Jan. *International arbitration*: the coming of a new age? Países Baixos: Kluwer International, 2013, p. 371-377.

[188] Ramos, Caio Pazinato Gregório. *Controle da jurisdição do árbitro pelo Poder Judiciário antes da sentença arbitral no direito brasileiro*. Dissertação (Mestrado em Direito). Pontifícia Universidade Católica de São Paulo (PUC-SP), São Paulo, 2019, p. 50.

[189] Veja-se, por exemplo: Fouchard, Philippe. La portée internationale de l'annulation de la sentence arbitrale dans son pays d'origine, *Revue de L'Arbitrage*, n. 3, 1997, p. 332-333.

[190] Artigo 34: " (1) O recurso interposto contra uma sentença arbitral perante um tribunal estatal só pode revestir a forma de um pedido de anulação, nos termos dos parágrafos 2.º e 3.º do presente artigo. (2) A sentença arbitral só pode ser anulada pelo tribunal referido no artigo 6.º se (a) A parte que faz o pedido fizer prova de que: (i) Uma parte da convenção de arbitragem referida no artigo 7.º era incapaz; ou que a convenção de arbitragem não é válida nos termos da lei a que as partes a tenham subordinado ou, na falta de qualquer indicação a este respeito, nos termos da lei do presente Estado; ou (ii) A parte que requer

Nas palavras de Francis A. Mann, "não é verdade que tudo o que acontece em um território de um Estado está necessariamente sujeito a sua jurisdição? Não é verdade que cada Estado tem direito de dizer de que forma os árbitros são similares aos juízes e, como eles, sujeitos à lei?"[191].

Se os Estados têm autonomia para determinar a vinculação dos árbitros e dos procedimentos arbitrais ao seu ordenamento jurídico, encerra-se nesse poder a *teoria pluralista*. Havendo previsão legal, procedimentos arbitrais com sede em determinado Estado vinculam-se às normas deste Estado tanto quanto as pessoas que ali residem, pois é prerrogativa deste Estado estabelecer as normas vigentes em seu território de jurisdição.

a anulação da sentença arbitral não foi devidamente informada da nomeação de um árbitro ou do procedimento arbitral, ou que lhe foi impossível fazer valer os seus direitos por qualquer outra razão; ou (iii) A sentença tem por objeto uma disputa não referida ou não abrangida pela convenção de arbitragem ou contém decisões sobre matérias que ultrapassam o âmbito da convenção, a menos que a parte da sentença que contém decisões sobre matérias não submetidas à arbitragem possa ser anulada, caso as decisões sobre matérias submetidas à arbitragem possam ser tratadas de forma separada das que o não foram; ou (iv) A constituição do tribunal arbitral ou o procedimento arbitral não estão conformes ao acordo entre as partes, a menos que referido acordo contrarie uma disposição da presente Lei que as partes não possam derrogar, ou que, na falta de tal acordo, não estão conformes à presente Lei; ou (b) O tribunal estatal constatar: (i) Que o objeto da disputa não é susceptível de ser decidido por arbitragem nos termos da lei do presente Estado; ou (ii) Que a sentença arbitral contraria a ordem pública do presente Estado. (3) O pedido de anulação não pode ser apresentado após um período de 3 (três) meses a contar da data em que a parte que faz esse pedido recebeu comunicação da sentença ou, se tiver sido feito um pedido nos termos do artigo 33.º, a partir da data em que o tribunal arbitral tomou a decisão sobre esse pedido. (4) Quando lhe for solicitada a anulação de uma sentença arbitral, o tribunal estatal pode, se for necessário e a pedido de uma das partes, suspender o procedimento de anulação durante o período de tempo que determinar, a fim de dar ao tribunal arbitral a possibilidade de retomar o procedimento arbitral ou de tomar qualquer outra medida que o tribunal arbitral julgue susceptível de eliminar os fundamentos da anulação".

[191] Original: "[...] Is it not every activity occurring on the territory of the State necessarily subject to its jurisdiction? Is it not for such State to say whether and in what manner arbitrators are assimilated to judges and, like them, subject to the law?" DANN, Francis. A *Lex Facit Arbitrum*. *In*: SANDERS, Pieter (ed.). *Internacional arbitration*. Liver Amicorum for Martin Domke. Haia: Martins Nijhoff, 1976, p. 162-163.

Não bastasse a tendência das leis arbitrais locais de estabelecer a vinculação do procedimento arbitral às normas da sede da arbitragem, o artigo V, 2 "e" da Convenção de Nova York prevê como hipótese de não homologação de sentenças arbitrais estrangeiras a anulação da sentença arbitral "por autoridade competente do país em que, ou conforme a lei do qual, a sentença tenha sido proferida"[192] atribuindo, assim, especial deferência à sede de arbitragem. A doutrina majoritária defende tratar-se de uma faculdade do Estado em que se busca a homologação[193], que pode optar por reconhecer a sentença arbitral anulada. Isso em nada altera, contudo, a importância outorgada à sede da arbitragem pela Convenção de Nova York, que reconhece a vinculação do procedimento arbitral à legislação local.

A *teoria autonomista*, por sua vez, defende que a arbitragem internacional não teria um território, sendo, portanto, "deslocalizada", independente das normas da sede da arbitragem, cujas cortes não deveriam exercer controle sobre a validade e a eficácia das decisões arbitrais ou

[192] Relembre-se, aqui, que a Lei Modelo da UNCITRAL prevê hipóteses de anulação bastante semelhantes às circunstâncias que, nos termos da Convenção de Nova York, podem fazer com que uma sentença arbitral estrangeira não seja reconhecida.

[193] O caso paradigmático sobre a linguagem permissiva da Convenção de Nova York é o caso *Chromalloy Aeroservices vs. República Árabe do Egito* (Câmara de Comércio Internacional, Caso CCI n. 5622). No caso em questão, a empresa americana Chromalloy iniciou uma arbitragem contra o Estado do Egito, tendo em vista a resolução injustificada pelo Egito de um contrato para fornecimento de peças, manutenção e reparo de helicópteros firmado entre as partes. O tribunal arbitral, constituído de acordo com as normas da ICC, com sede no Egito, condenou o Egito a pagar à Chromalloy uma indenização significativa, pelas perdas e danos advindos da resolução do contrato, aplicando, para tanto, as normas de direito civil do Egito. A sentença arbitral foi anulada no Egito sob o fundamento de que o tribunal arbitral deveria ter aplicado as normas de direito administrativo do país, não de direito civil. A Chromalloy, apesar disso, requereu a homologação da sentença arbitral na Corte Distrital dos Estados Unidos, para quem a alegação que ensejou a anulação no Egito substanciaria, no máximo, um erro na aplicação da lei, que não é suficiente para impedir a homologação do laudo arbitral. A Corte Distrital dos Estados Unidos afirmou a política pró-homologação do país, ressaltando que reconhecer a decisão que anulou a sentença arbitral seria, isso sim, uma violação à ordem pública estadunidense, que favorece o reconhecimento das sentenças arbitrais estrangeiras. Mais detalhes sobre o caso: BARCELÓ III, John J.; VON MEHREN, Arthur T. *International commercial arbitration. A transnational perspective.* Estados Unidos: Thomson Reuters, 2006, p. 977-985.

mesmo da sentença arbitral[194]. Entendemos que esta teoria também ignora aspectos práticos, pelos mesmos motivos da *teoria pluralista*.

Somam-se às críticas já expostas o fato de que, mesmo que a arbitragem existisse em uma nuvem internacional, as decisões e sentenças arbitrais precisariam integrar uma ordem jurídica doméstica para que fossem dotadas de exequibilidade e, portanto, utilidade. Em outras palavras, a arbitragem precisa das cortes estatais para que o provimento da disputa seja útil, o que determina, mais cedo ou mais tarde, sua vinculação a uma ordem estatal. O poder de polícia é algo que os Estados não atribuem, em regra, aos particulares conforme suas vontades. Decisões arbitrais não dotadas de exequibilidade, por mais que façam parte de um universo jurídico internacional, não valem mais do que um aperto de mãos entre amigos. Por esses e outros motivos, a *teoria autonomista*, que tem berço na França, não alcançou muitos outros países.

Em que pese não ter agregado muitos adeptos, não podemos deixar de abordar um dos casos paradigmáticos da *teoria autonomista*, por envolver alegações de tráfico de influência[195].

Trata-se do caso *Hilmarton vs. Omnium de Traitment et de Laorisation* (OVT)[196], no qual a empresa inglesa Hilmarton iniciou uma arbitragem CCI com sede em Genebra, buscando o pagamento de uma comissão devida pela sociedade francesa OVT, por ter ajudado esta empresa a

[194] Ramos, Caio Pazinato Gregório. *Controle da jurisdição do árbitro pelo Poder Judiciário antes da sentença arbitral no direito brasileiro*. Dissertação (Mestrado em Direito). Pontifícia Universidade Católica de São Paulo (PUC-SP), São Paulo, 2019, p. 50.

[195] Outros casos que merecem ser ao menos mencionados são (a) Chromalloy Aeroservices *vs*. República Árabe do Egito (Câmara de Comércio Internacional, Caso CCI n. 5622), já mencionado sob a perspectiva estadunidense, em que a Corte de Apelação de Paris também reconheceu a sentença arbitral estrangeira anulada na sede da arbitragem (Cairo), com fundamento na teoria autonomista (diferente, nesse sentido, do que aconteceu nos Estados Unidos) e (b) Rena Holdings *vs*. Putrabali Adyamulia, França, Corte de Cassação, j. 29-06-2007. *In*: Van Den Berg, Albert. *Yearbook of Commercial Arbitration*. v. 32. Haia: Kluwer Law International, 200, p. 299-302), em que a Corte de Cassação de Paris reconheceu uma sentença arbitral que tinha sido parcialmente anulada em Londres, sede da arbitragem, por se tratar de uma sentença que já fazia parte da ordem internacional.

[196] Himarton *vs*. OTV. Suíça, Corte de Justiça de Genebra, j. 17-11-1989. A decisão foi confirmada pelo Tribunal Federal Suíço em 17-04-1990. Van Den Berg, Albert. *Yearbook of Commercial Arbitration*. v. 19. Haia: Kluwer Law International, 1994, p. 216-220. Caso CCI n. 5622.

vencer uma concorrência pública na Argélia. A OVT alegou a invalidade do contrato, pois a Hilmarton teria exercido influência indevida sob as autoridades da Argélia, o que configuraria ilícito tanto pela lei da Argélia quanto pela Lei Suíça, aplicável ao contrato.

A sentença arbitral, que confirmou a validade do contrato, foi anulada na sede da arbitragem, pois teria sido proferida em desacordo com as provas produzidas nos autos e em violação à ordem pública da Suíça e da Argélia.

Apesar da anulação da sede da arbitragem, a sentença arbitral foi homologada pelo Tribunal de Grande Instância de Paris, a pedido da OVT, em decisão confirmada pela Corte de Apelação de Paris[197] e pela Corte de Cassação de Paris[198], sob o argumento de que integrava a ordem internacional e não estaria vinculada à sede da arbitragem, razão pela qual a anulação da sentença arbitral na sede não teria qualquer impacto no procedimento de homologação.

A Hilmarton, por outro lado, com fundamento na anulação, começou uma nova arbitragem na Suíça, que resultou em uma sentença a seu favor. Tanto a segunda sentença arbitral quanto a decisão da corte Suíça que anulou a primeira sentença arbitral foram homologadas pelo Tribunal de Grande Instância de Nanterre[199], em decisão confirmada (apesar de a decisão anterior da Corte de Cassação de Paris, em favor da homologação da primeira sentença arbitral) pela Corte de Apelação de Versalhes[200].

Foi a Corte de Cassação de Paris que encerrou o conflito entre as cortes francesas, ao anular as decisões em favor da segunda sentença arbi-

[197] Himarton *vs.* OTV. França, Tribunal de Grande Instância de Paris, j. 27-02-1990. A decisão foi confirmada pela Corte de Apelação de Paris em 19-12-1991. Van Den Berg, Albert Jan (ed.). *Yearbook of Commercial Arbitration*, v. 19, Haia: Kluwer Law International, 1994, p. 655-657.

[198] Himarton *vs.* OTV. França, Corte de Cassação de Paris, j. 23-03-1995. Van Den Berg, Albert. *Yearbook of Commercial Arbitration*, v. 20, Haia: Kluwer Law International, 1995, p. 663-995.

[199] Himarton *vs.* OTV. França, Tribunal de Grande Instância de Nanterre, j. 25-02-1993. Van Den Berg, Albert. *Yearbook of Commercial Arbitration*, v. 20, Haia: Kluwer Law International, 1995, p. 194-197.

[200] Himarton *vs.* OTV. França, Corte de Apelação de Versalhes, j. 26-09-1995. Van Den Berg, Albert. *Yearbook of Commercial Arbitration*, v. 21, Haia: Kluwer Law International, 1996, p. 524-525.

tral por entender que as matérias estavam acobertadas pelo manto da coisa julgada, tendo em vista a homologação da primeira sentença arbitral. A decisão da Corte de Cassação de Paris, contudo, não encerrou a disputa. A Hilmarton requereu a homologação da segunda sentença arbitral proferida no Reino Unido e obteve êxito[201].

O caso *Hilmarton vs. Omnium de Traitment et de Laorisation* (OVT) é um exemplo em que as Cortes de Paris adotaram a *teoria autonomista*, mas é também um perfeito exemplo dos problemas que podem surgir com a aplicação de tal teoria, que desconsidera completamente a importância emprestada pela Convenção de Nova York e pela Lei Modelo da UNCITRAL à sede da arbitragem. O cenário que se desenhou no caso *Hilmarton vs. Omnium de Traitment et de Laorisation* (OVT) não é, ao nosso ver, um cenário desejado, pois favorece a insegurança jurídica no cenário internacional.

Por fim, a *teoria territorialista* defende a vinculação da arbitragem ao ordenamento jurídico da sede da arbitragem e é a teoria que prevalece atualmente[202].

Sob a perspectiva da *teoria territorialista*, materializada tanto na Lei Modelo da UNCITRAL quanto na Convenção de Nova York, a sede da arbitragem tem duas funções muito importantes para um procedimento arbitral: (a) determinar a *lex arbitri* aplicável ao procedimento, ou seja, a lei que governará o procedimento arbitral[203]; e (b) estabelecer a jurisdição das cortes da sede da arbitragem para controlar a validade da sentença arbitral e as decisões arbitrais proferidas em seu território, o que pode vir a embasar o não reconhecimento da sentença arbitral com base

[201] Himarton *vs.* OTV. Reino Unido, High Court of Justice, Queen's Bench Division, j. 24-04-199. Van Den Berg, Albert. *Yearbook of Commercial Arbitration*, v. 24, Haia: Kluwer Law International, 1999, p. 777-785.

[202] Ramos, Caio Pazinato Gregório. *Controle da jurisdição do árbitro pelo Poder Judiciário antes da sentença arbitral no direito brasileiro.* Dissertação (Mestrado em Direito). Pontifícia Universidade Católica de São Paulo (PUC-SP), São Paulo, 2019, p. 50.

[203] Quando não há precisão mandatória na lei da sede de arbitragem quanto à sua aplicação, as partes são livres para escolher a *lex arbitri* que mais lhes convém. Não havendo escolha expressa, conduto, presume-se aplicável a lei da sede da arbitragem. Nesse sentido: Barceló III, John J.; Von Mehren, Arthur T. *International commercial arbitration.* A transnational perspective. Estados Unidos: Thomson Reuters, 2006, p. 977-985.

no artigo V, 2, "e" da Convenção de Nova York[204]. A *teoria territorialista*, portanto, implica na aplicação das regras procedimentais da sede da arbitragem para o procedimento arbitral e na sujeição da sentença arbitral ao controle de validade pelas cortes locais.

Além das duas funções mencionadas, as cortes da sede da arbitragem também podem ser utilizadas para (a) prestar a assistência necessária ao procedimento arbitral, de forma não exclusiva e (b) determinar se uma sentença arbitral é estrangeira e precisa, portanto, ser homologada nos termos da Convenção de Nova York[205]. Isso, é claro, quando não se trata de arbitragem de investimento, sujeita a todo o regime jurídico da Convenção ICSID, explicado sucintamente acima.

Conforme antecipamos, nos filiamos à *teoria territorialista*. Ao nosso ver, as partes, ao escolherem a sede, escolhem também a aplicação de suas leis e acatam a possibilidade de controle judicial pelas cortes competentes, o que se coaduna com o princípio da autonomia da vontade. Trata-se de uma ficção jurídica que atrela a arbitragem a um ordenamento jurídico pré-estabelecido, dando-lhe segurança[206].

2.1.2. A escolha da lei aplicável pelo tribunal arbitral

Este tópico é também voltado para avaliar o problema da escolha da legislação aplicável sob a perspectiva de arbitragens não submetidas ao sistema ICSID, para as quais a própria Convenção ICSID "é uma *lex arbitri* única"[207]. Registra-se, contudo, que mesmo em arbitragens de investimento nas quais aplica-se o direito internacional, não, *a priori*, legislações domésticas, os tribunais arbitrais precisam, por vezes, se voltar às legislações domésticas ao ponderar questões de corrupção. Faremos as necessárias ressalvas neste sentido, quando pertinentes. No entanto, de forma geral, este capítulo se preocupa com a escolha das leis pelos árbitros em arbitragens comerciais.

[204] POUDRET, Jean Françoi; BESSON, Sébastien. *Comparative International Law*. Londres: Sweet & Maxwell, 2007, p. 99.

[205] O Brasil, por exemplo, não utiliza o critério da sede de arbitragem para determinar se uma sentença é estrangeira ou não, pautando-se pelo local em que a sentença arbitral é proferida.

[206] PARK, William W. *Arbitration of international business disputes*: studies in law and practice. 2. ed. Croydon: Oxford University Press, 2012, p. 307.

[207] LUTRELL, Sam. Chapter 11: Bias Challenges in ICSID Arbitration: Unsettled Issues. *In*: BALTAG, Crina. *ICSID Convention after 50 years*: unsettled issue. Kluwer Law International, 2016, p. 309.

Um procedimento arbitral comercial internacional pode estar sujeito à aplicação de diversas leis diferentes: (a) a lei que governa o procedimento arbitral em si (que, como regra, é a lei da sede da arbitragem – a *lex arbitri*), (b) a lei aplicável à cláusula arbitral[208], (c) a lei aplicável ao mérito da disputa de acordo com a vontade das partes ou as regras de conflito de leis aplicáveis e (d) normas cogentes relacionadas ao procedimento arbitral que podem ser aplicáveis à arbitragem por diversos motivos.

A regra na arbitragem internacional comercial, como já mencionamos nesta pesquisa, é a autonomia da vontade. Seguindo essa regra, a maioria das legislações domésticas e regulamentos de arbitragem preveem ampla liberdade às partes em relação à escolha da lei aplicável a eventuais disputas que entre elas venham a surgir[209-210].

[208] Segundo o princípio da separabilidade da cláusula arbitral, que explicaremos ao tratar da jurisdição do tribunal arbitral para decidir sobre atos de corrupção em contratos nulos.

[209] Sobre a lei material aplicável à disputa, veja-se: (a) o artigo 28 da Lei Modelo da UNCITRAL: "(1) O tribunal arbitral decide a disputa de acordo com as leis escolhidas pelas partes para serem aplicadas ao mérito da disputa. Qualquer designação da lei ou do sistema jurídico de um determinado Estado será considerada, salvo indicação expressa em contrário, como se referindo diretamente à lei substantiva desse Estado e não às suas normas de conflito de leis. (2) Na falta de tal designação pelas partes, o tribunal arbitral aplicará a lei designada pela norma de conflito de leis que considerar aplicável. (3) O tribunal arbitral decidirá *ex aequo et bono* ou na qualidade de *amiable compositeur* apenas quando as partes expressamente o autorizarem. (4) Em qualquer caso, o tribunal arbitral decidirá de acordo com os termos do contrato e terá em conta o uso comercial aplicável à transação"; (b) o artigo VII da *Geneva Convention on International Commercial Arbitration* de 1961 ("Convenção de Genebra)": "1. The parties shall be free to determine, by agreement, the law to be applied by the arbitrators to the substance of the dispute. Failing any indication by the parties as to the applicable law the arbitrators shall apply the proper law under the rule of conflict that the arbitrators deem applicable. In both cases the arbitrators shall take account of the terms of the contract and trade usages. 2. The arbitrators shall act as amiable compositeur if the parties so decide and if they may do so under the law applicable to the arbitration." Tradução livre: "1. As partes devem ser livres para determinar, de comum acordo, a lei aplicável pelos árbitros para o mérito da disputa. No caso de falha das partes em indicar a lei aplicável ao mérito, os árbitros devem aplicar a lei adequada considerando as normas de conflito de lei que os árbitros entenderem que é aplicável. Os árbitros devem levar em consideração os termos do contrato e os usos e costumes. Os árbitros devem agir como *amiable compositeur* se as partes assim decidirem e se forem permitidos de acordo com a legislação aplicável à arbitragem"); (c) e o artigo 21 do Regulamento da CCI: "1. As partes terão liberdade para escolher as regras de direito a serem aplicadas pelo tribunal arbitral ao mérito da causa. Na ausência de acordo entre as partes,

Estatísticas mostram que 80% das partes em arbitragens comerciais internacionais, geralmente sofisticadas e assistidas por advogados especializados, escolhem previamente qual será a lei aplicável para eventual litígio que venha a surgir entre elas, incluindo previsão específica na cláusula arbitral ou no contrato que especifica o meio de resolução de suas disputas[211].

Quando as partes não fazem essa escolha, contudo, os árbitros precisam utilizar algum critério para determinar qual será a lei aplicável ao mérito da disputa. Inicialmente, duas alternativas são possíveis para a escolha: (a) o tribunal arbitral pode aplicar normas de conflitos de leis dos Estados[212] ou (b) pular esta etapa e escolher diretamente qual lei entende deve ser aplicada ao procedimento arbitral.

Nas duas alternativas mencionadas, o tribunal arbitral, dentro do poder que lhe é conferido pela *lex arbitri* e pelo regulamento de arbitragem escolhido pelas partes, pode se voltar para tratados internacionais e para a *lex mercatoria* ou para qualquer das leis (ou regras de conflitos

o tribunal arbitral aplicará as regras que julgar apropriadas. 2. O tribunal arbitral deverá considerar os termos do contrato entre as partes, se houver, e quaisquer usos e costumes comerciais pertinentes. 3 O tribunal arbitral assumirá os poderes de *amiable compositeur* ou decidirá *ex aequo et bono* somente se as partes tiverem acordado em conferir-lhe tais poderes". As disposições em questão permitem ampla liberdade às partes para escolher as "regras de direito" aplicáveis ao mérito, que podem ser inclusive convenções internacionais. Sobre o assunto: BARCELÓ III, John J.; VON MEHREN, Arthur T. *International commercial arbitration*. A transnational perspective. Estados Unidos: Thomson Reuters, 2006, p. 667-670.

[210] Importante lembrar que, no âmbito de arbitragens de investimento aplicam-se as normas do tratado bilateral ou multilateral, ou as normas gerais do direito internacional.

[211] WAINCYMER, Jeffrey. *Procedure and evidence in international arbitration*. Países Baixos: Kluwer Law International, 2012, p. 992.

[212] Para Emmanuel Gaillard, essa escolha poderia inclusive ser feita sem que o Tribunal ofereça justificativas às partes. GAILLARD, Emmanuel; SAVARE, John. *Fouchard, Gaillard, Goldman on international commercial arbitration*. Haia: Kluwer Law International, 1999, p. 865. Outros, por outro lado, defendem que a decisão quanto à lei aplicável deve ser tão fundamentada quanto qualquer outra, sob pena de nulidade. BERGER, Klaus Peter. Evidentiary privileges: best practice standards *versus*/and arbitral discretion. *Revista Arbitration International 22*, n. 4, 2006, p. 501-502; BESSON, Sébastien; POUDRET, Jean-François. *Comparative law of international arbitration*. Londres: Sweet & Maxwell, 2007, p. 587.

de leis) de locais que tenham uma conexão com a arbitragem, como a sede da arbitragem, o local onde os atos *sub judice* foram praticados, o domicílio das partes ou o local onde o contrato foi assinado[213]. São muitas, portanto, as alternativas à disposição dos árbitros e não há consenso em relação à melhor solução[214].

Julian Lew, Loukas Mistellis e Stefan Kröll ensinam que, independentemente da alternativa escolhida pelo tribunal arbitral, a lei aplicada não deve contrariar as expectativas razoáveis das partes, devendo considerar o contrato, as circunstâncias concretas do caso (incluindo o comportamento das partes após a celebração do contrato) e as manifestações das partes, dando preferência para uma escolha neutra e uma legislação sofisticada, que enderece os problemas legais da disputa submetida à arbitragem[215].

Para não fugirmos do tema, dentro desse contexto, abordaremos as duas teorias que nos parecem mais razoáveis e adequadas: (a) a aplicação das regras de conflito de leis da sede e (b) a aplicação da lei que tem maior conexão com a disputa.

A aplicação das normas de conflito de leis da sede da arbitragem quando não há escolha expressa pelas partes quanto à lei aplicável ao contrato tem fundamento na teoria territorialista. Para os defensores desta teoria, a cláusula arbitral carregaria consigo a vontade das partes quanto à aplicação das normas de conflito da sede, que ofereceriam uma solução neutra e confiável. Nesse sentido, a opinião de Gary Born:

> Accordingly, in these circumstances, the next-best solution is application of a neutral, predictable national choice-of-law rule. Although there will be exceptions, the choice-of-law system of the arbitral seat presumptively provides a more plausible, sensible candidate for the choice of conflicts rules than any other system [...] the parties' agreement to arbitrate in a particular place carries with it an implied acceptance of aspects of the procedu-

[213] Waincymer, Jeffrey. *Procedure and evidence in international arbitration*. Países Baixos: Kluwer Law International, 2012, p. 997.

[214] Waincymer, Jeffrey. *Procedure and evidence in international arbitration*. Países Baixos: Kluwer Law International, 2012, p. 995.

[215] Lew, Julian David Mathew; Mistelis, Loukas A.; Kröll, Stefan M. *Comparative international arbitration*. Países Baixos: Kluwer Law International, 2003, p. 424.

ral law of the arbitral seat (in particular, the arbitration law of the arbitral seat, which will often be mandatorily applicable)[216].

A aplicação das normas de conflito de leis da sede da arbitragem não se confunde com a aplicação direta das leis materiais da sede da arbitragem. O que se aplicam são as regras que determinarão qual deve ser a legislação eleita para aquele caso concreto (a lei do local onde o contrato foi assinado, do local onde ele foi executado, do local de nacionalidade das partes, etc.)[217].

Outra solução que encontra grande aceitação envolve a análise, pelo tribunal arbitral, de todas as leis que guardem alguma relação com a disputa (a lei da sede da arbitragem, do local onde o contrato foi firmado, do local onde os atos *sub judice* foram praticados, do domicílio das partes, de onde a sentença provavelmente será executada, etc.), de modo a selecionar a legislação que tem maior conexão com o procedimento arbitral. Trata-se do "teste de maior conexão", (em inglês *the closest connection test*) considerado por alguns autores como parte do ordenamento jurídico internacional[218].

O problema da solução do "teste de maior conexão" é que muitas vezes ela não aponta uma única solução unânime, não encerrando o pro-

[216] Tradução livre: "Concluindo, em tais circunstâncias, a próxima melhor solução é a aplicação de uma regra de escolha de leis neutra e previsível. Apesar de sempre haver exceções, o sistema de escolha de leis da sede da arbitragem presumidamente traz um candidato mais sensível e plausível para a escolha das regras de conflitos de leis mais do que qualquer outro sistema [...] o acordo das partes para arbitrar em um local particular carrega consigo uma aceitação implícita de aspectos da lei procedimental da sede da arbitragem (em particular, da lei de arbitragem da sede de arbitragem, que será mandatoriamente aplicável)". Born, Gary. *International arbitration*: law and practice. Países Baixos: Kluwer Law International, 2012, p. 265.

[217] Por exemplo, uma arbitragem que tenha sede no Brasil, mas que tenha como objeto um contrato firmado na Inglaterra, entre partes inglesas, executado também na Inglaterra, aplicando-se os artigos 11, IV, da Lei de Arbitragem Brasileira e 9º da Lei de Introdução às Normas do Direito Brasileiro ("LINDB"), teria como lei aplicável ao mérito o direito inglês, não o direito brasileiro.

[218] Caso ICC 7071, j. 2-3-1994 (não publicado). Gaillard, Emmanuel. The role of the arbitrator in determining the applicable law. *In*: Hill, Newman L. R. *The leading arbitrators' guide to international arbitration*. Huntington: Juris Publishing, 2008, p. 174.

blema que pretendia resolver[219]. Nesse caso, Julian Lew, Loukas Mistellis e Stefan Kröll defendem que o tribunal arbitral deve-se voltar às normas de conflitos de leis dos Estados que têm conexão com a arbitragem, para tentar encontrar a melhor solução para o caso concreto. O método proposto por Julian Lew, Loukas Mistellis e Stefan Kröll é um método trifásico e resume-se pelos seguintes passos:

> Is there a choice of law by the parties? In the affirmative, does it cover the entire dispute before the tribunal? Is there any contradiction of mandatory rules or public policy? In any event, is it possible to solve the dispute by relying exclusively on the contract?
>
> In the absence of choice of law by the parties, is it possible to determine the applicable law or non-legal standard without reference to conflict of laws? Is that an appropriate law or non-legal standard for this particular dispute?
>
> If it is necessary to employ conflict of laws rules, which conflict of laws rules should be applied? Is there a conflict of laws system most closely connected with the dispute? Is it possible to apply cumulatively all relevant conflict of laws systems? Is it possible to apply generally accepted conflict of laws rules?[220]

As três fases do método, resumidas no trecho acima, estabelecem como primeiro passo da avaliação a análise quanto à eventual escolha das partes acerca da lei aplicável. Este primeiro passo pode ser subdi-

[219] WAINCYMER, Jeffrey. *Procedure and evidence in international arbitration*. Países Baixos: Kluwer Law International, 2012, p. 998.

[220] LEW, Julian David Mathew; MISTELIS, Loukas A.; KRÖLL, Stefan M. *Comparative international arbitration*. Países Baixos: Kluwer International, 2003, p. 437. Tradução livre: "Existe uma escolha de lei pelas partes? Afirmativamente, esta escolha abrange toda a disputa perante o tribunal? Existe alguma violação a normas cogentes ou normas de ordem pública? De qualquer forma, é possível resolver a disputa contando exclusivamente com o contrato? Na ausência de escolha da lei pelas partes, é possível determinar a lei aplicável ou encontrar um critério não legal sem referência a conflitos de leis? Há uma lei apropriada, ou um padrão não legal para esta disputa em particular? Se for necessário empregar regras de conflito de leis, quais regras de conflito de leis devem ser aplicadas? Existe um sistema de conflitos de leis mais intimamente ligado à disputa? É possível aplicar cumulativamente todos os sistemas relevantes de conflitos de leis? É possível aplicar regras de conflito de leis geralmente aceitas?"

vidido em algumas etapas. Isso porque a lei escolhida pelas partes pode não cobrir todos os aspectos da disputa, ou pode violar de alguma forma normas cogentes ou que integram a ordem internacional, circunstância em que Julian Lew, Loukas Mistellis e Stefan Kröll defendem a aplicação das normas cogentes, que são, portanto, um limite para a autonomia da vontade das partes. O segundo passo, caso não exista a escolha da lei (o que, relembre-se, representa cerca de 20% dos casos), ou a lei escolhida não albergue todos os aspectos da disputa, envolve uma ponderação acerca da realização do teste de maior conexão, cabendo aos árbitros avaliar se este teste é capaz de trazer uma solução para a disputa. Caso a resposta seja negativa, os autores defendem que os árbitros devem partir à terceira etapa do método proposto e se voltar às normas de conflito de leis dos locais relacionados com a arbitragem, ou a normas gerais de regras de conflitos de lei, para identificar qual legislação deve ser aplicada no caso concreto.

Conforme adiantam Julian Lew, Loukas Mistellis e Stefan Kröll no teste proposto, a lei aplicável ao mérito da disputa, seja pela vontade expressa das partes, seja por deliberação do tribunal arbitral, não deve contrariar normas de ordem pública aplicáveis à arbitragem. Deve ser, portanto, aplicada em conjunto com eventuais normas de ordem pública (a) da própria sede da arbitragem (relembrando-se, novamente neste aspecto, a *teoria territorialista* e a possibilidade de anulação da sentença arbitral); (b) do local onde o laudo arbitral provavelmente será executado; e (c) do local onde os atos foram praticados.

Voltando ao tema deste trabalho, isso significa que se em qualquer das legislações vigentes nos locais diretamente relacionados à arbitragem (a sede, o local de execução da sentença arbitral, ou o local onde os atos *sub judice* foram praticados), a conduta praticada por uma das partes for considerada ilícita, um ato de corrupção, o tribunal arbitral deve atribuir aos atos narrados essa qualificação jurídica, de maneira a reconhecer a sua ilicitude e, a partir dela, decidir o destino das alegações de corrupção no âmbito da arbitragem[221].

Ou seja, mesmo que o conflito de leis da sede da arbitragem aponte para a aplicação de uma lei que não tipifique, por exemplo, o crime de

[221] Kessler, Raeschke Hilmar. *Corrupt practices in the foreign investment context*: contractual and procedural aspects. Países Baixos: Kluwer Law International, 2004, p. 478.

tráfico de influência, ou que a lei escolhida pelas partes para governar o contrato não considere se tratar de um ilícito, caso a conduta seja tipificada no local da sede, no local onde os atos foram praticados, ou no local onde a sentença arbitral será executada, as normas cogentes destes locais, mais rigorosas, devem ser aplicadas pelo tribunal arbitral ao decidir se houve ou não a prática de um ato de corrupção. Isso para assegurar a utilidade e a efetividade da sentença arbitral, além de evitar que a arbitragem seja utilizada pelas partes para fugir da aplicação da lei cogente[222].

Expliquemos.

Eventual violação à ordem publicada do local da sede da arbitragem advinda da aplicação da lei escolhida pelas partes (que pode considerar lícita uma conduta ilícita na sede) pode levar à anulação da sentença arbitral, o que, por sua vez, pode desencadear a sua não homologação nos termos do artigo V, 2, "e" da Convenção de Nova York (ou até mesmo situações mais complexas, indesejadas, como aquela descrita no caso *Hilmarton vs. Omnium de Traitment et de Laorisation*)[223].

A violação das normas do local em que a sentença arbitral provavelmente será executada, por sua vez, pode resultar na inutilidade da sentença arbitral para a parte vencedora[224]. Nesse ponto, relembramos que

[222] Waincymer, Jeffrey *Procedure and evidence in international arbitration*. Países Baixos: Kluwer Law International, 2012, p. 982.

[223] "Taking care not to apply a law which violates the arbitral seat's fundamental public policy concerns (or mandatory laws) ties in neatly with the tribunal's duty to render an enforceable award, as courts of the arbitral seat can base their decision to set aside arbitral awards upon contravention of the same notion of public policy, (234) which in turn allows courts elsewhere to refuse enforcement of the annulled award pursuant to Art V(1)(e) of the New York Convention. (235)". Hwang, Michel; Lim, Kevin. Corruption in arbitration – law and reality. *In*: *Asian international arbitration journal*, v. 8. Países Baixos: Kluwer Law International, 2012, p. 58.

[224] Um exemplo clássico de uma sentença arbitral que continha todos os requisitos para ser válida e eficaz na sede, mas enfrentou desafios para proferir efeitos no local onde as partes perdedoras têm seus bens, o que, ao fim, esvaziou a utilidade do provimento, é o Caso Abengoa, já comentado, em que a sentença arbitral foi confirmada na sede da arbitragem (Nova York), mas não foi homologada no único país onde o Requerido Adriano Gianetti Dedini Ometto, perdedor, tinha bens. A matéria de fundo do caso Abengoa gravitou em torno da quebra de garantias dadas em contratos de compra e venda de plantas de cana de açúcar e etanol. Em apertada síntese, o vendedor, requerido na arbitragem, afirmou que

sentenças arbitrais internacionais só devem ter sua homologação recusada em um Estado signatário da Convenção de Nova York quando

as usinas de cana de açúcar adquiridas teriam uma capacidade de moagem que se mostrou falsa quando os compradores tomaram a posse das usinas. Acontece que o preço do contrato de compra e venda tinha sido calculado de acordo com a capacidade de moagem que o vendedor garantiu que as usinas possuíam: US$ 100 (cem dólares) foram pagos para cada tonelada de açúcar e etanol que as plantas tinham capacidade de produzir por ano. O comprador, então, iniciou uma arbitragem CCI, com sede em Nova York, pedindo indenização pela quebra das garantias, equivalente à diferença no preço em razão da deficiência na capacidade de moagem das plantas. O vendedor, por sua vez, alegou, entre outras coisas, que eventual dano deveria corresponder ao valor necessário para elevar a capacidade de moagem para o valor indicado na garantia contratual, não à diferença no preço do contrato de compra e venda considerando-se a deficiência na capacidade de moagem. O tribunal arbitral, por maioria, condenou o vendedor ao pagamento de indenização correspondente à diferença no preço de aquisição das plantas. Inconformado, o vendedor tentou anular a decisão arbitral na sede da arbitragem, alegando tanto a dependência e parcialidade do árbitro presidente quanto violação à ordem pública no cálculo dos danos. As Cortes de Nova York, contudo, confirmaram a sentença arbitral. A sentença arbitral, então, foi trazida para homologação perante o Superior Tribunal de Justiça Brasileiro, já que o Brasil era o único local em que o vendedor tinha bens. Supreendentemente, adotando critérios diferentes daqueles utilizados pelas cortes de Nova York, o Superior Tribunal de Justiça Brasileiro se recusou a reconhecer a sentença arbitral estrangeira, sob o pretexto de violar a ordem pública brasileira em razão da (a) imparcialidade objetiva do árbitro presidente (cujo escritório recebeu honorários do vendedor, sem que o árbitro soubesse) e (b) da forma de cálculo dos danos, que não teria representado a real extensão do dano sofrido, violando uma norma mandatória do Código Civil Brasileiro (que era aplicável ao caso). Sem embargo das críticas ao acórdão do STJ, que se recusou a homologar uma sentença arbitral internacional com base na ordem pública doméstica (e não na ordem pública internacional, como explicamos acima que, ao nosso ver, seria correto), é certo que todo o imbróglio jurídico do caso Abengoa traz à tona importância de os árbitros levarem em consideração as leis que vão assegurar, ao fim, a utilidade da sentença arbitral. No caso em questão, o comprador venceu a arbitragem, teve afirmado o seu direito ao recebimento de danos (inclusive, indiretamente, pelo Superior Tribunal de Justiça Brasileiro, que recusou a homologação da sentença arbitral apenas em razão do critério utilizado para arbitrar os danos), mas terminou com uma sentença arbitral válida somente onde não lhe convém; enquanto nos Estados Unidos há coisa julgada sobre a matéria, impedindo-lhe de começar outra arbitragem, no Brasil, onde estão os bens do comprador, não há nada. PAULSSON, Marike; VIDAL, Marina Coelho Reverendo. ASA bioenergy holding AG *et al. vs.* Adriano Gianetti Dedini Ometto *et al.* Superior Tribunal de Justiça: national courts holding arbitrators accountable: arbitration & trust. *In*: CASADO FILHO, Napoleão *et al.* (org.) *Direito internacional e arbitragem* – estudos em homenagem ao Prof. Cláudio Finkelstein. São Paulo: Quartier Latin, 2019.

houver violação da ordem pública transnacional, não apenas de valores domésticos. Sendo bastante pragmáticos, contudo, reconhecemos que não há unanimidade nesse sentido e que muitos Estados, incluindo o Brasil, tendem a se recusar a reconhecer sentenças arbitrais internacionais que violam seus valores domésticos, sejam eles universalmente partilhados ou não.

Havendo o risco de valores domésticos serem considerados pelas cortes do *place of performance*, tais valores devem ser considerados por um tribunal arbitral que se preocupa com a prolação de uma sentença arbitral útil às partes. E se alguns atos de corrupção, como explicamos acima, podem não ser considerados, de forma unânime, como parte da ordem pública transnacional, certamente são parte da ordem pública doméstica dos países que os caracterizam como atos de corrupção. Dessa forma, se a conduta levada à arbitragem for considerada um crime no local da provável execução da sentença arbitral, a lei cogente deste local deve ser aplicada pelos árbitros ao proferir a sentença arbitral, para que ela seja exequível.

Por fim, o tribunal arbitral deve observar a legislação do local onde a corrupção foi praticada, para não se prestar a ser um instrumento de fraude à lei. A arbitragem internacional não pode ser utilizada como um fórum para as partes se esquivarem da legislação cogente do local onde praticam seus atos[225]. Tanto é que o artigo 9(3) da Convenção de Roma (*Rome Regulations*) permite expressamente a aplicação discricionária de normas cogentes do local onde a obrigação surgiu ou foi executada[226].

Concluímos, portanto, que independentemente da lei escolhida pelas partes ou pelo tribunal arbitral para governar o mérito da disputa

[225] Oferecemos um exemplo para ilustrar a situação, não relacionado à corrupção, para facilitar o debate. Também ignoramos, para simplificar, questões acerca da arbitrabilidade de disputas do gênero. Se no Estado "A" fosse proibida a contratação de crianças de 15 anos para trabalhar em uma fábrica, uma empresa não poderia contratar uma criança de 15 anos neste Estado e, ao mesmo tempo, escolher como lei aplicável ao contrato a lei do Estado "B" no qual o trabalho infantil porventura é autorizado, incluindo também uma cláusula arbitral prevendo arbitragem com sede no Estado "B". Nesse caso, o tribunal arbitral, independentemente das normas de conflito de leis do Estado "B", deve aplicar a legislação do Estado "A", para declarar ilegal o objeto do contrato.

[226] Hwang, Michel; Lim, Kevin. Corruption in arbitration – law and reality. *In*: *Asian international arbitration journal*, v. 8. Países Baixos: Kluwer Law International, 2012, p. 58.

(registrando-se quais são os métodos mais utilizados atualmente), normas cogentes sobre corrupção relacionadas à disputa devem ser sempre aplicadas pelo tribunal arbitral[227].

Isso significa, basicamente, que se o mérito da disputa envolve um ato considerado ilícito em qualquer das legislações relacionadas à arbitragem e que podem impactar diretamente a validade e a eficácia da sentença arbitral, o tribunal arbitral deve optar pela aplicação da legislação que considera tal ato como ilícito, ao menos no que diz respeito à alegação de corrupção. Esse *approach* privilegia o combate internacional à corrupção, na medida em que preza pela aplicação das normas mais duras que recaem sobre condutas moralmente reprováveis, em detrimento da aplicação de normas mais brandas que poderiam incentivar os comportamentos já condenados em instrumentos internacionais como a Convenção UNCC.

Um exemplo de caso em que o tribunal arbitral buscou referência em todas as legislações relacionadas à disputa é o caso ICC n. 3916 (1982)[228].

[227] Horvath, Günther; Wilske, Stephan; Kahn, Katherine. Addressing corruption in commercial arbitration: how do arbitral tribunals evaluate and adjudicate contractual relationships tainted by corruption? *In*: Risse, Jörg *et al. German Arbitration Journal*. Países Baixos: Kluwer Law International, 2017, p. 130. Alguns autores defendem que o tribunal arbitral deve aplicar apenas as normas mandatárias relacionadas à disputa que forem consideradas parte da ordem pública internacional (veja-se, nesse sentido: Hayes, Tessa; Baizeau, Domitille. The arbitral tribunal's duty and power to address corruption sua sponte. *In*: Menaker, Andrea. *International arbitration and the rule of law*: contribution and conformity. Países Baixos: Kluwer Law International, 2017, p. 227).

[228] Caso ICC n. 3916, j. 1982. Disponível em: https://www.trans-lex.org/203916/mark_960000/icc-award-no-3916-coll-icc-arb-awards-1982-507-et-seq/. Acesso em: 2 jul. 2020. Ressaltam-se as considerações do tribunal arbitral: "contraire à deux législations; l'arbitre s'est référé à un principe de droit généralement reconnu par les nations civilisées selon lequel des ententes violant sérieusement les bonnes mœurs où l'ordre public international sont nulles ou tout au moins ne peuvent pas donner lieu à exécution. Même si, dans un certain pays et à une certaine époque, la corruption de fonctionnaires est une méthode généralement acceptée dans les relations d'affaires, on ne peut ni du point de vue d'une bonne administration ni de celui de la moralité dans les affaires, clore ses yeux devant l'effet destructif de telles pratiques nocives". Tradução livre: "contrário às duas leis; o árbitro se referia a um princípio de direito geralmente reconhecido pelas nações civilizadas, segundo o qual acordos que violam seriamente a decência pública e a ordem pública internacional é nula ou, pelo menos, não podem ser executados. Mesmo que, em um determinado país e em um determinado momento, o suborno de funcionários públicos seja um método geral-

O caso versava sobre a prática de corrupção no Irã e, ao proferir a sentença arbitral, o tribunal arbitral se referiu diversas vezes à lei iraniana (onde os atos foram praticados), à lei francesa (lei da sede da arbitragem e aplicável ao contrato) e à moralidade internacional para afirmar a ilegalidade dos contratos obtidos por corrupção e, ao final, declarar a sua invalidade.

Por fim, registremos que apesar de todo o raciocínio acima basear-se nas teorias e nos instrumentos aplicáveis para arbitragens comerciais, ele se aplica, até certa medida, para arbitragens de investimento, nas quais os árbitros precisam decidir se houve ou não um ato de corrupção antes de passar a aplicar os remédios disponíveis no direito internacional. E, para tanto, é natural que se voltem para eventual legislação aplicável ao contrato (nas raras hipóteses em que a arbitragem é contratual) para o local onde os atos foram praticados e para os próprios instrumentos de direito internacional mencionados acima, para qualificar os atos levados a seu conhecimento como atos de corrupção. Não faz sentido, apenas, para arbitragens ICSID, a deferência à legislação da sede e do local de execução, já que a Convenção ICISD exclui a possibilidade de anulação no local da sede e confere força de título executivo para sentenças arbitrais proferidas por tribunais ICSID.

Foi exatamente esse o método utilizado pelo tribunal arbitral no Caso World Duty Free, cujos fatos já descrevemos. Para decidir se houve a prática de atos graves que impediriam o investidor estrangeiro de obter a proteção almejada, o tribunal arbitral destacou que os atos de suborno narrados eram criminalizados na legislação aplicável ao contrato (lei inglesa), na legislação do local onde os atos foram praticados (queniana), e condenáveis sob a perspectiva do direito internacional, tendo em vista as convenções mencionadas no Capítulo 1 deste trabalho.

2.2. Ônus e peso das provas produzidas acerca das alegações de corrupção

Outra questão que precede a efetiva análise das consequências dos atos de corrupção em disputas arbitrais é o ônus que recai sobre a parte que

mente aceito nas relações comerciais, não pode ser do ponto de vista da boa administração nem da moralidade, fechando-se os olhos para o efeito destrutivo de tais práticas prejudiciais".

traz as alegações, assim como o peso que deve ser atribuído às provas produzidas. Por um lado, trata-se de acusações graves e de tema sensível, o que justificaria a atribuição de um ônus significativo para a parte que alega corrupção. Por outro lado, atos de corrupção são sempre feitos à sorrateira e, se é difícil rastreá-los com todo o aparato disponível para a persecução penal, a dificuldade é ainda maior no âmbito de disputas internacionais (comerciais ou de investimento). Neste tópico lidaremos com tais problemas, explicando inicialmente a regra geral em relação ao ônus probatório das partes (subitem 2.2.1) e, em seguida, as circunstâncias nas quais a flexibilização dessa regra é possível, com foco em casos envolvendo alegações de corrupção (subitem 2.2.2). Analisaremos, ainda, alguns casos em que as alegações de corrupção foram rejeitadas porque a parte não se desincumbiu do seu ônus probatório (subitem 2.2.3), e outros nos quais tais alegações foram aceitas em razão de flexibilizações desse ônus (subitem 2.2.4).

2.2.1. A regra geral: *actori incumbit probatio*

A regra em procedimentos arbitrais é a ampla liberdade das partes e dos árbitros em relação à condução do procedimento, o que inclui as regras de ônus da prova que serão aplicadas na arbitragem, desde que normas cogentes sejam respeitadas. Com efeito, o artigo 19º da Lei Modelo da UNCITRAL[229] outorga aos árbitros ampla liberdade para conduzir o procedimento arbitral, desde que o contraditório, o devido processo legal e a vontade das partes sejam observados. Já o artigo 34 das Regras de Procedimento para Procedimentos Arbitrais (em inglês, *Rules of Pro-*

[229] Artigo 19 da Lei Modelo da UNCITRAL: "Artigo 19. Determinação de regras de procedimento (1) Nos termos das disposições desta Lei, as partes podem concordar com o procedimento a ser seguido pelo tribunal arbitral na condução dos procedimentos. (2) Na falta de acordo, o tribunal arbitral poderá, sujeito às disposições desta Lei, conduzir a arbitragem da maneira que considerar apropriada. O poder conferido ao tribunal arbitral inclui o poder de determinar a admissibilidade, relevância, materialidade e peso de qualquer evidência". De forma semelhante, o artigo 21º da Lei de Arbitragem Brasileira: "Art. 21. A arbitragem obedecerá ao procedimento estabelecido pelas partes na convenção de arbitragem, que poderá reportar-se às regras de um órgão arbitral institucional ou entidade especializada, facultando-se, ainda, às partes delegar ao próprio árbitro, ou ao tribunal arbitral, regular o procedimento".

cedure for Arbitration Proceedings[230]) da ICSID limita-se a determinar que "o Tribunal deve ser o juiz da admissibilidade de qualquer evidência apresentada e do seu valor probatório"[231], sem fixar normas específicas para o juízo que será realizado pelo tribunal[232].

No âmbito da liberdade que lhes é assegurada em relação à condução do procedimento arbitral, os árbitros com bastante frequência aplicam as *IBA Rules on the Taking of Evidence in International Arbitration* para questões relacionadas à produção de provas. Essa aplicação pode acontecer por expressa incorporação das *IBA Rules on the Taking of Evidence in International Arbitration* às regras da arbitragem no termo de arbitragem, o que costuma acontecer com a expressa concordância das partes, ou pela aplicação discricionária das regras pelos árbitros[233]. No primeiro caso,

[230] Disponível em: https://icsid.worldbank.org/en/Documents/icsiddocs/ICSID%20Convention%20English.pdf. Acesso em: 30 jul. 2020.

[231] Tradução livre: "The Tribunal shall be the judge of the admissibility of any evidence adduced and of its probative value".

[232] Considerando o padrão de liberdade conferido pelas legislações em geral, não nos prolongaremos em discussões acerca da legislação aplicável para questões procedimentais como o ônus da prova, apenas registraremos que, como se trata de uma questão procedimental, nos filiamos à corrente que defende ser aplicável a legislação da sede da arbitragem, salvo por arbitragens ICSID, que contém regime próprio. Veja-se, nesse sentido: Menaker, Andrea. Chapter 5: Proving Corruption in International Arbitration'. *In*: Baizeau, Domitille; Kreindle, Richard (ed). *Addressing issues of corruption in commercial and investment arbitration*. Países Baixos: Kluwer Law International, 2015, p. 77-102.

[233] O artigo 1º das *IBA Rules on the Taking of Evidence in International Arbitration* explica o seu escopo de aplicação: "1. Whenever the Parties have agreed or the Arbitral Tribunal has determined to apply the IBA Rules of Evidence, the Rules shall govern the taking of evidence, except to the extent that any specific provision of them may be found to be in conflict with any mandatory provision of law determined to be applicable to the case by the Parties or by the Arbitral Tribunal. 2. Where the Parties have agreed to apply the IBA Rules of Evidence, they shall be deemed to have agreed, in the absence of a contrary indication, to the version as current on the date of such agreement. 3. In case of conflict between any provisions of the IBA Rules of Evidence and the General Rules, the Arbitral Tribunal shall apply the IBA Rules of Evidence in the manner that it determines best in order to accomplish the purposes of both the General Rules and the IBA Rules of Evidence, unless the Parties agree to the contrary. 4. In the event of any dispute regarding the meaning of the IBA Rules of Evidence, the Arbitral Tribunal shall interpret them according to their purpose and in the manner most appropriate for the particular arbitration. 5. Insofar as the IBA Rules of Evidence and the General Rules are silent on any matter concerning the taking of evidence and the Parties have not agreed otherwise, the Arbitral Tribunal shall

o tribunal arbitral é vinculado à aplicação das normas em questão pela manifesta vontade das partes nesse sentido. Já no segundo caso, as *IBA Rules on the Taking of Evidence in International Arbitration* são consideradas *soft law*, podendo ou não ser aplicadas pelo tribunal arbitral.

A aplicação das *IBA Rules on the Taking of Evidence in International Arbitration*, seja de forma mandatória, seja como *soft law*, assegura que a condução do procedimento arbitral se dará nos termos de princípios e normas internacionalmente reconhecidas como justas e eficientes, atribuindo maior segurança à exequibilidade da sentença arbitral que será proferida[234]. Por essa razão, trata-se de um *approach* recomendado e aplicado em diversas arbitragens domésticas e internacionais.

conduct the taking of evidence as it deems appropriate, in accordance with the general principles of the IBA Rules of Evidence". Tradução livre: "1. Sempre que as partes tiverem combinado ou o tribunal arbitral tiver determinado a aplicação das Regras de Evidência da IBA, as Regras devem governar a produção de provas, exceto quando uma previsão específica pode ser considerada em conflito com qualquer norma cogente determinada como aplicável ao caso pelas partes ou pelo tribunal arbitral. 2. Onde as partes tiverem acordado em aplicar as Regras de Evidência da IBA, elas devem ser consideradas como tendo acordado, na ausência de qualquer evidência em contrário, com a versão válida na data em que tiverem realizado tal acordo. 3. No caso de conflito entre as Regras de Evidência da IBA e as Regras Gerais, o tribunal arbitral deve aplicar as Regras de Evidência da IBA da forma que determinar ser melhor para atender aos propósitos de ambas as Regras Gerais e as Regras de Evidência da IBA, a não ser que as partes concordem o contrário. 4. No evento de qualquer disputa sobre o significado das Regras de Evidência da IBA, o tribunal arbitral deve interpretá-las de acordo com o propósito e nos termos apropriados para a arbitragem em particular. Desde que as Regras de Evidência da IBA e as Regras Gerais sejam silentes em qualquer matéria sobre a produção de provas e as Partes não tiverem concordado com o contrário, o tribunal arbitral deve conduzir a produção das provas como considerar adequado, de acordo com princípios gerais das Regras de Evidência da IBA".

[234] Veja-se o preâmbulo das *IBA Rules on the Taking of Evidence in International Arbitration:* "Preamble 1. These IBA Rules on the Taking of Evidence in International Arbitration are intended to provide an efficient, economical and fair process for the taking of evidence in international arbitrations, particularly those between Parties from different legal traditions. They are designed to supplement the legal provisions and the institutional, ad hoc or other rules that apply to the conduct of the arbitration". Tradução livre: "Preâmbulo 1. Estas regras da IBA sobre a obtenção de evidências em arbitragem internacional têm como objetivo fornecer um processo eficiente, econômico e justo para a obtenção de evidências em arbitragens internacionais, particularmente aquelas entre as partes de diferentes tradições jurídicas. Eles são projetados para complementar as disposições legais e as regras institucionais, *ad hoc* ou outras aplicáveis à condução da arbitragem".

As regras de admissibilidade e ponderação das provas são previstas no artigo 9º das *IBA Rules on the Taking of Evidence in International Arbitration*. O artigo 9.1 estabelece que o tribunal arbitral "deve determinar a admissibilidade, relevância, materialidade e peso das provas". Os subitens seguintes deste artigo trazem regras sobre (a) admissibilidade das provas (artigo 9.2), (b) impedimentos legais e confidencialidade (artigos 9.3 e 9.4), (c) a realização de inferências negativas (artigos 9.5 e 9.6) e (d) a divisão dos custos da arbitragem (artigo 9.7).

As *IBA Rules on the Taking of Evidence in International Arbitration* e as Regras de Procedimento para Procedimentos Arbitrais da ICSID não estabelecem uma regra clara em relação à distribuição do ônus da prova. Quando não há circunstâncias especiais que justifiquem uma distribuição especial do ônus da prova, contudo, não há grande controvérsia sobre a regra geral de que a parte que alega um fato carrega o ônus de prová-lo (*actori incumbit probatio*)[235]. Essa regra é adotada por diversos sistemas processuais domésticos, incluindo o Brasil[236], por alguns regu-

[235] Guilherme Rizzo confirma se tratar da regra adotada em diversos procedimentos arbitrais, mesmo quando não há previsão específica nas normas aplicáveis à arbitragem: "that this is merely a general rule or a trend verified in several arbitral tribunals yet in few institutional rules". RIZZO, Guilherme. Burden of proof and adverse inferences in international arbitration: proposal for an inference chart. *Journal of International Arbitration*, fev. 2018. Tradução livre: "trata-se de uma tendência verificada em vários tribunais arbitrais, porém em poucas normas institucionais". No mesmo sentido: MENAKER, Andrea. Chapter 5: Proving Corruption in International Arbitration. *In*: BAIZEAU, Domitille; KREINDLE, Richard (ed.). *Addressing issues of corruption in commercial and investment arbitration*. Países Baixos: Kluwer Law International, 2015, p. 77-102.

[236] Artigo 373 do Código de Processo Civil Brasileiro: "Art. 373. O ônus da prova incumbe: I – ao autor, quanto ao fato constitutivo de seu direito; II – ao réu, quanto à existência de fato impeditivo, modificativo ou extintivo do direito do autor. § 1º Nos casos previstos em lei ou diante de peculiaridades da causa relacionadas à impossibilidade ou à excessiva dificuldade de cumprir o encargo nos termos do *caput* ou à maior facilidade de obtenção da prova do fato contrário, poderá o juiz atribuir o ônus da prova de modo diverso, desde que o faça por decisão fundamentada, caso em que deverá dar à parte a oportunidade de se desincumbir do ônus que lhe foi atribuído. § 2º A decisão prevista no § 1º deste artigo não pode gerar situação em que a desincumbência do encargo pela parte seja impossível ou excessivamente difícil. § 3º A distribuição diversa do ônus da prova também pode ocorrer por convenção das partes, salvo quando: I – recair sobre direito indisponível da parte; II – tornar excessivamente difícil a uma parte o exercício do direito. § 4º A convenção de que trata o § 3º pode ser celebrada antes ou durante o processo".

lamentos de arbitragem, como o Regulamento da UNCITRAL (artigo 27), além de ter sido aplicada por diversos tribunais arbitrais, inclusive ao analisar questões de corrupção, conforme veremos nos casos comentados a seguir.

Sobre a aplicação da regra *actiori incumbit probatio* em arbitragens envolvendo alegações de corrupção, comentário de Andrea Menaker:

> The tribunal in *Metal-Tech v. Uzbekistan* observed, in fact, that "[t]he principle that each party has the burden of proving the facts on which it relies is widely recognized and applied by international courts and tribunals," and "[t]he International Court of Justice as well as arbitral tribunals constituted under the ICSID Convention and under the NAFTA have characterized this rule as a general principle of law." Commentators also have found that this is "[t]he practice of nearly all international arbitral tribunals," and "is depicted by some authors as a principle of 'transnational public policy[237].

No mesmo sentido, especificamente sobre arbitragens de investimento, Aloysius Llamzon e Anthony Charles Sinclair argumentam:

> Following the maxim onus probandi incumbit actori, the prevailing principle is that each party has the burden of proving the facts on which it relies. (135) When investor wrongdoing is pled as a defense, the burden would fall on the host State; for investors seeking to prove host State wrongdoing (e.g., fraud by public officials against a bidding investor, or cor-

[237] Menaker, Andrea. Chapter 5: Proving Corruption in International Arbitration. *In*: Baizeau, Domitille; Kreindle, Richard (ed.). *Addressing issues of corruption in commercial and investment arbitration*. Países Baixos: Kluwer Law International, 2015, p. 77-102. Tradução livre: "O tribunal do Metal-Tech/Uzbequistão observou, de fato, que o princípio de que cada parte tem o ônus de provar os fatos em que se baseia é amplamente reconhecido e aplicado pelos tribunais e tribunais internacionais e a Corte Internacional de Justiça, bem como os tribunais arbitrais constituídos pela Convenção ICSID e pelo NAFTA, caracterizaram essa regra como um princípio geral de direito'. Os comentaristas também descobriram que esta é "a prática de quase todos os tribunais arbitrais internacionais e é descrita por alguns autores como um princípio de política pública transnacional". No mesmo sentido: Liebsher, Christopher; Haugeneder, Florian. Chapter V: investment arbitration – corruption and investment arbitration: substantive standards and proof. *In*: Klausegger, Christian *et al*. *Australian Arbitration Yearbook 2009*. Países Baixos: Kluwer Law International, 2009, p. 545.

rupt solicitation or extortion by the host State's public officials), the investor would bear the burden. The procedural rules applied by international courts and tribunals recognize this rule widely, (136) and tribunals consistently confirm this in the case law, including in cases of investor wrongdoing[238].

Michel Hwang e Kevin Lim explicam que, para além da regra geral de que a parte que aduz os fatos tem a obrigação de prová-los, tribunais arbitrais que julgam alegações de corrupção teriam a tendência de elevar "a régua" aplicável em relação a este ônus, tendo em vista a seriedade das alegações feitas. Os autores trazem um estudo realizado por Antonio Crivellaro, que revelaria a tendência à aplicação de critérios mais rigorosos para o ônus da prova no que tange às alegações de corrupção por tribunais arbitrais, em que pese a dificuldade de comprovação das alegações. Segundo este estudo, entre 25 casos analisados, apenas 1 teria aplicado um critério "baixo" de ônus da prova, 10 teriam aplicado critérios padrão e 14 teriam aplicado critérios de ônus da prova mais duros, ao exigir "prova clara", "prova certa", "prova conclusiva" ou "prova clara e convincente" acerca das alegações de corrupção[239].

Florian Haugeneder e Christopher Liebscher ponderam, contudo, que mesmo os casos que aparentemente estabelecem um ônus da prova significativo ao utilizar expressões como "prova clara e inequívoca", ou prova "além da dúvida razoável" (*beyond reasonble doubt*), não afastam a

[238] Sinclair, Anthony; Llamzon, Aloysius. Investor wrongdoing in investment arbitration: standards governing issues of corruption, fraud, misrepresentation and other investor misconduct. *In*: Van Den Berg, Albert Jan (ed.) *Legitimacy*: myths, realities, challenges, ICCA Congress Series, v. 18. Países Baixos: Kluwer Law International, 2015, p. 484. Tradução livre: "Seguindo a máxima *onus probandi incumbit actori*, o princípio prevalecente é que cada parte tem o ônus de provar os fatos em que se apóia. (135) Quando as irregularidades dos investidores são consideradas uma defesa, o ônus recairia sobre o Estado anfitrião; para investidores que buscam provar irregularidades do Estado anfitrião (por exemplo, fraude de funcionários públicos contra um investidor licitante ou solicitação ou extorsão corrupta pelos funcionários públicos do Estado anfitrião), o investidor arcaria com o ônus. As regras processuais aplicadas pelos tribunais e tribunais internacionais reconhecem essa regra amplamente (136) e os tribunais confirmam isso consistentemente na jurisprudência, inclusive nos casos de irregularidades cometidas por investidores".

[239] Hwang, Michel; Lim, Kevin. Corruption in arbitration – law and reality. *In*: *Asian international arbitration journal*, v. 8. Países Baixos: Kluwer Law International, 2012, p. 24.

possibilidade de a corrupção ser comprovada por meio de evidências circunstanciais, desde que existam elementos suficientes para os árbitros se convencerem de que os atos de corrupção foram praticados:

> It is recognized that circumstantial evidence may be sufficient to establish corruption. Some arbitral tribunals add to this that circumstantial evidence must be "clear" or indices of corruption must be "serious". Rather than being an expression of a higher standard, these decisions seem to indicate that circumstantial evidence, because of its nature, requires a multitude of indices which allow one to conclude that corruption is established. Some indices for corruption may, of course, be given more or less weight than others in the circumstances of each case, and no rigid rules may be stated in this respect[240].

Michel Hwang e Kevin Lim criticam a utilização de critérios probatórios duros, principalmente em razão da dificuldade de se produzir provas sobre atos de corrupção. Segundo os autores, a utilização de parâmetros muito altos para comprovar as alegações acabaria por premiar os agentes corruptos, que conhecem a dificuldade natural de se comprovar atos ilegais praticados na surdina.

Partilhamos dessa visão. Considerando-se a dificuldade em provar atos de corrupção, que por natureza são praticados "às escondidas" (dificuldade que se revela verdadeira inclusive para aqueles que podem se valer de todo o aparato disponível para a persecução penal) não nos parece razoável estabelecer um ônus da prova ainda maior do que aquele que recai sobre quaisquer outros argumentos das partes. Não há justificativa para se exigir "evidência clara e inequívoca" ou "prova con-

[240] LIEBSHER, Christopher; HAUGENEDER, Florian. Chapter V: investment arbitration – corruption and investment arbitration: substantive standards and proof. *In*: KLAUSEGGER, Christian *et al.* Australian Arbitration Yearbook 2009. Países Baixos: Kluwer Law International, 2009, p. 554. Tradução livre: "Reconhece-se que evidências circunstanciais podem ser suficientes para estabelecer corrupção. Alguns tribunais arbitrais acrescentam que as evidências circunstanciais devem ser 'claras' ou que os índices de corrupção devem ser 'sérios'. Em vez de serem uma expressão de um padrão mais alto, essas decisões parecem indicar que a evidência circunstancial, devido à sua natureza, requer uma infinidade de índices que permitem concluir que a corrupção está estabelecida. É claro que alguns índices de corrupção podem ter mais ou menos peso do que outros nas circunstâncias de cada caso, e nenhuma regra rígida pode ser declarada a esse respeito".

clusiva" sobre os fatos, quando provas circunstanciais inconclusivas já são suficientes para convencer o tribunal arbitral sobre a sua ocorrência.

2.2.2. A inversão do ônus da prova, as inferências negativas e o peso das provas produzidas em casos de corrupção

Existem exceções à regra geral de que a parte que aduz os fatos tem o ônus de comprová-los, relacionadas à boa-fé esperada das partes em relação à comprovação dos fatos levados ao conhecimento do tribunal arbitral. É de interesse de todos que o tribunal arbitral possua os elementos necessários para proferir uma decisão correta e completa, de maneira que a parte que tem melhor capacidade de produzir determinadas provas deve produzi-las, mesmo que para desconstruir argumentos fáticos deduzidos pela parte contrária, mas não comprovados por ela de forma satisfatória. Se não fosse assim, a parte que aduz os fatos, mas não tem à disposição os elementos de prova, seria impedida pela parte contrária de arguir seu próprio caso.

Sobre a obrigação das partes de produzir as provas à disposição acerca dos fatos *sub judice*, Jeffrey Waincymer opina, com fundamento em decisões proferidas por tribunais arbitrais:

> A number of cases and commentators have supported a general mutual duty. Hanotiau considers that 'the parties in dispute should co-operate in the presentation of the truth by producing all the elements of evidence which they have in their possession'. (17) As noted, the IBA Rules of Evidence 2010 declare that each party shall act in good faith as to the taking of evidence. (18) An ICC tribunal has also commented that the parties have a duty to cooperate in good faith in the taking of evidence. (19) In William A Parker (USA) v. United Mexican States, the Mexico-US Claims Commission said that: it is the duty of the respective Agencies to cooperate in searching out and presenting to this tribunal all facts throwing any light on the merits of the claim presented. The Commission denies the 'right' of the respondent merely to wait in silence in cases where it is reasonable that it should speak[241].

[241] Waincymer, Jeffrey. *Procedure and evidence in international arbitration.* Países Baixos: Kluwer Law International, 2012, p. 825-884. Tradução livre: "Vários casos e comentaristas apoiam um dever mútuo geral. Hanotiau considera que as partes em disputa devem cooperar na apresentação da verdade, produzindo todos os elementos de evidência que possuem

Refletindo a regra de que as partes devem produzir as provas ao seu alcance, o artigo 3.3(b) das *IBA Rules on the Taking of Evidence in International Arbitration* estabelece que a parte pode pedir ao tribunal arbitral que ordene à contraparte apresentar os documentos relevantes para o caso quando tais documentos não estão na custódia de quem requer a sua produção.

Caso a parte deixe de apresentar os documentos em sua posse referentes aos fatos narrados na arbitragem, diversos remédios podem ser aplicados pelo tribunal arbitral, incluindo a realização de inferências negativas em razão da não apresentação dos documentos e a inversão do ônus da prova[242].

em seu poder. (17) Conforme observado, as Regras de Evidência da IBA 2010 declaram que cada parte deve agir de boa-fé em relação à obtenção de provas. (18) Um tribunal do TPI também comentou que as partes têm o dever de cooperar de boa-fé na obtenção de provas. (19) Em William A Parker (EUA) contra Estados Unidos Mexicanos, a Comissão de Reivindicações México-EUA afirmou: é dever das respectivas agências cooperar na busca e apresentação a este tribunal de todos os fatos que atentem para os fatos referentes ao mérito da reivindicação apresentada. A Comissão nega o 'direito' do entrevistado apenas de esperar em silêncio nos casos em que seja razoável que ele fale".

[242] Nesse sentido, a opinião de Horvath J. Günther: "However, in cases where a party has refused to produce damaging evidence, the production of which has been ordered by an arbitrator, it would not be fair for the arbitrator to simply proceed with the issuing of the award without considering such evidence. This would result in a tactical victory for the misbehaving party. A more appropriate reaction in these cases would be to make a negative inference concerning the withheld evidence and assume that the withheld evidence would be damaging to the withholding party's case. Drawing a negative inference in such a situation is expressly provided by some arbitral rules. Negative inferences are also a constructive remedy where there is evidence that a witness has been intimidated by the opposing party". HORVATH, Günther J. Guerrilla tactics in arbitration, an ethical battle: is there need for a universal code of ethics? *In*: HORVATH, Günther; WILSKE, Stephan. *Guerrilla tactics in international arbitration*. 2. ed. Países Baixos: Kluwer Law International, 2013, p. 297-313. Tradução livre: "No entanto, nos casos em que uma parte se recusou a produzir evidências prejudiciais, cuja produção foi ordenada por um árbitro, não seria justo que o árbitro simplesmente prosseguisse com a emissão da sentença sem considerar essa evidência. Isso resultaria em uma vitória tática para o partido que se comportasse mal. Uma reação mais apropriada nesses casos seria fazer uma inferência negativa em relação à evidência retida e assumir que a evidência retida seria prejudicial ao caso da parte retida. Traçar uma inferência negativa em tal situação é expressamente fornecida por algumas regras arbitrais. Inferências negativas também são um remédio construtivo quando existem evidências de que uma testemunha foi intimidada pela parte contrária".

A inversão do ônus da prova implica em uma alteração da regra segundo a qual a parte que aduz os fatos tem a obrigação de prová-los, de maneira que passam a se presumir verdadeiras as alegações feitas por um lado, a não ser que o outro lado prove que não o são. Já a inferência negativa é diferente, na medida em que consiste na realização de deduções lógicas a partir da recusa e/ou da escolha da parte de não apresentar determinadas provas, concluindo-se que elas seriam contrárias ao seu interesse.

Destaca-se que, para parte da doutrina, a inversão do ônus da prova nunca é possível. Isso porque a parte que aduz um fato sempre carrega o ônus de prová-lo, o que não impediria o tribunal arbitral de dar um peso maior para algumas evidências em razão da eventual recusa da outra parte de se defender. O que mudaria, assim, não seria o ônus probatório em si, mas o peso que o tribunal arbitral pode dar às provas, *ab initio*, inconclusivas, ao ponderar os meios probatórios disponíveis às partes e o seu comportamento no tribunal arbitral[243]. Não se trataria, portanto, de uma questão apenas de ônus da prova, mas sim da força atribuída à prova produzida pela parte que carrega o ônus, que pode ser maior ou menor dependendo das circunstâncias do caso concreto[244].

[243] MENAKER, Andrea. Chapter 5: Proving Corruption in International Arbitration. *In*: BAIZEAU, Domitille; KREINDLE, Richard (ed.). *Addressing issues of corruption in commercial and investment arbitration*. Países Baixos: Kluwer Law International, 2015, p. 77-110. No caso Apotex *vs*. USA (Caso ICSID no. ARB (AF)/12/1, j. 25-10-2004), o tribunal arbitral adotou um entendimento ligeiramente diferente, defendendo que o ônus da prova recai, como regra, sobre a parte que alega os fatos, mas quando há provas suficientes de um lado, é possível dizer que o outro passa a ter o ônus de responder adequadamente.

[244] Sobre a diferença entre ônus da prova e peso das provas produzidas, Andre Menaker: "The authors of *Phipson on Evidence* explain that "the phrase 'burden of proof' is used to describe the duty which lies on one or other of the parties, either to establish a case or to establish the facts upon a particular issue," whereas "the phrase 'standard of proof' is used to describe the degree to which the proof must be established." The tribunal in *Rompetrol v Romania*, an ICSID case that arose under the Netherlands-Romania bilateral investment treaty ("BIT"), likewise commented that "the burden of proof defines which party has to prove what, in order for its case to prevail," whereas "the standard of proof defines how much evidence is needed to establish either an individual issue or the party's case as a whole". MENAKER, Andrea. Chapter 5: Proving Corruption in International Arbitration'. *In*: BAIZEAU, Domitille; KREINDLE, Richard (ed). *Addressing issues of corruption in commercial and investment arbitration*. Países Baixos: Kluwer Law International, 2015, p. 77-102. Tradução livre: "Os autores de *Phipson on Evidence* explicam que 'a frase 'ônus da prova' é usada para

Para outra parte da doutrina, ainda, tendo em vista a gravidade das acusações feitas em casos envolvendo corrupção, a inversão do ônus da prova não seria aceitável ou compatível com o direito a um julgamento justo[245]. Mesmo para esta corrente, contudo, a realização de inferências negativas a partir da recusa da parte em cooperar seria possível, sem que a inversão do ônus propriamente dita ocorresse.

Seja como for, a conclusão é a mesma: um elemento que pode ser considerado pelo tribunal arbitral ao avaliar alegações de corrupção é a habilidade da própria parte acusada em produzir provas responsivas aos atos que lhe são imputados, refutando as acusações que lhe são feitas. Se, podendo produzi-las, a parte acusada de atos de corrupção não o faz, entendemos que o tribunal arbitral deve realizar as inferências negativas cabíveis ou atribuir uma força maior a provas que em outras circunstâncias poderiam ser consideradas inconclusivas, considerando comprovadas as alegações de corrupção com fundamento nessas provas, desde que suficientes para formar o convencimento do tribunal arbitral de que os atos de corrupção aconteceram. Isso porque alegações de corrupção são reconhecidamente de difícil comprovação, o que enaltece a importância de uma alocação proporcional e adequada das regras de ônus da prova[246].

Em outras palavras, tendo em vista a dificuldade natural de se comprovar atos de corrupção – seja porque, em regra, são maquiados sob

escrever o dever que recai sobre uma parte ou a outra, ou para estabelecer o seu caso ou os fatos de uma questão particular', enquanto 'a frase 'critério da prova' é usada para descrever o grau pelo qual a prova deve ser estabelecida'. O tribunal em *Rompetrol vs. Romania*, um caso ICSID surgido nos termos do tratado bilateral de investimento ("BIT") entre Holanda e România, de forma semelhante, comentou que 'o ônus da prova define qual parte tem que provar o que', enquanto 'o critério da prova define quanta evidência é necessária para estabelecer uma questão individual ou todo o caso da parte".

245 MOURRE, Alexis. *Arbitration and criminal law*: reflections on the duties of the arbitrator. Arbitration International. Londres, v. 22, 2006.

246 MILLS, Karen. Corruption and other illegality in the formation and performance of contracts and in the conduct of arbitration relating thereto. *In*: VAN DEN BERG, Albert. *ICCA Congress Series n. 11*. Haia: Kluwer Law International, 2003, p. 228; LAMM, Carolyn *et al. Fraud and corruption in international arbitration*. Madrid: Wolters Kluwer España, 2010, p. 668-701; PARTASIDES, Constantine. Proving corruption in international arbitration: a balanced standard for the real world. *In*: *ICSID Review Foreign Investment Law Journal* v. 25, 2010, p. 47.

uma aparência de legalidade para evitar sanções penais, seja porque a parte "acusadora" muitas vezes não participou dos atos em si – o tribunal arbitral deve ponderar os meios de prova disponíveis à parte acusadora e acusada, de maneira a estabelecer um ônus probatório adequado e proporcional para cada uma delas, sem desonerar a parte "acusadora" de produzir ao menos as provas que estão ao seu alcance e de estabelecer um quadro fático-probatório mínimo acerca das acusações que lhe são feitas.

A inversão do ônus da prova, a realização de inferências negativas e a atribuição de um peso maior a evidências *ab initio* inconclusivas, ressalta-se, devem acontecer apenas quando a parte "acusadora" produz as provas que estavam ao seu alcance, de maneira a evidenciar um cenário suficientemente convincente sobre as alegações de corrupção[247]. Em outras palavras, para que o tribunal arbitral possa fazer inferências negativas ou atribuir um peso maior para evidências inconclusivas, é preciso que a parte "acusadora" produza um lastro probatório razoável acerca dos atos de corrupção, no âmbito das provas que estão à sua disposição.

Isso significa que o tribunal arbitral precisa aplicar dois testes ao se deparar com alegações de corrupção. O primeiro deles é avaliar se a parte "acusadora" produziu todas as provas a seu alcance, desincumbindo-se do ônus que lhe cabia. O segundo teste consiste em avaliar se tais provas são suficientes para embasar as acusações feitas, de maneira a justificar a inversão do ônus da prova, a atribuição de um peso maior às provas já produzidas, ou a realização de inferências negativas a partir de falhas da parte contrária em rebater as acusações[248].

[247] MENAKER, Andrea. Chapter 5: Proving Corruption in International Arbitration. *In*: BAIZEAU, Domitille; KREINDLE, Richard (ed.). *Addressing issues of corruption in commercial and investment arbitration*. Países Baixos: Kluwer Law International, 2015, p. 77-102; MOURRE, Alexis. *Arbitration and criminal law*: reflections on the duties of the arbitrator. Arbitration International. Londres, v. 22, 2006.

[248] Entre as provas inconclusivas que podem ser produzidas, destacamos que há um esforço da comunidade internacional para estabelecer algumas circunstâncias que, se presentes, devem ser consideradas uma "bandeira vermelha" (*red flag*) acerca da prática de corrupção. Falaremos sobre tais circunstâncias adiante, ao ponderarmos as consequências legais das alegações de corrupção em situações específicas. Sobre a possibilidade das *red flags* ensejarem uma flexibilização do ônus da prova, Aloysius Llamzon: "These "red flags" and similar indicia of corruption can be conceived as potential forms of circumstantial evidence that, once established, can lead to a shifting of the burden of proof, requiring the rebut-

O primeiro teste se justifica na medida em que o tribunal arbitral precisa ter o máximo de elementos possíveis para realizar o teste seguinte, de ponderação. Se a parte falha em se desincumbir do ônus probatório que estava ao seu alcance, não pode esperar do tribunal arbitral uma avaliação de probabilidade pautada em provas incompletas, ponderando-se aqui, novamente, a gravidade das acusações que são feitas.

O segundo teste se justifica também na gravidade das acusações realizadas, que não podem ser acatadas caso não seja possível ao tribunal arbitral extrair conclusões razoavelmente seguras pelas provas produzidas na arbitragem, que precisam no mínimo indicar indícios concretos, mesmo que inconclusivos, acerca da prática dos atos de corrupção. É preciso, portanto, que o tribunal esteja convencido de que mesmo faltando alguns elementos, aqueles que estão colocados, atrelados ao comportamento da parte "acusada", são suficientes para formar seu livre convencimento acerca da prática dos atos de corrupção. Ao nosso ver, basta, portanto, que o tribunal se sinta convencido quanto à prática dos atos em razão das provas[249] produzidas e do comportamento das partes

tal of allegations by evidence to the contrary, failing which certain inferences and conclusions might be drawn. Indeed, circumstantial evidence, particularly when direct evidence of corruption is unavailable, is increasingly, albeit cautiously, accepted as a tool to evaluate allegations of corruption by arbitral tribunals." LLAMAZON, Aloysius. *Corruption in international investment arbitration.* Reino Unido: Oxford International, 2014, p. 228.
Tradução livre: "Essas "bandeiras vermelhas" e indícios semelhantes de corrupção podem ser concebidos como formas potenciais de evidências circunstanciais que, uma vez estabelecidas, podem levar a uma alteração no ônus da prova, exigindo a refutação das alegações por evidências em contrário, sem as quais certas inferências e conclusões podem ser tiradas. De fato, as evidências circunstanciais, particularmente quando as evidências diretas de corrupção não estão disponíveis, são cada vez mais, ainda que de forma cautelosa, aceitas como uma ferramenta para avaliar alegações de corrupção por tribunais arbitrais".

[249] Abdulhay Sayed destaca que o tribunal arbitral não deve hesitar em usar a sua discricionariedade para pesar adequadamente as provas produzidas e alocar o ônus da prova de forma proporcional, combatendo a prática dos atos ilegais e moralmente reprováveis: "In this particular moment, at the intersection between the law and the fact, as well as between intentions and actions, the arbitrator who is aware of his duties to the parties (morality of duty), must not be shy to exercise discretion to the fullest extent possible. In particular, he or she must not shy away from exercising that discretion with an aspiration to "certain ideals of international justice and morality". In the face of facts, which stir personal repulsion because they suggest that corruption might have tainted intentions or

no procedimento arbitral, mesmo quando não há prova absoluta, clara e inequívoca quanto à prática de corrupção.

Para determinar se as provas produzidas são "suficientes", Michel Hwang e Kevin Lim propõem a realização de um teste de probabilidade. A proposta é que o tribunal arbitral determine se, diante das evidências concretas colocadas perante ele, é mais provável que aquele ato de corrupção tenha sido praticado do que não[250-251]. O teste de probabilidade proposto por Michel Hwang e Kevin Lim implica em uma flexibilização que, segundo os autores, se justifica como um contraponto à baixa probabilidade de a parte "vítima" de corrupção conseguir produzir provas completas, claras e conclusivas acerca dos fatos narrados[252].

actions, an arbitrator must not hesitate to exercise discretion in the choice of the relevant facts to investigate and the relevant rules of evidence, so as to ensure the application of an adequate reprobation". Tradução livre: "Nesse momento específico, na interseção entre a lei e o fato, bem como entre intenções e ações, o árbitro que está ciente de seus deveres para com as partes (moralidade do dever), não deve ter vergonha de exercer sua discricionariedade na maior extensão possível. Em particular, ele ou ela não deve deixar de exercer essa discricionariedade com uma aspiração a 'certos ideais de justiça e moralidade internacionais'. Em face dos fatos, que provocam repulsa pessoal porque sugerem que a corrupção pode ter intenções ou ações contaminadas, um árbitro não deve hesitar em exercer discrição na escolha dos fatos relevantes a serem investigados e das regras de evidência relevantes, a fim de garantir a aplicação de uma reprovação adequada". SAYED, Abdulhay. *Corruption in international trade and commercial arbitration.* Países Baixos: Kluwer Law International, 2004.

250 HWANG, Michel; LIM, Kevin. Corruption in arbitration – law and reality. *In: Asian international arbitration journal*, v. 8. Países Baixos: Kluwer Law International, 2012, p. 30.

251 Florian Haugeneder e Christoph Liebscher explicam que tal "balanço de probabilidades" é comum em países de *common law*, enquanto países de *civil law* costumam estabelecer um ônus mas significante, que exige basicamente que a balança penda mais para o lado da probabilidade de que os atos realmente aconteceram, não bastando ser "mais provável que sim do que não". LIEBSHER, Christopher; HAUGENEDER, Florian. Chapter V: investment arbitration – corruption and investment arbitration: substantive standards and proof. *In*: KLAUSEGGER, Christian *et al. Australian Arbitration Yearbook 2009.* Países Baixos: Kluwer Law International, 2009, p. 554.

252 Os autores referem-se, aqui, ao Estado, como vítima das ações de seus próprios agentes corruptos. Embora disputas entre particulares envolvendo alegações de corrupção tenham um contexto diferente, em que nenhuma das partes é a vítima direta, aquela que não participou dos atos de corrupção também terá dificuldade para comprová-los, o que justificaria a flexibilização do ônus da prova.

Os autores explicam que "sob a rubrica dessa flexibilidade repousa o critério de balanço das probabilidades, que permite ao tribunal considerar evidências circunstanciais e fazer inferências negativas ao determinar se a corrupção foi comprovada".

Tal balanço de probabilidades, ao nosso ver, vai um pouco além do que defendemos e do que vem sendo aplicado por tribunais arbitrais. Não basta que o tribunal entenda ser mais provável que os atos aconteceram do que o contrário[253]. É preciso que ele esteja convencido de que há elementos suficientes indicando que os fatos narrados pela parte "acusadora" aconteceram, em razão das provas produzidas (mesmo que inconclusivas) e das deduções lógicas realizadas em virtude do comportamento da parte "acusada" de corrupção (refutações genéricas, resistência quanto à produção de provas responsivas, etc.).

Por exemplo, o tribunal arbitral poderá entender que é mais provável um contrato pactuado com um Estado sabidamente corrupto ter sido obtido por meio da prática de corrupção. Isso, por si só, não poderia ser suficiente para que alegações de corrupção fossem acatadas em uma arbitragem. Por outro lado, se a parte que alega a prática de corrupção traz outros elementos de prova além da corrupção sistêmica do país, que permitem ao tribunal arbitral se convencer de que os fatos narrados de fato ocorreram (como, por exemplo, testemunhas que os corroboram), daí sim é possível, a partir de provas inicialmente inconclusivas, acatar as alegações.

Trata-se, portanto, de um exercício de convencimento. Se o tribunal está diante de um quebra-cabeça em que ele sabe para o que está olhando, mesmo que algumas peças estejam faltando, ele não deve hesitar em fazer as deduções lógicas cabíveis apenas porque a acusação de corrupção é séria. Isso desde que, retomando o primeiro teste, algumas peças não estejam faltando por culpa da própria parte que alega corrupção.

Comentaremos alguns casos envolvendo alegações de corrupção em que considerações foram feitas acerca do ônus da prova e do peso das provas produzidas, procurando identificar os critérios que permitiram a flexibilização do ônus da prova, a realização de inferências negativas e

[253] HWANG, Michel; LIM, Kevin. Corruption in arbitration – law and reality. *In*: *Asian international arbitration journal*, v. 8. Países Baixos: Kluwer Law International, 2012, p. 30.

a atribuição de um peso maior ou menor a provas inconclusivas produzidas no âmbito do procedimento arbitral. Começaremos descrevendo casos que instituíram um ônus mais significativo às partes alegando corrupção e passaremos em seguida aos casos em que houve alguma forma de flexibilização, ponderando porque as alegações falharam em cada um dos casos, ou porque foram bem-sucedidas.

2.2.2.1. Casos concretos em que a parte não se desincumbiu do ônus da prova em relação às alegações de corrupção

No caso CCI 13384, que já comentamos neste trabalho, o árbitro único adotou parâmetros bastante rígidos quanto à comprovação das alegações de corrupção. Neste caso, apesar da parte que trouxe as alegações de corrupção ter levado ao conhecimento do árbitro único indícios acerca do pagamento de subornos por um intermediário (valor desproporcional, forma suspeita de pagamento, etc.), o tribunal arbitral rejeitou o pedido de nulidade do contrato pela prática de corrupção, pois alegações de corrupção "por sua natureza [...] requerem para sua aplicação uma atenção muito cuidadosa aos fatos, de acordo com um princípio que ordena sua interpretação restritiva"; é necessário que as provas sejam avaliadas "de acordo com um padrão alto de ônus da prova"[254].

O caso ICC 7047[255] é também um exemplo em que o tribunal arbitral rejeitou alegações de corrupção em razão da insuficiência das provas produzidas. Trata-se de arbitragem com sede em Geneva (Suíça) instaurada por uma sociedade privada em face de uma agência estatal e de um banco (ambos os requeridos constituídos sob as leis do Estado Y), com fundamento em um contrato de consultoria firmado entre a sociedade, a agência estatal e o banco (na qualidade de garantidor). O contrato de consultoria previa que a sociedade em questão faria o intermédio entre a

[254] Tradução livre: "by their nature [...] require for their application very careful attention to the facts in accordance with a principle which commands their restrictive interpretation," and "must be ascertained according to a high standard of proof". MENAKER, Andrea. Chapter 5: Proving Corruption in International Arbitration. *In*: BAIZEAU, Domitille; KREINDLE, Richard (ed.). *Addressing issues of corruption in commercial and investment arbitration*. Países Baixos: Kluwer Law International, 2015, p. 84.

[255] Caso CCI 7047 ASA Bull. 1995 at 301 et seq. Disponível em: https://www.trans-lex.org/207047//icc-award-no-7047-asa-bull-1995-at-301-et-seq/. Acesso em: 15 jun. 2020.

agência estatal e o Estado Z, de maneira a auxiliar a agência estatal com a venda de armamentos para este Estado.

Após a assinatura do contrato de consultoria, a agência estatal alegou ter descoberto a existência de uma circular que proibia a utilização de intermediários para contratação com o Estado Z e, com fundamento na circular, notificou a sociedade acerca da resolução do contrato de consultoria. Ocorre que o intermediário já tinha obtido um contrato com o Estado Z para a agência estatal, que inclusive já havia vendido os armamentos, utilizados em guerra pelo Estado Z.

A sociedade particular, então, começou a arbitragem contra a agência estatal e o banco, para cobrar a sua comissão. Uma das defesas dos requeridos na arbitragem foi a de que as comissões seriam usadas para o pagamento de propinas e, por essa razão, seu pagamento seria ilegal. O tribunal arbitral decidiu que os requeridos não cumpriram com o ônus que lhes incumbia para provar as alegações de corrupção, tendo inclusive se abstido de fazer as perguntas necessárias para as testemunhas que compareceram em audiência. Em relação ao ônus da prova, o tribunal arbitral registrou:

> The majority also holds that bribery renders an agreement invalid. In arbitration proceedings, however, bribery is a fact which has to be alleged and for which evidence has to be submitted, and at the same time constitutes a defence, nullifying the claims arising from a contract. The consequences of this are decisive. If a claimant asserts claims arising from a contract, and the defendant objects that the claimant's rights arising from the contract are null due to bribery, it is up to the defendant to present the fact of bribery and the pertaining evidence within the time limits allowed to him for presenting facts. The statement of facts and the burden of proof are therefore upon the defendant. The word "bribery" is clear and unmistakable. If the defendant does not use it in his presentation of facts an Arbitral Tribunal does not have to investigate. It is exclusively the parties' presentation of facts that decides in what direction the arbitral tribunal has to investigate, cf. Lionnet, Festschrift Ottoarndt Glossner, 1994, p. 209, 216 et seq. If the claimant's claim based on the contract is to be voided by the defence of bribery, the arbitral tribunal, as any state court, must be convinced that there is indeed a case of bribery. A mere "suspicion" by any member of the arbitral tribunal, communicated neither to the parties nor to the witnesses

during the phase to establish the facts of the case, is entirely insufficient to form such a conviction of the Arbitral Tribunal[256].

Ao decidir com fundamento especialmente na deficiência do caso construído pela parte que alegava a corrupção, o tribunal arbitral, ao nosso ver, aplicou o primeiro filtro sugerido no subitem anterior deste livro. Não tendo a parte se desincumbido ao menos do ônus que lhe cabia de produzir as provas ao seu alcance, na medida em que sequer endereçou perguntas sobre os atos de corrupção para as testemunhas pertinentes, não poderia ela se beneficiar de eventual flexibilização da regra do ônus da prova.

O mesmo aconteceu no caso *EDF Services Ltd vs. Romania*. Neste caso, um investidor estrangeiro (a EDF Services) alegou que um oficial da Romênia teria pedido propina em duas circunstâncias diferentes, uma em um estacionamento de um hotel e uma na residência privada de um secretário de Estado, violando assim obrigações constantes no Tratado Bilateral Romênia-Reino Unido. Mas, como provar que as conversas informais e privadas relatadas pelo investidor realmente aconteceram? Havia apenas dois depoimentos: um do investidor, que acusava o oficial, e outro do oficial, negando as acusações. O tribunal arbitral, apesar de

[256] Tradução livre: "A maioria também sustenta que o suborno torna um contrato inválido. Nos procedimentos de arbitragem, no entanto, o suborno é um fato que deve ser alegado e para o qual devem ser apresentadas provas e, ao mesmo tempo, constitui uma defesa, anulando as reivindicações decorrentes de um contrato. As consequências disso são decisivas. Se um reclamante alegar reclamações decorrentes de um contrato e o réu objetar que os direitos do reclamante decorrentes do contrato são nulos devido a suborno, cabe ao réu apresentar o fato de suborno e as evidências pertinentes dentro dos prazos permitidos. A declaração dos fatos e o ônus da prova estão, portanto, sobre o réu. A palavra 'suborno' é clara e inconfundível. Se o réu não o utiliza na apresentação de fatos, o tribunal arbitral não precisa investigar. É exclusivamente a apresentação de fatos pelas partes que decide em que direção o tribunal arbitral deve investigar, cf. Lionnet, Festschrift Ottoarndt Glossner, 1994, p. 209, 216 e segs. Se a reivindicação do reclamante com base no contrato for anulada pela defesa de suborno, o tribunal arbitral, como qualquer tribunal estadual, deve estar convencido de que há realmente um caso de suborno. Uma mera 'suspeita' por qualquer membro do tribunal arbitral, comunicada nem às partes nem às testemunhas durante a fase para apurar os fatos do caso, é totalmente insuficiente para formar tal condenação do tribunal arbitral". Caso CCI 7047 ASA Bull. 1995, at 301 et seq. Disponível em: https://www.trans-lex.org/207047/_/icc-award-no-7047-asa-bull-1995-at-301-et-seq/. Acesso em: 15 jun. 2020.

observar que corrupção "é algo notoriamente difícil de ser provado, já que, tipicamente, envolve pouca ou nenhuma evidência documental", acabou decidindo que, por se tratar de uma acusação muito grave, é necessário haver "evidência clara e convincente" para substanciar uma condenação, rejeitando assim os pedidos do investidor[257].

Ao rejeitar o pedido, o tribunal arbitral no caso *EDF Services Ltd vs. Romania* deixou claro que o investidor não tinha se desincumbido do seu próprio ônus probatório, já que o depoimento da sua única testemunha sobre os atos de corrupção estava repleto de contradições. Ou seja, por mais que o tribunal arbitral tenha escrito em suas razões que seria necessária "evidência clara e convincente" acerca dos atos de corrupção, as alegações da EDF foram rejeitadas porque a EDF não se desincumbiu sequer do ônus que lhe cabia de produzir evidências convincentes, mesmo que inconclusivas, sobre os atos de corrupção narrados. A EDF, portanto, também falhou no primeiro teste proposto acima por não ter fornecido ao tribunal arbitral elementos mínimos que lhe permitissem realizar inferências negativas sobre as alegações de corrupção.

O tribunal arbitral constituído pela primeira vez[258] no caso *Hilmarton vs. Omnium de Traitment et de Laorisation*[259], que já analisamos sob a perspectiva da ação anulatória e da homologação das sentenças arbitrais, afirmou que seria necessária a apresentação de provas que comprovassem os atos de corrupção "além da dúvida razoável", o que não teria acontecido, apesar de alguns documentos fazerem referência a pagamentos que teriam sido realizados pelo intermediário para autoridades locais[260]. O tribunal arbitral pontuou também ser "necessário que um conjunto suficiente de evidências indiretas seja coletado para permi-

[257] Hwang, Michel; Lim, Kevin. Corruption in arbitration – law and reality. *In*: *Asian international arbitration journal*, v. 8. Países Baixos: Kluwer Law International, 2012, p. 24.

[258] Lembrando que, após a anulação da sentença arbitral pelas cortes da sede da arbitragem, outra arbitragem foi instaurada e obteve resultado diametralmente oposto ao resultado da primeira sentença arbitral, cujo conteúdo abordamos neste parágrafo.

[259] Van Den Berg, Albert. *Yearbook of Commercial Arbitration*. v. 19. Haia: Kluwer Law International, 1994, p. 216-220.

[260] Liebsher, Christopher; Haugeneder, Florian. Chapter V: investment arbitration – corruption and investment arbitration: substantive standards and proof. *In*: Klausegger, Christian *et al. Australian Arbitration Yearbook 2009*. Países Baixos: Kluwer Law International, 2009, p. 554.

tir que o juiz baseie sua decisão em algo mais que fatos prováveis, isto é, fatos que não foram comprovados"[261].

Trata-se de um caso, portanto, em que o tribunal arbitral, de fato, optou pela aplicação de um ônus significativo da prova para a parte que trouxe as alegações de corrupção, mas a ação anulatória (e toda a confusão que a ela se sucedeu) mostram que a escolha, *data venia* ao tribunal arbitral, não foi das melhores. Com efeito, o tribunal arbitral constituído após a anulação da sentença adotou uma postura diferente, concluindo que os elementos probatórios eram suficientes para que os árbitros formassem seu livre conhecimento acerca da corrupção praticada pelo intermediário.

No caso ICC 7047 a parte "acusadora" também não se desincumbiu do ônus de produzir ao menos as provas ao seu alcance, de maneira a dar ao tribunal arbitral um substrato probatório mínimo que pudesse ser sobrepesado com eventual falha da parte contrária em produzir provas responsivas. Neste caso, relembre-se, o tribunal arbitral criticou expressamente o fato de não terem sido realizadas perguntas sobre os atos de corrupção para as testemunhas, enaltecendo a falha da parte "acusadora" em cumprir com o seu ônus probatório. Trata-se, portanto, de mais um caso em que a parte falhou no primeiro teste proposto neste trabalho.

No caso *Jan Oostergetel and Theodora Laurentius vs. The Slovak Republic*[262], um tribunal arbitral UNCITRAL constituído para decidir uma disputa fundada no BIT Holanda-Eslováquia confirmou a aplicação da *lex arbitri* para definir questões de ônus da prova, além de confirmar que a *actiori incumbat probation* é um princípio legal internacional que deve ser aplicado para alegações de corrupção:

[261] Original: "it is necessary that a sufficient ensemble of indirect evidence be collected to allow the judge to base his decision on something more than likely facts, i.e., facts which have not been proven". MENAKER, Andrea. Chapter 5: Proving Corruption in International Arbitration. *In*: BAIZEAU, Domitille; KREINDLE, Richard (ed). *Addressing issues of corruption in commercial and investment arbitration*. Países Baixos: Kluwer Law International, 2015, p. 84. Tradução livre: "é necessário que um conjunto suficiente de evidências indiretas seja coletado para permitir que o juiz baseie sua decisão em algo mais que fatos prováveis, isto é, fatos que não foram comprovados".

[262] *Jan Oostergetel and Theodora Laurentius vs. The Slovak Republic*. Caso UNCITRAL j. 23-04-2012. Disponível em: https://www.italaw.com/cases/1222. Acesso em: 30 jul. 2020.

> While the general principle *actiori incumbat probatio* pertains to procedure, governed here by Swiss international arbitration law as the law of the seat, the rules establishing presumptions or shifting the burden of proof under certain circumstances, or drawing the inferences from a lack of proof are generally deemed to be part of the lex causae. In the present case, the lex causae is essentially the BIT, and as the case may be, the laws specified in its Article 8. The BIT itself provides no rules shifting the burden of proof or establishing presumptions. Since the claims brought in this arbitration seek to establish the responsibility of a State for breach of the latter's international obligations, it appears appropriate to apply international law to the burden of proof, more particularly the last category of legal sources listed in the BIT's choice of law clause, i.e. general principles of international Law. Hence, the Tribunal will apply the general principle of actori incumbat probatio and consider that the Claimants must adduce evidence of the facts on which they base their claims to succeed. International arbitration is not an inquisitorial system where the Tribunal establishes the facts for a denunciating party, nor a system where it is sufficient to make a prima facie case relying on the opponent to rebut that case[263].

O caso em questão, vale explicar, versava sobre a suposta expropriação do investimento de um investidor estrangeiro (holandês) na Eslováquia. O investidor adquiriu aproximadamente 40% das cotas de uma

[263] Tradução livre: "Embora o princípio geral *action incumbat probatio* se refira ao procedimento, regido aqui pela lei internacional da arbitragem suíça como a lei da sede, as regras que estabelecem presunções ou deslocam o ônus da prova sob certas circunstâncias ou extraem as inferências da falta de prova são geralmente consideradas parte da *lex causae*. No presente caso, a *lex causae* é essencialmente o BIT, e, conforme o caso, as leis especificadas em seu artigo 8º. O BIT em si não fornece regras que mudem o ônus da prova ou estabeleçam pressupostos. Como as reivindicações apresentadas nesta arbitragem buscam estabelecer a responsabilidade de um Estado pelo descumprimento das obrigações internacionais deste, parece apropriado aplicar o direito internacional ao ônus da prova, mais particularmente a última categoria de fontes legais listadas na escolha do BIT na cláusula referente à lei, ou seja, princípios gerais do direito internacional. Portanto, o Tribunal aplicará o princípio geral de *actori incumbat probatio* e considerará que os requerentes devem apresentar provas dos fatos nos quais fundamentam suas reivindicações para obter êxito. A arbitragem internacional não é um sistema inquisitorial em que o Tribunal estabelece os fatos para uma parte denunciadora, nem um sistema em que seja suficiente fazer um caso *prima facie* confiando no oponente para refutá-lo".

sociedade recém privatizada na Eslováquia, que pouco tempo depois foi forçada a pedir falência, entre outros motivos, em razão da cobrança de impostos pelo governo. O investidor alegou que o procedimento de falência foi conduzido de forma ilegal, inclusive alegando fraude e corrupção, de maneira a favorecer a "máfia financeira" da Eslováquia, que ao final teria adquirido o controle da sociedade. O tribunal arbitral entendeu que o requerente não produziu provas demonstrando que as cortes judiciais da Eslováquia teriam agido de forma ilegal, sob influência da chamada "máfia financeira" e, por esse e outros motivos[264], rejeitou os pedidos do investidor.

O investidor estrangeiro que teceu as alegações de corrupção até tentou, no caso concreto, requerer a inversão do ônus da prova para a Eslovênia, que teria, segundo tal investidor, melhores chances de produzir provas acerca das alegações. O tribunal arbitral decidiu que não havia evidências mínimas aptas a autorizar essa alteração, que implicaria em uma presunção de corrupção pelos oficiais eslovenos e instituiria sobre a Eslovênia a obrigação de produzir provas negativas, o que não poderia ser aceito.

No caso *Waguih Elie George Siag and Clorinda Vecchi vs. Arab Republic of Egypt*[265], o tribunal arbitral ICSID decidiu não apenas que o primeiro filtro sugerido neste trabalho não fora satisfeito, como também que o investidor teria produzido provas robustas para afastar as ilegalidades que lhe eram imputadas. Nesta arbitragem de investimento, o Egito alegou que o requerente, um investidor estrangeiro, teria obtido a nacionalidade libanesa (que lhe permitiria recorrer à ICSID) por meio de fraude, subornando funcionários da embaixada libanesa no Cairo. O tribunal arbitral, na decisão, pontuou que o Egito mudou a linha de argumentação diversas vezes durante o procedimento arbitral, o que demonstraria inconsistência[266] e, após analisar as provas produzidas pelo

[264] O tribunal arbitral também decidiu que o Estado não poderia ser responsabilizado por atos do *trustee* e da suposta máfia e que não teria havido expropriação nos termos do BIT aplicável ao caso.

[265] *Waguih Elie George Siag and Clorinda Vecchi vs. Arab Republic of Egypt*. Caso ICSID n. ARB/05/15, j. 1-06-2009.

[266] O Egito primeiro alegou que os documentos de nacionalidade libanesa do investidor eram falsos, depois que teriam sido obtidos em razão do pagamento de suborno, depois

Egito[267], concluiu que elas não constituíam evidência suficiente acerca dos fatos imputados ao investidor. O tribunal arbitral também registrou que as provas produzidas pelo investidor estrangeiro no caso, principalmente a robusta prova testemunhal, foram ponderadas em sua decisão, de maneira que não existia, no caso concreto, qualquer justificativa plausível para a inversão do ônus da prova ou para a realização de inferências negativas. Por fim, o tribunal arbitral pontuou que, nessas circunstâncias, a flexibilização do ônus da prova "tornaria quase impossível para a parte supostamente fraudulenta se defender, o que violaria o devido processo legal"[268].

O mesmo aconteceu no Caso ICC 4145[269]. A questão envolvia uma companhia de construção asiática (requerida) e um estabelecimento do Estado X (localizado no Oriente Médio) (requerente), contratado para promover os interesses da construtora perante autoridades governamentais locais. A construtora, então, participou de uma licitação no Estado X para a construção de prédios para serviços sociais e, ao final, foi premiada como vencedora, com um projeto de valor aproximado de USD 374 milhões.

Imediatamente após o resultado da licitação, a construtora enviou ao intermediário USD 50 milhões, como compensação pelos serviços prestados. O intermediário alega que, depois disso, ajudou a construtora a negociar extensões dos contratos com o Estado X; já a construtora, após conseguir as extensões, se recusou a pagar valores adicionais ao intermediário, que começou a arbitragem ICC para cobrar a construtora.

No âmbito do procedimento arbitral, a construtora alegou que o contrato com o intermediário compreendia o suborno de funcionários do Estado X, ou que houve abuso pelo intermediário, que teria praticado o suborno. As evidências que embasavam as alegações de corrupção

de novo que houve fraude e que os documentos fraudulentos teriam sido autenticados por descuido de funcionários da embaixada.

267 Ausência de assinatura do investidor em alguns documentos, a ausência de provas sobre a presença do investidor no Líbano, supostas inconsistências nos documentos e o pagamento de aproximadamente USD 5 mil (cinco mil dólares) para obter ajuda com a nacionalidade.

268 *Waguih Elie George Siag and Clorinda Vecchi vs. Arab Republic of Egypt*. Caso ICSID n. ARB/05/15, j. 1-06-2009, p. 92.

269 Caso ICC n. 4145, j. 1987.

consistiam no valor significativo da comissão que já havia sido paga ao intermediário e na ausência de comprovação quanto a alguns dos serviços descritos no contrato. Já o intermediário apresentou o depoimento de uma testemunha que refutou categoricamente as alegações de corrupção e garantiu que o projeto era supervisionado pelo Banco Mundial. Nessas circunstâncias, apesar de afirmar que atos de corrupção podem ser comprovados por evidências circunstanciais (*circunstantial evidence*), desde que tais evidências apontem para uma alta probabilidade de os atos terem sidos praticados, o tribunal arbitral rejeitou os argumentos da construtora, afirmando que "teria sido uma empreitada muito perigosa" subornar todos aqueles que deveriam se corromper para que os resultados desejados fossem alcançados[270].

Salvo pela primeira decisão descrita neste tópico, os casos acima demonstram que apesar de os tribunais arbitrais se referirem com frequência a ônus significativos quando se trata da comprovação de alegações de corrupção, a verdade é que o que causou a rejeição dos pedidos, na maioria das vezes, foram as deficiências na construção do quadro fático probatório pela própria parte que alegava corrupção.

Em outras palavras, antes mesmo de passar à análise concreta sobre o critério de ônus da prova que deveria ser aplicado aos casos de corrupção, os tribunais parecem ter se convencido, em razão das falhas na argumentação da parte que alegava corrupção, que tais alegações não mereciam prosperar. Entenderam, portanto, que a parte que trouxe as alegações de corrupção não se desincumbiu sequer do ônus de construir, com os elementos que tinha à disposição, um quadro fático-probatório que permitisse a realização de inferências negativas, a inversão do ônus da prova, a atribuição de um peso maior a provas e circunstâncias inconclusivas, etc.

A lição que retiramos dessa análise, portanto, é a de que a parte que acusa a outra de cometer atos de corrupção em uma arbitragem deve ser diligente para se desincumbir do ônus de produzir todas as provas ao seu alcance, em especial provas testemunhais, que em mais de um caso

[270] LIEBSHER, Christopher; HAUGENEDER, Florian. Chapter V: investment arbitration – corruption and investment arbitration: substantive standards and proof. *In*: KLAUSEGGER, Christian *et al. Australian Arbitration Yearbook 2009*. Países Baixos: Kluwer Law International, 2009, p. 554.

ganharam protagonismo nas decisões. Uma parte que produz provas razoáveis, que poderiam ser tidas, contudo, como inconclusivas, pode se beneficiar de falhas da parte contrária em responder adequadamente às alegações, o que efetivamente aconteceu nos casos a serem descritos a seguir.

2.2.2.2. Casos concretos envolvendo alegações de corrupção em que houve a flexibilização do ônus da prova

No caso ICC n. 3916 (1982), a inversão do ônus da prova e a realização de inferências negativas ditaram o resultado da sentença arbitral em uma demanda envolvendo corrupção. O tribunal arbitral encarou a recusa do requerido, após provocação do tribunal arbitral, em revelar documentos relativos aos atos praticados para conseguir uma contratação com o governo iraniano como uma prova de que estava ocultando a prática de atos de corrupção[271].

O mesmo aconteceu no caso ICC 6497[272] no qual o tribunal arbitral decidiu que a parte alegando corrupção teria produzido provas relevantes, mas não conclusivas, sobre a ilegalidade de um dos contratos objeto da disputa, mas as falhas da parte acusada em refutar as alegações confirmavam que houve a prática de corrupção, conforme revela um trecho da sentença arbitral:

> The "alleging Party" may bring some relevant evidence for its allegations, without these elements being really conclusive. In such case, the arbitral tribunal may exceptionally request the other party to bring some

[271] Caso ICC n. 3916, j. 1982. Disponível em: https://www.trans-lex.org/203916/mark_960000/icc-award-no-3916-coll-icc-arb-awards-1982-507-et-seq/. Acesso em: 2 jul. 2020.

[272] Caso ICC n. 6497, j. 1994. *In*: Van Den Berg, Albert. *Yearbook of Commercial Arbitration*. Haia: Kluwer Law International, 1999, p. 71-73; Menaker, Andrea. Chapter 5: Proving Corruption in International Arbitration. *In*: Baizeau, Domitille; Kreindle, Richard (ed.). *Addressing issues of corruption in commercial and investment arbitration*. Países Baixos: Kluwer Law International, 2015, p. 77-102. Alexis Mourre, em comentário ao caso, defende que não houve inversão do ônus da prova, mas somente a inferência negativa dos atos da parte que se recusou a cooperar com o procedimento. Mourre, Alexis. *Arbitration and criminal law*: reflections on the duties of the arbitrator. Arbitration International. Londres, v. 22, 2006. Seja como for, o resultado prático final foi que a sentença arbitral se pautou não nas provas produzidas pela parte "acusadora", mas nas provas não produzidas pela parte "acusada" para determinar que houve a prática de corrupção.

counter-evidence, if such task is possible and not too burdensome. If the other party does not bring such counter-evidence, the arbitral tribunal may conclude that the facts alleged are proven. However, such change in the burden of proof is only to be made in special circumstances and for very good reasons[273].

No caso em questão, o tribunal arbitral rejeitou as alegações de corrupção para a maioria dos contratos de consultoria que eram objeto de disputa. Para um deles, contudo, o tribunal arbitral entendeu que as circunstâncias eram questionáveis, tendo em vista o valor inflado da comissão prevista, a ausência de descrição quanto aos serviços que seriam prestados e o depoimento "confuso e contraditório" que o representante comercial da empresa acusada de corrupção prestou na arbitragem. Estes fatores, atrelados à ausência de apresentação de provas refutando as alegações de corrupção, levaram o tribunal a concluir que havia uma "alta probabilidade de o objeto do Contrato X ser o suborno de oficiais no país X" e que "tal probabilidade é alta o suficiente para o tribunal arbitral concluir que o Contrato é nulo e ineficaz pela lei Suíça"[274].

No Caso CCI 12990[275], que também versava sobre a legalidade de contrato de consultoria, o tribunal arbitral considerou suspeito que o requerente não tenha conseguido documentar na arbitragem a sua atuação nos três meses em que negociou a venda de uma quantidade alta de petróleo do requerido para o Estado Z, o que, atrelado ao alto valor das comissões devidas ao requerente (cerca de 25% dos *royalties* devidos ao requerido), à prática endêmica de corrupção no país em que o contrato foi executado e à condenação de executivos do requerente pelas

[273] Van Den Berg, Albert. *Yearbook of Commercial Arbitration*. Haia: Kluwer Law International, 1999, p. 71-73. Tradução livre: "A Parte que alegou pode trazer algumas evidências relevantes para suas alegações, sem que esses elementos sejam realmente conclusivos. Nesse caso, o tribunal arbitral pode excepcionalmente solicitar que a outra parte traga algumas contraprovas, se tal tarefa for possível e não for muito onerosa. Se a outra parte não apresentar essa contraprova, o tribunal arbitral poderá concluir que os fatos alegados foram comprovados. No entanto, essa alteração no ônus da prova deve ser feita apenas em circunstâncias especiais e por muito boas razões".

[274] Caso ICC n. 6497, j. 1994. *Yearbook of Commercial Arbitration*. Haia: Kluwer Law International, 1999, p. 71-73.

[275] Caso ICC n. 12990, j. dez. 2005.

cortes locais (exatamente pela prática de corrupção), levou o tribunal a concluir que o contrato envolveu o pagamento de propina para agentes estatais e, portanto, seria nulo[276].

No caso *Metal-Tech vs. Uzbequistão*[277] também houve a flexibilização do ônus da prova pelo tribunal arbitral. Neste caso, uma companhia israelita entrou em uma *joint venture* com duas entidades estatais do governo do Uzbequistão (a Almalik Mining Metallurgy Combinate e a Uzbek Refractory and Resistant Metals Integrated Plant), para construir e operar plantas de produtos de molibdênio no Uzbequistão, constituindo para tanto a sociedade Uzmetal Technology. Após alguns anos, a Almalik Mining Metallurgy Combinate (dona da única mina de molibdênio no Uzbequistão) rescindiu o contrato de fornecimento de matéria-prima para a Uzmetal Technology, inviabilizando a atividade da sociedade e forçando-a a pedir falência. No procedimento de falência, a Metal-Tech não foi considerada um credor e acabou perdendo todo o seu investimento na *joint venture*.

A Metal-Tech, então, deu início a uma arbitragem nos termos do BIT firmado entre Israel e os Uzbequistão, alegando a expropriação do seu investimento. Em paralelo, iniciaram-se investigações criminais no Uzbequistão para apurar subornos pagos pela Metal-Tech para funcionários do governo do Uzbequistão. Durante a audiência do procedimento arbitral, ficou evidenciado que a Metal-Tech firmou um contrato com um intermediário para conseguir os investimentos no Uzbequistão, que previa a prática de *lobby* e o pagamento de USD 4 milhões (quatro milhões de dólares) em compensação pelos serviços (o que superaria até mesmo a contribuição da Metal-Tech para entrar na *joint venture*). A Metal-Tech, por outro lado, mesmo após provocação do tribunal arbitral, não produziu evidências responsivas atestando a legalidade dos seus atos.

Nesse cenário, o tribunal arbitral decidiu que as evidências apresentadas eram suficientes para mostrar "razoável certeza" de que os investimentos não teriam sido realizados legalmente no Uzbequistão.

[276] MENAKER, Andrea. Chapter 5: Proving Corruption in International Arbitration. *In*: BAIZEAU, Domitille; KREINDLE, Richard (ed.). *Addressing issues of corruption in commercial and investment arbitration*. Países Baixos: Kluwer Law International, 2015, p. 81.

[277] Caso ICSID n. ARB/10/353, j. 21 out. 2015.

A decisão se pautou principalmente no fato de que "apesar dos pedidos repetidos de informações do Tribunal e do dever de cada parte de cooperar de boa-fé em questões processuais, a Metal-Tech não conseguiu estabelecer que os consultores executassem quaisquer serviços legítimos no momento do estabelecimento do investimento"[278].

Comprovadas as alegações de corrupção, o tribunal arbitral decidiu que o BIT relevante não compreendia investimentos realizados de forma ilegal, o que significaria que o tribunal arbitral não tinha jurisdição para resolver a disputa.

A lição que retiramos dos casos explicados neste item é a de que não é prudente que uma parte se defenda de alegações de corrupção em arbitragens internacionais apenas com negativas genéricas ou com o silêncio[279]. Exatamente por alegações de corrupção serem bastante graves, espera-se que a parte acusada utilize seus melhores esforços para refutá-las e para levar ao conhecimento do tribunal arbitral todos os elementos probatórios disponíveis para provar sua inocência, evitando resultados inesperados pautados no seu silêncio, em especial (mas não só) quando há indícios suficientes quanto à alegação de corrupção. Por mais que alguns tribunais arbitrais tenham optado por aplicar critérios mais rígidos ao avaliar se a parte "acusadora" se desincumbiu do seu ônus, outros seguiram um caminho diverso, não sendo prudente confiar que os critérios mais rigorosos vão ser aplicados.

De forma bastante simples, se a parte "acusadora" consegue colocar diante do tribunal arbitral um quebra-cabeça faltando algumas peças, e a parte contrária falha em trazer à tona as peças faltantes, ao seu alcance, o tribunal arbitral pode muito bem entender que as falhas desta parte estão relacionadas ao receio de que a figura final do quebra-cabeça não

[278] Original: The Tribunal relied, among other things, on the fact that despite the Tribunal's repeated requests for information and each party's duty to cooperate in procedural matters in good faith, Metal-Tech was unable to establish that the consultants performed any legitimate services at the time of the establishment of the investment. POPOVA, Ina; PRAGNER, Dietmar. *Metal-Tech Ltd. vs. The Republic of Uzbekistan (Award)*, ICSID Case n. ARB/10/3, 4 October 2013. Países Baixos: Kluwer Law International, 2013.

[279] MENAKER, Andrea. Chapter 5: Proving Corruption in International Arbitration. *In*: BAIZEAU, Domitille; KREINDLE, Richard (ed.). *Addressing issues of corruption in commercial and investment arbitration*. Países Baixos: Kluwer Law International, 2015, p. 82.

lhe favoreça, optando pela condenação mesmo sem ter o quebra-cabeça completo, com base nesta presunção.

O fato de o tribunal arbitral ter o poder de inverter o ônus da prova e realizar inferências negativas, e ter efetivamente se valido deste poder nos casos acima, nos quais havia um lastro probatório mínimo acerca da prática de corrupção, traz o benefício de fazer com que as partes documentem com mais cautela e cuidado atos que podem ser considerados suspeitos, para que possam apresentar provas robustas se acusadas de praticar atos ilegais, contribuindo para que atuem dentro dos limites da lei e da moral, de forma transparente, potencializando o combate à corrupção.

2.3. A investigação de atos de corrupção *sua ponte* pelo tribunal arbitral

Explicamos nos tópicos acima que o tribunal arbitral tem, em regra, discricionariedade na condução do procedimento arbitral, inclusive em relação à condução da instrução probatória e à alocação do ônus da prova. Partindo dessa premissa, nossa opinião é a de que o tribunal arbitral pode assumir uma postura ativa em relação à investigação de atos de corrupção que possam impactar a solução do litígio, independentemente da provocação das partes nesse sentido.

Não defendemos aqui que o tribunal arbitral inicie uma persecução penal, mas apenas que tome uma postura ativa ao determinar a produção de provas essenciais para o deslinde da disputa, de maneira a assegurar que a sentença arbitral englobe a análise de todos os fatos necessários à solução correta do litígio, desde que entenda que há indícios suficientes para justificar a atuação inquisitiva[280].

Conforme explicamos, questões de ordem pública ignoradas pelo tribunal arbitral, como atos de corrupção relacionados à matéria submetida à arbitragem, mesmo que não arguidas pelas partes, poderiam ser posteriormente levadas para a apreciação de cortes locais, no âmbito de ações anulatórias ou de homologação/execução de sentenças arbitrais estrangeiras, podendo comprometer a validade e/ou exequibilidade das sentenças.

[280] Para tanto, o tribunal arbitral pode se valer da existência de uma ou mais circunstâncias elencadas como "suspeitas" (*red flags*), sobre as quais debatemos no tópico acima, ao discorrer sobre o ônus da prova.

Considerando-se o risco de invalidade ou de inexecutabilidade da sentença arbitral, diversos autores partilham da opinião de que é possível o tribunal arbitral investigar, *sua ponte*, indícios de corrupção surgidos no curso de um procedimento arbitral, sempre que a corrupção puder impactar na solução que será dada à disputa. Nesse sentido, a opinião de Domitille Baizeau e Tessa Hayes:

> From a moral and political perspective, it has been submitted that arbitrators have a "public responsibility to the administration of justice", which goes hand in hand with the autonomy accorded to them by national courts; that states and companies alike today are making efforts to eliminate corruption, and arbitrators can and should best support those efforts by being proactive; and that, since ineffective judiciaries are a root cause of the tenacity of corruption, the interests of the international arbitration community itself are served by actively assisting in anti-corruption efforts, rather than being seen as weak and complicit in corruption. (57)
>
> These macro-level arguments are convincing, but there are also more immediate concerns at a case-specific level that weigh in favour of sua sponte corruption enquiries.
>
> First, the arbitral tribunal has a duty to render an enforceable award, meaning one that does not violate public policy (as corruption does). (58) While case law suggests that, realistically, a reviewing court is unlikely to overturn an award because the tribunal has failed to investigate or find corruption, (59) the enforceability of the award remains a fundamental guiding principle for arbitrators[281].

[281] MENAKER, Andrea. Chapter 5: Proving Corruption in International Arbitration. *In*: BAIZEAU, Domitille; KREINDLE, Richard (ed.). *Addressing issues of corruption in commercial and investment arbitration*. Países Baixos: Kluwer Law International, 2015, p. 225-265. Tradução livre: "De uma perspectiva moral e política, alegou-se que os árbitros têm uma responsabilidade pública perante a administração da justiça", que anda de mãos dadas com a autonomia que lhes é conferida pelos tribunais nacionais; que estados e empresas hoje estão fazendo esforços para eliminar a corrupção, e os árbitros podem e devem apoiar melhor esses esforços sendo proativos; e que, como os judiciários ineficazes são a causa raiz da tenacidade da corrupção, os interesses da própria comunidade internacional de arbitragem são atendidos ao apoiar ativamente os esforços anticorrupção, em vez de serem vistos como fracos e cúmplices da corrupção. (57) Esses argumentos no nível macro são convincentes, mas também existem preocupações mais imediatas em um nível específico do caso que pesam a favor das investigações de corrupção da sua sponte. Primeiro, o tribunal arbi-

Na mesma linha, as considerações de Aloysius Llamzon e Anthony Charles Sinclair:

> the position today is that the international arbitrator has a clear duty to address issues of bribery, money laundering or serious fraud whenever they arise in the arbitration and whatever the wishes of the parties and to record its legal and factual conclusions in its award. This is the only course available to protect the enforceability of the award and the integrity of the institution of international commercial arbitration[282].

Ao adotar a postura investigativa, Katherine Kessedjian afirma que os árbitros estariam cumprindo seu dever moral de combater violações à ordem pública transnacional:

> Arbitrators, as major actors in society, must be aware and alert and must recognize the cases in which fundamental norms are at stake. They must do their job in calling the parties' attention to the problem and asking them to discuss it fully. It would be a disservice to the parties, to the arbitration

tral tem o dever de emitir uma sentença executória, ou seja, uma que não viole a ordem pública (como quando há corrupção). Embora a jurisprudência sugira que, realisticamente, é improvável que um tribunal de revisão anule uma sentença porque o tribunal falhou em investigar ou encontrar corrupção, (59) a exequibilidade da sentença permanece um princípio orientador fundamental para os árbitros. No mesmo sentido: HWANG, Michel; LIM, Kevin. Corruption in arbitration – law and reality. *In*: *Asian international arbitration journal*, v. 8. Países Baixos: Kluwer Law International, 2012, p. 17; KESSEDJIAN, Catherine. Transnational public policy. *In*: VAN DEN BERG, Albert Ian. *International Arbitration 2006*: back to basics? Países Baixos: Kluwer Law International, 2007, p. 863; ARMESTO, Juan Fernandez. Chapter 11: The effects of a positive finding of corruption. *In*: BAIZEAU, Domitille; KREINDLER Richard (ed.). *Addressing issues of corruption in commercial and investment arbitration, dossiers of the ICC institute of world business law*. Países Baixos: Kluwer Law International, 2015, p. 167-174.

282 SINCLAIR, Anthony; LLAMZON, Aloysius. Investor wrongdoing in investment arbitration: standards governing issues of corruption, fraud, misrepresentation and other investor misconduct. *In*: VAN DEN BERG, Albert Jan (ed.) *Legitimacy*: myths, realities, challenges, ICCA Congress Series, v. 18. Países Baixos: Kluwer Law International, 2003, p. 86. Tradução livre: "A posição hoje é que o árbitro internacional tem o claro dever de abordar questões de suborno, lavagem de dinheiro ou fraude grave sempre que surgirem na arbitragem, independentemente da vontade das partes, e registrar suas conclusões legais e factuais em sua sentença. Este é o único curso disponível para proteger a utilidade da sentença e a integridade da instituição da arbitragem comercial internacional".

process and to society at large to say that arbitrators can only look at issues which have been posed by the parties. By doing so, they would become accomplice to the grossest violations of transnational public policy and fuel the debate against arbitration that has already started. In the arbitration process as in all dispute resolution mechanisms, the tribunal is faced with facts, circumstances, documents, testimonies and it is for the parties and the arbitrators together to formulate the issues at stake[283].

No mesmo sentido, a opinião de Juan Fernandez-Armesto, para quem o tribunal arbitral "tem um dever de combater a corrupção" e "é obrigado a investigar" contratos que tenham por objeto ou envolvam a prática de corrupção, de maneira que se o conjunto probatório indicar que o negócio jurídico tem um propósito ilegítimo, o tribunal arbitral "deve declarar a sua nulidade *sua ponte* não sendo necessário pedido das partes"[284].

Embora alguns argumentem que o tribunal arbitral correria o risco, ao se manifestar sobre questões as quais não foi instado a se manifes-

[283] Kessedjian, Catherine. Transnational public policy. *In*: Van Den Berg, Albert Ian. *International Arbitration 2006*: back to basics? Países Baixos: Kluwer Law International, 2007, p. 863. Tradução livre: "Os árbitros, como atores fundamentais da sociedade, devem estar atentos e alertas e reconhecer os casos em que normas fundamentais estão em jogo. Eles devem fazer o seu trabalho chamando a atenção das partes para o problema e pedindo-lhes para discuti-lo completamente. Seria um desserviço para as partes, para o processo de arbitragem e para a sociedade em geral dizer que os árbitros podem apenas olhar para questões que foram colocadas pelas partes. Ao fazer isso, eles se tornariam cúmplices das violações mais grosseiras da ordem pública transnacional e alimentariam o debate contra a arbitragem já iniciada. No processo de arbitragem, como em todos os mecanismos de solução de controvérsias, o tribunal é confrontado com fatos, circunstâncias, documentos, testemunhos e cabe às partes e aos árbitros juntos formular as questões em jogo".

[284] Tradução livre: "Arbitrators have a duty to combat corruption. In many cases the parties who have entered into a contract providing for corruption will arduously deny the illegality; they will allege that the contract is not a sham, but that it remunerates properly performed activities. If there is suspicion that the contract may hide corrupt payments, arbitrators are bound to investigate (9). If they reach the conclusion that the contract is a sham, they must declare nullity sua sponte, no request from the parties being required. Armesto, Juan Fernandez. Chapter 11: The effects of a positive finding of corruption. *In*: Baizeau, Domitille; Kreindler Richard (ed.). *Addressing issues of corruption in commercial and investment arbitration, dossiers of the ICC institute of world business law*. Países Baixos: Kluwer Law International, 2015, p. 167-174.

tar, de extrapolar os poderes que lhe foram outorgados pela vontade das partes, tratando-se de matéria prejudicial àquela diretamente submetida à arbitragem, nos parece que o argumento é pouco persuasivo[285]. Ao submeter uma disputa à arbitragem, as partes outorgam ao árbitro jurisdição para aplicar a lei aos fatos, o que compreende reconhecer circunstâncias que, mesmo não trazidas diretamente pelas partes, demandam a aplicação de normas cogentes[286].

Fazemos, entretanto, uma ponderação. Conforme veremos nos capítulos seguintes, no âmbito das arbitragens comerciais, em algumas circunstâncias, os atos de corrupção podem causar a nulidade absoluta do negócio jurídico em disputa na arbitragem. Em outras, contudo, não há nulidade absoluta, mas relativa, dependendo do Estado se manifestar pleiteando a ilegalidade, já que pode ser de seu interesse, por exemplo, continuar vinculado ao contrato, submetendo ao tribunal arbitral apenas as disputas contatuais surgidas.

Nas hipóteses em que o remédio jurídico aplicável caso tenha havido corrupção seja a nulidade absoluta, prejudicial a qualquer matéria contratual levada a conhecimento do tribunal arbitral, a investigação *sua ponte* é, ao nosso ver, um dever do tribunal arbitral, desde que existam elementos fáticos probatórios mínimos para ensejar uma suspeita razoável acerca da existência de corrupção, o que irá variar conforme o caso concreto. Isso ganha especial relevância nos contratos de agência ou consultoria, em que, sendo pactuado com vistas à prática de corrup-

[285] Michel Kevin Lim Hwang explica que seria possível argumentar que ao lidar com uma questão não expressamente submetida à arbitragem, o tribunal arbitral estaria proferindo uma sentença *ultra petita*. Logo em seguida, contudo, o autor ressalta que se o ato de corrupção tem impacto nas questões submetidas à arbitragem, então ele também deve ser considerado implicitamente submetido à jurisdição do tribunal arbitral. O autor explica que os artigos 34(2) (a)(iii) e 36(1)(a)(iii) da Lei Modelo da Uncitral e art. V(1)(c) da Convenção de Nova York que preveem que sentenças arbitrais podem ser contestadas quando o tribunal arbitral considerou "divergência que não está prevista ou que não se enquadra nos termos da cláusula de submissão" e que esta disposição é interpretada de maneira bastante ampla e "pró-arbitragem", justificando assim a sua conclusão. HWANG, Michel; LIM, Kevin. Corruption in arbitration – law and reality. *In*: *Asian international arbitration journal*, v. 8. Países Baixos: Kluwer Law International, 2012, p. 16.

[286] Argumentar em sentido contrário seria o mesmo que negar o poder de tribunais arbitrais para reconhecer de ofício, por exemplo, a transcorrência de prazo prescricional para uma pretensão pleiteada em arbitragem.

ção, todas as partes envolvidas são consideradas delinquentes – não há "Estado-vítima" – de maneira que os envolvidos muitas vezes podem não ter o interesse de expor ao tribunal arbitral a prática do ilícito. Nestes casos, independentemente da provocação das partes, o tribunal arbitral deve, diante de suspeitas, provocar a produção das provas necessárias para avaliar a incidência de normas cogentes no caso concreto. A conclusão também se aplica para arbitragens de investimento, nas quais as alegações de corrupção podem afastar completamente as proteções asseguradas pelo direito internacional.

No caso Siemens *vs.* Argentina[287], por exemplo, após gastar milhões em uma arbitragem ICSID, a Siemens foi forçada a renunciar aos USD 218 milhões (duzentos e dezoito milhões de dólares) a que teria direito nos termos da sentença arbitral proferida, pois veio à tona que a companhia teria subornado funcionários públicos da Argentina ao realizar os seus investimentos no país. Trata-se de um cenário indesejado, no qual a sentença arbitral não teve qualquer utilidade, que poderia ter sido evitado com uma postura ativa dos árbitros caso houvesse na arbitragem indícios de corrupção.

Já nas arbitragens comerciais que versam sobre negócios jurídicos anuláveis por atos de corrupção entendemos que não cabe ao tribunal arbitral investigar *sua ponte* suspeitas de corrupção quando a parte interessada não pleitear expressamente a anulabilidade. Conforme explicaremos nos tópicos abaixo, a anulabilidade é um remédio que a parte prejudicada pelos atos de corrupção pode preferir não pleitear, por ser contra os seus interesses, circunstância em que a corrupção, mesmo que relacionada ao negócio jurídico objeto do procedimento arbitral, não terá qualquer impacto na solução que deve ser dada à disputa, não sendo justificável a investigação de ofício pelo tribunal arbitral.

2.4. O poder ou dever do tribunal arbitral de reportar atos de corrupção às autoridades competentes

Arbitragens envolvendo alegações de corrupção gravitam sempre, mesmo que indiretamente, em torno questões de interesse público, que extrapolam o interesse das partes. Isso porque mesmo quando o debate

[287] Siemens *vs.* Argentina. Caso ICSIDARB/02/8, j. fev. 2007. Disponível em: http://ita.law.uvic.ca/documents/Siemens-Argentina-Award.pdf. Acesso em: 30 jun. 2020.

se dá em torno de contrato firmado entre particulares, ou sobre a proteção de determinado investimento, se o objeto ou execução deste contrato ou investimento compreende o cometimento de crimes, há um interesse público de que tais crimes não sejam cometidos ou sejam sancionados adequadamente pelas autoridades competentes.

Ocorre que a confidencialidade das arbitragens comerciais muitas vezes dificulta o acesso destas autoridades às alegações e às provas de corrupção, contribuindo para que a arbitragem comercial se torne um ambiente propício para aqueles que procuram a tutela de direitos ilegais, sem o receio de que a busca pela tutela jurisdicional exponha atos ilícitos eventualmente praticados. Para abordar o assunto, explicaremos inicialmente como a confidencialidade funciona em procedimentos arbitrais comerciais (subcapítulo 2.4.1), para depois ponderarmos se os árbitros têm o direito ou o dever de reportar às autoridades competentes atos de corrupção que venham a ser revelados em procedimentos arbitrais confidenciais (subcapítulo 2.4.2).

As preocupações deste subcapítulo não se aplicam, registra-se, para arbitragens de investimento, que têm como padrão a transparência, além de sempre envolverem o Estado no qual onde o investimento foi realizado e onde, em todos os casos analisados neste trabalho, teriam sido praticados os atos de corrupção levados ao conhecimento dos tribunais arbitrais de investimento. Colocando de maneira bastante simples, não faz sentido debater o direito ou o dever dos árbitros de reportarem ao maquinário do próprio Estado que é parte da arbitragem os atos de corrupção de que tomam conhecimento, vez que já são conhecidos do "Estado-vítima", ao qual cabe tomar as providências necessárias contra seus agentes corruptos. Por derradeiro, as preocupações endereçadas abaixo também perdem sentido para arbitragens comerciais nas quais os "Estados-vítima" de corrupção fazem parte.

2.5. A denúncia de atos ilícitos como exceção à confidencialidade

A confidencialidade é entendida como a obrigação das partes e de outros envolvidos em procedimentos arbitrais de não revelar informações e documentos sobre a arbitragem para terceiros[288]. A confi-

[288] Born, Gary. *International arbitration*: cases and materials. 2. ed. Países Baixos: Kluwer Law International, 2014, p. 2.779-2.831.

dencialidade da arbitragem, vale dizer, não se confunde com a sua "privacidade", que significa que os atos da arbitragem não serão praticados em público, não terão publicidade; apenas os envolvidos participarão de audiências, receberão as comunicações procedimentais, manifestações, etc[289].

Em alguns sistemas legais, a confidencialidade é considerada inerente à arbitragem comercial, ou seja, mesmo quando as partes não escolhem direta (por meio do contrato) ou indiretamente (por meio da lei aplicável à disputa ou do regulamento de arbitragem) instituir a obrigação de confidencialidade, esta obrigação existe, como uma característica própria da arbitragem comercial, uma consequência natural da privacidade dos atos do procedimento. Um exemplo é a Inglaterra, em que as Cortes Inglesas já decidiram, em diversas oportunidades, que "a confidencialidade é uma característica inata da resolução privada de conflitos"[290].

Não é o entendimento das cortes inglesas, contudo, que prevalece. Para a maioria dos doutrinadores[291] e sistemas legais (como, por exemplo, os sistemas legais brasileiro, francês, estado-unidense, sueco, francês e americano), a obrigação de confidencialidade só existe quando as partes manifestam sua vontade nesse sentido, não sendo uma obrigação implícita inerente à escolha da arbitragem comercial como método para resolver a(s) sua(s) disputa(s). Destacamos, nesse sentido, registros de Michael Young e Simon Chapman, que não apenas criticam duramente o sistema inglês, como reforçam que ele encontrou poucos simpatizantes mundo afora:

[289] BORN, Gary. *International arbitration*: cases and materials. 2. ed. Países Baixos: Kluwer Law International, 2014, p. 2.779-2.831.

[290] Tradução livre: "Traditionally, the British courts held that confidentiality arose as an innate feature of private dispute settlement". SMEUREANU, Ileana. *Confidentiality in international commercial arbitration*. Países Baixos: Kluwer Law International, 2011, p. 27. A autora também cita como exemplo decisões de Singapura, que se referem ao *common law* para defender a confidencialidade dos procedimentos arbitrais.

[291] ABBUD, André de Albuquerque Cavalcanti. Confidencialidade *vs.* publicação de sentenças pelas câmaras arbitrais: das regras às condutas. *In*: VASCONCELOS, Ronaldo *et al.* (coord.); FOUCHARD, Philippe; GOLDMAN, Berthold. *Fouchard, Gaillard, Goldman on international commercial arbitration*. Kluwer Law International BV, 1999, p. 188; BORN, Gary. *International arbitration*: law and practice. Países Baixos: Kluwer Law International, 2012, p. 2.875.

> A review of the case-law suggests that the approach of the English courts has met with little sympathy elsewhere. In many jurisdictions, the national courts have found that confidentiality is not, in fact, a necessary corollary of privacy, nor is it an essential characteristic of the arbitral process. Moreover, in the opinion of a growing number of national courts, the suggestion that confidentiality should be imposed because that best serves the expectations of the parties does not stand up to scrutiny; if parties want the proceedings to be confidential, then they should provide for this in the arbitration agreement. [...] In our view, the English approach is not only unworkable, but it is also unsustainable. The experience of other jurisdictions suggests that the formulation of a universal rule of confidentiality is impossible and that it would better for this matter to be left to the discretion of individual parties. The benefits of a more relaxed approach have, to some extent, already been flagged in the *Bankers Trust* case[292].

Não nos prolongaremos acerca do embate, para não fugir do escopo deste trabalho, mas julgamos importante registrar que nos filiamos a este último entendimento, pois, ao nosso ver, a confidencialidade não é inerente à arbitragem; pelo contrário, estamos caminhando cada vez mais em direção à transparência e à flexibilização da confidencialidade mesmo quando há manifestação expressa das partes nesse sentido (por exemplo, por meio de iniciativas para publicação de sentenças arbitrais,

[292] YOUNG, Michael; CHAPMAN, Simon. Confidentiality in international arbitration: does the exception prove the rule? Where now for the implied duty of confidentiality under english law? *ASA Bulletin*, Association Suisse de l'Arbitrage, v. 27, p. 45-46. Tradução livre: "Uma análise da jurisprudência sugere que a abordagem dos tribunais ingleses encontrou pouca simpatia em outros lugares. Em muitas jurisdições, os tribunais nacionais consideraram que a confidencialidade não é, de fato, um corolário necessário da privacidade, nem é uma característica essencial do processo arbitral. Além disso, na opinião de um número crescente de cortes nacionais, a sugestão de que a confidencialidade deva ser imposta porque melhor atende às expectativas das partes não resiste ao escrutínio; se as partes desejarem que o processo seja confidencial, deverão prever isso na cláusula arbitral. [...] Em nossa opinião, a abordagem inglesa não é apenas impraticável, mas também insustentável. A experiência de outras jurisdições sugere que a formulação de uma regra universal de confidencialidade é impossível e que seria melhor deixar esse assunto a critério de cada parte. Os benefícios de uma abordagem mais relaxada já foram, em certa medida, sinalizados no caso Bankers Trust".

mesmo que sem a identificação das partes)[293]. Prova de que a confidencialidade não é uma característica inerente à arbitragem é que a maioria das regras institucionais (UNCITRAL, ICCI, ICSID) são silentes sobre a existência da obrigação de confidencialidade, assim como a Lei Modelo da UNCITRAL[294].

Muito embora a confidencialidade não seja, ao nosso ver, uma característica necessária dos procedimentos arbitrais, não há dúvida de que ainda é uma característica muito buscada pelas partes que escolhem submeter sua disputa à arbitragem[295]. Com efeito, uma pesquisa conduzida pela universidade Queen Mary, em parceria com o escritório White & Case, revelou que 87% dos consultados entendem que a confidencialidade em arbitragens internacionais é importante e "deve ser uma opção *opt-out*, não *opt-in*"[296].

Mesmo quando as partes escolhem expressamente estabelecer a obrigação de confidencialidade, esta obrigação não é absoluta, comportando algumas exceções. O caso *John Forster Emmott vs. Michael Wilson & Partners* é considerado um caso paradigmático sobre as exceções à obrigação de confidencialidade[297]. Neste caso, a Corte dos Lordes Inglesa, apesar de afirmar que a privacidade e a confidencialidade são inerentes à arbitragem, pontuou também que há exceções à regra, autorizando a utiliza-

[293] Veja-se, por exemplo, o ementário publicado pela Câmara de Arbitragem de Mercado (CAM) anualmente.

[294] Born, Gary. *International arbitration*: cases and materials. 2. ed. Países Baixos: Kluwer Law International, 2014, p. 2785.

[295] Born, Gary. *International arbitration*: law and practice. Países Baixos: Kluwer Law International, 2012, p. 13. No mesmo sentido, Bernard Hanotiau: "increased use of arbitration has been stimulated by what were considered its intrinsic qualities: [...] its privacy and confidentiality". Hanotiau, Bernard. International arbitration in a global economy: the challenges of the future. *J. Int'l Arb.* 89, 2001, p. 90. Tradução livre: "o aumento do uso da arbitragem tem sido estimulado pelo que é considerado uma das suas qualidades intrínsecas: [...] sua privacidade e confidencialidade".

[296] White & Case. Queen Mary University of London. School of International Arbitration 2018. *International arbitration survey*: the evolution of international arbitration, p. 3. Disponível em: https://www.whitecase.com/sites/whitecase/files/files/download/publications/qmul-international-arbitration-survey-2018-19.pdf. Acesso em: 7 ago. 2020.

[297] Véras, Felipe. *Arbitragem e corrupção*: um estudo sob a perspectiva do direito brasileiro. Dissertação (Mestrado em Direito). Universidade Federal de Minas Gerais. Disponível em: https://repositorio.ufmg.br. Acesso em: 25 jun. 2020, p. 139.

ção das alegações iniciais apresentadas em uma arbitragem confidencial em um outro procedimento[298]. É o que observamos no voto de Lawrence Collins LJ:

> 107. In my judgment the content of the obligation may depend on the context in which it arises and on the nature of the information or documents at issue. The limits of that obligation are still in the process of development on a case-by-case basis. On the authorities as they now stand, the principal cases in which disclosure will be permissible are these: the first is where there is consent, express or implied; second, where there is an order, or leave of the court (but that does not mean that the court has a general discretion to lift the obligation of confidentiality); third, where it is reasonably necessary for the protection of the legitimate interests of an arbitrating party; fourth, where the interests of justice require disclosure, and also (perhaps) where the public interest requires disclosure[299].

Michael Hwang e Katie Chung, de forma semelhante, listam como exceções à confidencialidade da arbitragem as circunstâncias em que (a) a lei e/ou as autoridades competentes determinem a exibição de documentos ou informações da arbitragem, (b) a revelação é necessária para proteção do legítimo interesse de uma das partes da arbitragem, (c) a revelação é necessária para assegurar o interesse da justiça e/ou o interesse público (por exemplo, quando as informações e provas podem ser

[298] *John Forster Emmott vs. Michael Wilson & Partners Limited* [2008] EWCA Civ 184. Disponível em: https://www.trans-lex.org/301850/_/john-forster-emmott-v-michael-wilson-partners%C2%A0limited-%5B2008%5D-ewca-civ-184/#toc_1. Acesso em: 17 jul. 2020.

[299] *John Forster Emmott vs. Michael Wilson & Partners Limited* [2008] EWCA Civ 184. Disponível em: https://www.trans-lex.org/301850/_/john-forster-emmott-v-michael-wilson-partners%C2%A0limited-%5B2008%5D-ewca-civ-184/#toc_1. Acesso em: 17 jul. 2020. Tradução livre: "Na minha opinião, o conteúdo da obrigação pode depender do contexto em que ela surge e da natureza das informações ou documentos em questão. Os limites dessa obrigação ainda estão em processo de desenvolvimento caso a caso. De acordo com as autoridades como hoje se sustentam, os principais casos em que a divulgação será permitida são os seguintes: o primeiro é onde há consentimento, expresso ou implícito; segundo, quando houver uma ordem ou autorização do tribunal (mas isso não significa que o tribunal tenha um poder geral de levantar a obrigação de confidencialidade); terceiro, quando for razoavelmente necessário para a proteção dos interesses legítimos de uma parte arbitral; quarto, onde os interesses da justiça exigem divulgação e também (talvez) onde o interesse público exige a divulgação".

utilizadas em outro procedimento), (d) a divulgação de informações para profissionais que vão auxiliar na condução da arbitragem e (e) a revelação nas circunstâncias que os autores chamam de "situações cotidianas" (divulgação de informações para checagem de conflitos, para obter um visto, etc.)[300].

Entre as exceções à confidencialidade, encontram-se as circunstâncias em que há um interesse público relacionado à revelação dos documentos e informações de uma arbitragem, o que inclui "obrigações de reportar impostas por leis de segurança nacional ou revelação em razão de poderes investigativos outorgados a agências governamentais"[301]. Considerando-se esta exceção, não há grandes dúvidas de que documentos e informações produzidas em uma arbitragem devem ser revelados caso integrem investigações para apuração de atos de corrupção, sempre que houver pedido formal das autoridades competentes. Nestas circunstâncias, contudo, a iniciativa de revelação parte das autoridades, não dos envolvidos na arbitragem, que apenas cumprem as determinações que lhe são impostas.

Mesmo quando não há pedido formal das autoridades competentes, entendemos que a denúncia às autoridades competentes por árbitros ou demais envolvidos quanto a atos de corrupção revelados em procedimentos arbitrais enquadra-se na exceção à obrigação de confidencialidade quando há questões de interesse público em jogo.

Em outas palavras, aqueles que, por vontade própria, reportam às autoridades competentes indícios, alegações ou provas de corrupção reveladas em procedimentos arbitrais, não podem razoavelmente ser considerados em violação à obrigação de confidencialidade da arbitragem, na medida em que seus atos visam assegurar a prevalência do interesse público e a efetividade de normas cogentes, que muitas vezes

[300] HWANG, Michael; CHUNG, Katie. Defining the indefinable: practical problems of confidentiality in arbitration. *Journal of International Arbitration*. v. 26. Kluwer Law International, 2009, p. 609-645.

[301] Tradução livre: "Examples include reporting obligations imposed by national securities regulations or disclosure and investigatory powers granted to governmental agencies. (45) Thus, a confidentiality agreement may be unenforceable where it requires a party to violate securities disclosure requirements or competition law provisions". SMEUREANU, Ileana. *Confidentiality in international commercial arbitration*. Países Baixos: Kluwer Law International, 2011, p. 40.

compõem a ordem pública internacional. E os árbitros, nas palavras de Alexis Mourre, "são os guardiões naturais da ética e boa moral nas relações internacionais"[302].

Nesse sentido, Michael Hwang e Kevin Lim mencionam um caso no qual se afirmou que a revelação, para as autoridades regulatórias pertinentes, de atos fraudulentos que vieram à tona no âmbito de procedimento arbitral, mesmo sem provocação formal por tais autoridades, não configuraria violação da obrigação de manter sigilo sobre o procedimento arbitral:

> It should also be noted that, even if there is no legal compulsion for an arbitrator to disclose corrupt activities, disclosure of his or her own accord to the relevant authorities may fall under the public interest or interests of justice exceptions to confidentiality. Thus, for instance, it has been held that a party's disclosure to regulatory authorities of documents relating to an arbitration providing evidence of the commission of dishonest and fraudulent acts, was not a breach of that party's implied duty of confidentiality in arbitration. In principle, the same exception should also apply to arbitrators[303].

[302] MOURRE, Alexis. Part II substantive rules on arbitrability. Chapter 11 – Arbitration and criminal law: jurisdiction, arbitrability and duties of the arbitral tribunal. *In*: MISTELIS, Loukas A.; BREKOULAKIS, Stravos. *Arbitrability*: international and comparative perspectives. International Arbitration Law Library, v. 19, 2010.

[303] HWANG, Michel; LIM, Kevin. Corruption in arbitration – law and reality. *In*: *Asian international arbitration journal*, v. 8. Países Baixos: Kluwer Law International, 2012, p. 73. Tradução livre: "Deve-se notar também que, mesmo que não exista obrigação legal por um árbitro divulgar atividades corruptas, a divulgação por sua própria vontade às autoridades relevantes se enquadra como a exceção à confidencialidade em razão do interesse público ou dos interesses da justiça. Assim, por exemplo, foi declarado que a divulgação por uma parte às autoridades reguladoras de documentos relacionados a uma arbitragem que comprovaram a prática de atos desonestos e fraudulentos, não constituía uma violação do dever implícito de confidencialidade dessa parte na arbitragem. Em princípio, a mesma exceção também deve ser aplicada aos árbitros". No mesmo sentido, a opinião de Edoardo Marcenaro: "Indeed, even if arbitrators have no legal obligation to disclose corrupt activities, disclosure sua sponte to the relevant authorities may fall under the public interest or interests of justice exceptions to the duty of confidentiality". MARCENARO, Edoardo. Chapter 9: Arbitrators' investigative and reporting rights and duties on corruption. *In*: BAIZEAU, Domitille; KREINDLER, Richard (ed.). Addressing issues of corruption in commercial and investment arbitration. *Dossiers of the ICC Institute of World Business Law*, v. 13, 2015, p. 147.

No âmbito da doutrina nacional brasileira, destacamos Felipe Véras sobre a possibilidade de os árbitros denunciarem atos de corrupção de que tomem conhecimento no âmbito de procedimentos arbitrais:

> Nesse cenário, os mais ferrenhos no combate à corrupção argumentam que a existência de mera regra convencional, ainda que calcada no princípio da força obrigatória dos contratos, não seria hierarquicamente superior às normas cogentes de combate à corrupção, que podem ser aplicáveis ao caso concreto em razão da *lex arbitri*, direito material aplicável, local de execução do contrato ou mesmo da ordem pública transnacional e, portanto, deveria ser relativizada, permitindo a denúncia do árbitro[304].

Ao nosso ver, a simples possibilidade de os árbitros e demais envolvidos na arbitragem reportarem à autoridade competente atos de corrupção serve como um inibidor para a utilização da arbitragem como um meio para obtenção da tutela de direitos ilícitos. Não estamos defendendo aqui que há uma obrigação nesse sentido, como explicaremos no tópico a seguir, apenas que os árbitros têm a faculdade de se recusar a permitir que as partes lhes usem para tecer, sem medo das consequências, alegações de corrupção das quais fizeram parte, como acontece em muitos casos envolvendo contratos de agência ou consultoria, em que os particulares, que participaram ativamente da corrupção, valem-se desta mesma corrupção como escusa para não cumprir as suas obrigações contratuais. Em outras palavras, entendemos que o direito de reportar cria nas partes o receio de precisarem responder por seus atos ilícitos, o que, por outro lado, pode servir como um mecanismo de prevenção para que não cometam crimes em primeiro lugar.

Destacamos, por fim, que iniciativas das câmaras arbitrais para maior transparência, como a iniciativa de publicação das sentenças arbitrais sem a identificação das partes, também são muito importantes para que as autoridades competentes tomem conhecimento acerca de procedimentos arbitrais que abarcam alegações de violação a normas cogentes, motivando pedidos de revelação de informações por tais autoridades.

[304] VÉRAS, Felipe. *Arbitragem e corrupção*: um estudo sob a perspectiva do direito brasileiro. Dissertação (Mestrado em Direito). Universidade Federal de Minas Gerais. Disponível em: https://repositorio.ufmg.br. Acesso em: 25 jun. 2020, p. 137.

Em relação à corrupção, trata-se de mais uma forma de combater o uso da arbitragem como um foro privado para a tutela de direitos ilegais, principalmente em disputas envolvendo contratos de agência ou consultoria. Aplica-se, aqui, o mesmo raciocínio há pouco explicado: as partes, sabendo que as sentenças serão publicadas e poderão dar ensejo a investigações, não enxergarão na arbitragem a possibilidade de se eximirem da aplicação da lei em razão da confidencialidade dos procedimentos arbitrais.

Evita-se, assim, que particulares mal-intencionados pactuem contratos de consultoria com terceiros que sabem vão se valer de métodos ilícitos para defender os seus interesses, para depois se esquivar das suas obrigações contratuais alegando que o contrato é ilícito, sem ter, por outro lado, de encarar as punições legais cabíveis ou as consequências cíveis em relação ao contrato firmado com o Estado. Ao pactuar contratos ilícitos, o particular pode até se valer dessa ilicitude em eventual disputa com o intermediário, conforme explicaremos adiante, mas estará sujeito às consequências aplicáveis caso as autoridades competentes tomem conhecimento destas ilicitudes por meio da publicação das sentenças arbitrais, ou por revelações realizadas espontaneamente pelos envolvidos no procedimento arbitral.

2.5.1. O dever de reportar atos de corrupção às autoridades competentes

Mais polêmica do que a revelação espontânea de informações às autoridades competentes é a existência ou não de uma obrigação dos envolvidos em arbitragens comerciais internacionais – em especial os árbitros – de reportar às autoridades competentes evidências, alegações ou provas de corrupção produzidas em procedimentos arbitrais sigilosos. Em relação ao assunto, há duas correntes distintas na doutrina internacional: (a) uma parcela da doutrina defende que o tribunal arbitral sempre tem o dever de reportar às autoridades competentes informações relacionadas à prática de corrupção; (b) outra parcela da doutrina defende que só há obrigação de reportar quando há previsão legal expressa nesse sentido.

Registra-se que, para as duas correntes, o tribunal arbitral e os demais envolvidos na arbitragem devem obedecer à lei quando há obrigação expressa de reportar indícios de atos criminosos. Nesse sentido, a opinião de Dragor Hiber e Vladimir Pavic:

> Therefore, it seems unlikely that the duty of confidentiality (even expressly provided for in the statute of arbitration rules) trumps the obligation to report the preparation or perpetration of a crime which might be imposed by the legal system where arbitration is located. Confidentiality is even less potent if arbitration is considered a part of performing publicly entrusted competences. Finally, if the right to report that a crime has been committed is both 'a duty and a right', it appears that such duty, even if non-compulsory (i.e., not backed by threat of criminal punishment) would be enough to excuse the nonobservance of the duty of confidentiality that arbitrators owe to the parties as well as to the arbitral institution[305].

No mesmo sentido, a opinião de Edoardo Marcenaro, para quem deixar de revelar quando há obrigação expressa nesse sentido pode implicar no cometimento de crime pelos árbitros:

> Arbitrators should be obliged to disclose only if so requested under the national legislation to which the tribunal members are subject to the extent that the suspected or manifest act is of the same kind and nature as any act that would require any other third party to denounce. In this case "failure

[305] HIBER, Dragor; PAVIC, Vladimir. Arbitration and crime. *Journal of International Arbitration*, v. 25, n. 4, p. 461-478, 2008, p. 467. Tradução livre: "Portanto, parece improvável que o dever de confidencialidade (mesmo que expressamente previsto no regulamento de arbitragem) supere a obrigação de denunciar a preparação ou perpetração de um crime que possa ser imposto pelo sistema legal onde a arbitragem está localizada. A confidencialidade é ainda menos potente se a arbitragem for considerada parte do desempenho de competências públicas outorgadas. Finalmente, se o direito de relatar que um crime foi cometido é um dever e um direito, parece que esse dever, mesmo que não obrigatório (isto é, não apoiado por ameaça de punição criminal) seria suficiente para desculpar a inobservância do dever de confidencialidade que os árbitros devem às partes e à instituição arbitral". No mesmo sentido, Michael Hwang e Kevin Lim: "any duty of disclosure can only arise from national legislation to which the tribunal members are subject. (300) Such duty overrides any express or implied obligation of confidentiality". Tradução livre: "O dever de divulgação só pode resultar da legislação nacional à qual os membros do tribunal estão sujeitos. (300) Esse dever prevalece em relação a qualquer obrigação expressa ou implícita de confidencialidade". HWANG, Michel; LIM, Kevin. Corruption in arbitration – law and reality. *In*: *Asian international arbitration journal*, v. 8. Países Baixos: Kluwer Law International, 2012, p. 1-119.

> to report a suspicion, admission or finding of a crime itself to the Authorities may be seen as a crime by the arbitrator under national law [...][306].

Ocorre que ainda são raras as legislações que estabelecem expressamente o dever dos árbitros de reportar indícios ou provas de corrupção. Segundo Michel Whang e Kevin Lim, a única legislação local que se refere expressamente à obrigação dos árbitros de reportar atividades criminosas é a legislação de Singapura e, mesmo assim, não há um precedente sequer nesse sentido[307]. Isso apesar das diversas iniciativas no campo do direito internacional voltadas ao incentivo à adoção de medidas para encorajar denúncias de atos de corrupção e suborno, como as Recomendações Oficiais da Organização para a Cooperação e Desenvolvimento Econômico (*Organisation for Economic Cooperation and Development* ou OECD)[308] e o artigo 39 da UNCC[309].

[306] MARCENARO, Edoardo. Chapter 9: Arbitrators' investigative and reporting rights and duties on corruption. *In*: BAIZEAU, Domitille; KREINDLER, Richard (ed.). Addressing issues of corruption in commercial and investment arbitration. *Dossiers of the ICC Institute of World Business Law*, v. 13, 2015, p. 147.

[307] HWANG, Michel; LIM, Kevin. Corruption in arbitration – law and reality. *In*: *Asian international arbitration journal*, v. 8. Países Baixos: Kluwer Law International, 2012, p. 72.

[308] Artigo III (iv) da OECD: "III. RECOMMENDS that each Member country take concrete and meaningful steps in conformity with its jurisdictional and other basic legal principles to examine or further examine the following areas: [...] iv) provisions and measures to ensure the reporting of foreign bribery, in accordance with section IX of this Recommendation". Disponível em: https://www.oecd.org/corruption/anti-bribery/OECD-Anti-Bribery-Recommendation-ENG.pdf. Acesso em: 15 abr. 2020. Tradução livre: "III RECOMENDA que cada país Membro adote medidas concretas e significativas, em conformidade com seus princípios jurídicos jurisdicionais e outros princípios básicos, para examinar ou examinar posteriormente as seguintes áreas: [...] iv) disposições e medidas para garantir a denúncia de suborno estrangeiro, de acordo com a seção IX desta recomendação".

[309] Artigo 39. 2: "2. Each State Party shall consider encouraging its nationals and other persons with a habitual residence in its territory to report to the national investigating and prosecuting authorities the commission of an offence established in accordance with this Convention". Disponível em: https://www.unodc.org/documents/treaties/UNCAC/Publications/Convention/08-50026_E.pdf. Acesso em: 15 abr. 2020. Tradução livre: "2. Cada Estado Parte considerará incentivar seus nacionais e outras pessoas com residência habitual em seu território a denunciar às autoridades nacionais de investigação e ação penal a prática de uma infração estabelecida em conformidade com a presente Convenção".

Em relação ao dever de implementar medidas voltadas à realização de denúncias da UNCC, o Relatório UNCC registra que o foco dos Estados signatários foram as instituições financeiras, em especial a obrigação de reportar suspeitas de lavagem de dinheiro. O Relatório UNCC dá ênfase ao fato de que, nestas circunstâncias, as partes não são, no geral, autorizadas a deixar de prestar informações em razão de convenções privadas de confidencialidade:

> The measures cited by States parties are most often related to financial institutions – one of the main target areas of article 39, paragraph 1 – and often focus on money-laundering. They concern to a large extent the activities of national financial intelligence units and especially the obligation of a series of reporting entities from the private sector specified in legislation against money-laundering (e.g., banks, credit institutions, financial houses, stock agents, futures and options brokers, exchange bureaux, insurance companies, notaries, lawyers and auditors) to take due diligence measures, inform the respective financial intelligence unit (or in some cases the public prosecutor) of any suspicious fact or transaction, for the purposes of detecting criminal offences, and to provide information and documents to authorized officers upon request. Normally, during the investigation of a report of suspicious transactions, the individuals involved may not invoke banking, stock or professional secrecy against the financial intelligence unit, or any legal or contractual commitments related to confidentiality[310].

[310] Relatório UNCC, p. 181. Tradução livre: "As medidas citadas pelos Estados partes são mais frequentemente relacionadas às instituições financeiras – uma das principais áreas-alvo do artigo 39, parágrafo 1 – e, geralmente, se concentram na lavagem de dinheiro. Eles dizem respeito, em grande parte, às atividades das unidades nacionais de inteligência financeira e, especialmente, à obrigação de uma série de entidades relatoras do setor privado especificadas na legislação contra lavagem de dinheiro (por exemplo, bancos, instituições de crédito, casas financeiras, corretoras, *brokers*, corretores de opções, casas de câmbio, seguradoras, notários, advogados e auditores) para tomar as devidas medidas de diligência, informar a respectiva unidade de inteligência financeira (ou, em alguns casos, o promotor público) de qualquer fato ou transação suspeita, com o objetivo de detectar ofensas criminais e fornecer informações e documentos a oficiais autorizados, mediante solicitação. Normalmente, durante a investigação de um relatório de transações suspeitas, os indivíduos envolvidos não podem invocar sigilo bancário, de ações ou profissional contra a unidade de inteligência financeira ou quaisquer compromissos legais ou contratuais relacionados à confidencialidade". Segundo o Relatório UNCC há, contudo, registro de um Estado que deu ênfase à transparência em disputas judiciais envolvendo alegações de cor-

Apesar do foco dado às instituições financeiras, segundo o Relatório UNCC, alguns Estados optaram por estabelecer uma obrigação geral, válida para todos os cidadãos e pessoas com residência em seu território, de reportar atos de corrupção, o que incluiria, ao nosso ver, árbitros em um procedimento arbitral sigiloso:

> Paragraph 2 of article 39 – a non-mandatory provision – urges States parties to encourage their nationals and persons with a habitual residence in their territory to report to the law enforcement authorities the commission of a corruption offence in the same manner as public officials. Indeed, a number of States parties have established a general obligation to report corruption incidents that applies to all citizens or encompasses specific categories of professionals in the private sector. Furthermore, as with public officials, non-disclosure by citizens may sometimes constitute a crime in itself[311].

rupção, incluindo a proibição de realização de atos não públicos e limitações ao sigilo profissional: "This requires placing emphasis on citizen oversight (e.g., through the right to information), and most of all ensuring the transparency, accountability and consistency of the judicial system, including the timely resolution of criminal prosecutions. It was noted with appreciation that, in furtherance of these objectives, one of the States in question had, among others, recognized the limits of self-regulation with respect to the oversight of the legal profession; had prohibited in-camera judicial proceedings and ex parte meetings; had improved the disciplinary system with respect to the possibility of misconduct by judges; and had proceeded with case management reforms eliminating the possibility of choosing judges, and otherwise improving case processing". Tradução livre: "Isso exige enfatizar a supervisão do cidadão (por exemplo, através do direito à informação) e, acima de tudo, garantir a transparência, a responsabilidade e a consistência do sistema judicial, incluindo a resolução oportuna de processos criminais. Observou-se com apreço que, em prol desses objetivos, um dos Estados em questão reconheceu, entre outros, os limites da autorregulação em relação à supervisão da profissão de advogado; havia proibido procedimentos judiciais na câmera e reuniões *ex parte*; havia melhorado o sistema disciplinar no que diz respeito à possibilidade de má conduta dos juízes; e prosseguiu com as reformas de gerenciamento de casos, eliminando a possibilidade de escolher juízes e melhorando o processamento de casos".

[311] Relatório UNCC, p. 181. Tradução livre: "O parágrafo 2º do artigo 39 – uma disposição não obrigatória – insta os Estados partes a incentivar seus nacionais e pessoas com residência habitual em seu território a denunciar às autoridades policiais a prática de um crime de corrupção da mesma maneira que os funcionários públicos. De fato, vários Estados partes estabeleceram uma obrigação geral de relatar incidentes de corrupção que se aplicam a todos os cidadãos ou abrangem categorias específicas de profissionais do setor privado.

Em relação aos Estados que não criam uma obrigação geral para todos os cidadãos, apenas para determinados agentes públicos, como os juízes, mencionamos o Brasil (artigo 40 do Código de Processo Civil[312]) e a França (artigo 40 do *Code de Procédure Pénale*[313]). A obrigação dos juízes de reportar atos de corrupção não se estende, ao nosso ver, aos árbitros, que apesar de exercerem função jurisdicional não se equiparam aos juízes para todos os demais fins. Nesse sentido, Alexis Mourre opina:

> The approach according to which arbitrators should not be turned into investigators or prosecutors in absence of any evidence of an illegality leads to oppose strong resistance to any suggestion that an arbitrator should report possible violations of criminal law to the state authorities. For example, there is a French law rule according to which any judge who, in the course of judicial proceedings, learns about a violation of criminal law, must report such situation to the Attorney General. (93) Such rule, however, is explicitly directed to state judges, and therefore it does not apply to arbitrators. Nevertheless, there are views according to which the duty to report suspicions of criminal offences should also be applied to arbitral tribunals[314].

Além disso, como com os funcionários públicos, a não divulgação pelos cidadãos às vezes pode constituir um crime em si mesmo".

[312] Artigo 40 do CPC: "Quando, em autos ou papéis de que conhecerem, os juízes ou tribunais verificarem a existência de crime de ação pública, remeterão ao Ministério Público as cópias e os documentos necessários ao oferecimento da denúncia".

[313] Artigo 40 do *Code de Procédure Pénale*: "Le procureur de la République reçoit les plaintes et les dénonciations et apprécie la suite à leur donner conformément aux dispositions de l'article 40-1. Toute autorité constituée, tout officier public ou fonctionnaire qui, dans l'exercice de ses fonctions, acquiert la connaissance d'un crime ou d'un délit est tenu d'en donner avis sans délai au procureur de la République et de transmettre à ce magistrat tous les renseignements, procès-verbaux et actes qui y sont relatifs". Tradução livre: "O Ministério Público recebe reclamações e denúncias e avalia o acompanhamento a ser prestado a eles, de acordo com o disposto no artigo 40-1. Qualquer autoridade constituída, qualquer funcionário público ou funcionário público que, no exercício de suas funções, adquira conhecimento de um crime ou ofensa é obrigado a notificá-lo sem demora ao promotor público e transmitir a estes agentes todas as informações, atas e documentos a ele relacionados".

[314] MOURRE, Alexis. Part II substantive rules on arbitrability, Chapter 11 – Arbitration and criminal law: jurisdiction, arbitrability and duties of the arbitral tribunal. *In*: MISTELIS, Loukas A; BREKOULAKIS, Stravos. *Arbitrability*: international and comparative perspectives. International Arbitration Law Library, v. 19, p. 2010.

Conforme adiantamos, entendemos que o dever de revelar atos de corrupção descobertos em um procedimento arbitral só existe quando há previsão específica para tanto na legislação aplicável ao árbitro. Esta previsão pode ser voltada especificamente aos árbitros, como acontece em Singapura, ou a todos os cidadãos ou residentes daquele determinado país[315]. Isso porque, ao nosso ver, ninguém é obrigado a fazer algo, ou a deixar de fazer, senão em virtude da lei, de maneira que a obrigação de reportar só existe quando há lei estabelecendo essa necessidade.

Para aqueles adeptos à obrigação de reportar, mesmo inexistindo lei específica aplicável aos árbitros estabelecendo esta obrigação, ela seria parte da ordem pública internacional. Nas palavras de Felipe Véras, para os defensores desta corrente, "haveria um dever moral que deveria compelir o árbitro a exercer o que a doutrina chama de direito do árbitro (ou dever) de reportar a suposta atividade corrupta"[316]. O autor, em seguida, critica este entendimento, com suporte na opinião de Richard H. Kreindler, para quem "os poderes e deveres do árbitro de levar em consideração normas cogentes ou a ordem pública ao render sua sentença respeitando as obrigações civis das partes não se traduziriam necessariamente no dever de informar tudo"[317].

Ao nosso ver, de fato não há um conjunto de normas domésticas ou de instrumentos internacionais que façam nascer um dever de reportar do árbitro. Não se trata de uma obrigação internacionalmente reconhecida, que compõe a ordem pública internacional. Uma coisa é a ordem pública internacional compreender a vedação a alguns atos considerados atos de corrupção, conforme explicamos acima, outorgando aos árbitros a faculdade de, em prol do interesse público, reportar à autoridade competente atos ou suspeitas de corrupção. Outra completamente

[315] Hwang, Michel; Lim, Kevin. Corruption in arbitration – law and reality. *In*: *Asian international arbitration journal*, v. 8. Países Baixos: Kluwer Law International, 2012, p. 70.

[316] Véras, Felipe. *Arbitragem e corrupção*: um estudo sob a perspectiva do direito brasileiro. Dissertação (Mestrado em Direito). Universidade Federal de Minas Gerais. Disponível em: https://repositorio.ufmg.br. Acesso em: 25 jun. 2020, p. 138.

[317] Kreindler, Richard H. Competence-competence in the face of illegality in contracts and arbitration agreements, 2013, p. 334-335 *apud* Véras, Felipe. *Arbitragem e corrupção*: um estudo sob a perspectiva do direito brasileiro. Dissertação (Mestrado em Direito). Universidade Federal de Minas Gerais. Disponível em: https://repositorio.ufmg.br. Acesso em: 25 jun. 2020, p. 138.

diferente é, da batalha contra a corrupção, fazer nascer uma "obrigação de reportar" dos árbitros, que não é reconhecida nos instrumentos internacionais ou em uma gama significativa de legislações domésticas.

Concluímos, portanto, que não há, ainda, ao nosso ver, uma obrigação implícita, por força de normas cogentes mandatórias internacionais, dos árbitros ou demais envolvidos em procedimentos arbitrais de reportar atos ou suspeitas de corrupção em um procedimento arbitral. Essa obrigação, registramos, só existe quando há legislação expressa nesse sentido.

Não entramos aqui na esfera do dever moral dos árbitros de somarem esforços no combate à corrupção, por entendermos tratar-se de uma questão mais sociológica do que jurídica, que fugiria ao escopo deste trabalho. Registramos que os árbitros podem revelar atos de corrupção sem violar a confidencialidade do procedimento arbitral, cabendo a eles fazer as ponderações morais que entenderem cabíveis ao se depararem com circunstâncias como essa.

2.6. A conduta dos advogados em casos envolvendo alegações de corrupção

A conduta de advogados que atuam em casos de corrupção nunca teve tanto protagonismo no Brasil quanto atualmente, considerando-se acontecimentos recentes amplamente divulgados pela mídia sobre um advogado que escolheu abrigar, em sua residência de férias, com placa de escritório de advocacia, uma das principais testemunhas de investigação criminal em curso[318].

Trata-se, ao nosso ver, de uma situação lamentável, que infelizmente pode se reproduzir com muito mais facilidade no âmbito de disputas cíveis internacionais, em que há uma "zona cinzenta" acerca das normas aplicáveis aos patronos das partes.

Considerando a relevância do tema, pouco se discute em relação à roupagem legal aplicável aos advogados que atuam em arbitragens internacionais. Alguns autores destacam tratar-se de verdadeira "terra de ninguém", o que resulta muitas vezes em uma enorme disparidade

[318] Disponível em: https://g1.globo.com/sp/sao-paulo/noticia/2020/06/18/caseiro-informou-a-policia-de-sp-que-queiroz-estava-na-casa-ha-um-ano-diz-delegado.ghtml. Acesso em: 01 ago. 2020.

em relação à forma com que a advocacia é praticada nos conflitos internacionais[319]. Nesse sentido, práticas tidas como "bárbaras" em alguns sistemas são normais em outros, e vice-versa. Como arbitragens internacionais não raramente envolvem advogados de diferentes jurisdições, se considerássemos a aplicação apenas das normas éticas que vigoram na jurisdição de cada um deles, teríamos jogadores sujeitos a normas diferentes, o que pode tornar o jogo, em si, desigual[320].

Analisaremos neste capítulo a dupla deontologia que defendemos existir em procedimentos arbitrais internacionais em relação às normas éticas dos advogados, que pode amenizar as diferenças existentes nas normas éticas de seus locais de origem (subitem 2.6.1). Em seguida, traçaremos considerações sobre uma obrigação que se destaca de forma unânime nas legislações domésticas e nos instrumentos internacionais de *soft-law*, essencial em casos envolvendo acusações de corrupção: a obrigação dos advogados de sempre dizer a verdade no exercício de sua profissão (2.6.2).

2.6.1. As normas éticas aplicáveis aos advogados que atuam em arbitragens internacionais: dupla deontologia

Adotamos como premissa deste trabalho a natureza jurídica híbrida da arbitragem, que aceita tanto a natureza contratual da arbitragem como a sua natureza jurisdicional. Partindo-se dessa premissa, o representante legal da parte exerce atividade típica da advocacia enquanto a representa em procedimento arbitral doméstico ou internacional, sujeitando-se, portanto, às normas de conduta que regulam a atividade da advocacia em sua respectiva jurisdição. O que importa, nesse aspecto, não é o local em que a atividade é exercida, mas a prática da atividade, que clama a aplicação das normas que versam sobre os deveres éticos

[319] Originalmente *no man land*. ROGERS, Catherine. *Ethics in international arbitration*. Reino Unido: Oxford University Press, 2014, p. 99.

[320] Além de tornar a arbitragem internacional um ambiente potencialmente desigual, a ausência de uma regulamentação única pode provocar dúvidas concretas sobre os parâmetros que devem ser seguidos para a aplicação de determinadas sanções, como a sanção de litigância de má-fé prevista no artigo 27 da Lei de Arbitragem Brasileira, que pode ser aplicada em arbitragens que tenham sede no Brasil. Registramos o problema, mas não adentraremos a discussão, por fugir do tema deste trabalho.

do advogado[321]. Isso significa que mesmo atuando em um procedimento arbitral internacional sediado fora da sua filiação de origem, ao nosso ver, o advogado deve seguir as normas éticas do local onde é filiado.

Mas seriam as normas que vigoram em sua jurisdição de origem as únicas que devem ser observadas pelos advogados que atuam em procedimentos internacionais? A resposta, segundo nosso entendimento, é não. Advogados que atuam em procedimentos arbitrais internacionais também devem acatar as normas éticas do local em que exercem a atividade, ou seja, as normas éticas da sede da arbitragem ou do local em que os atos são praticados[322].

A vinculação à lei do local onde a atividade é praticada pelo advogado pode existir em razão de previsão legal expressa nesse sentido nas normas de conduta que vigoram em sua jurisdição de origem[323], ou em razão de previsão expressa na legislação do local onde a atividade é praticada[324]. Mesmo quando não há previsão expressa quanto à vincu-

[321] Born, Gary. *International arbitration*: cases and materials. 2. ed. Países Baixos: Kluwer Law International, 2014, p. 2.852.

[322] Como exemplo, podemos mencionar o artigo 3.9 do Código de Conduta para Advogados Europeus, segundo o qual "um advogado que aparece, ou toma parte em um caso, em uma corte ou tribunal, deve obedecer às normas de conduta aplicáveis para aquela corte ou tribunal" (tradução livre). Disponível em: https://www.readkong.com/page/code-of--conduct-for-european-lawyers-5187609?p=2. Acesso em: 26 mar. 2020. Outro exemplo é o artigo 8.5, A, segundo o qual "um advogado não admitido nesta jurisdição também se sujeita à autoridade disciplinar desta jurisdição se este advogado fornece, ou se oferece para fornecer, assistência legal nessa jurisdição". Disponível em: https://www.americanbar.org/groups/professional_responsibility/publications/model_rules_of_professional_conduct/rule_8_5_disciplinary_authority_choice_of_law/. Acesso em: 26 mar. 2020.

[323] Veja-se, por exemplo, o Anexo 2 ao Código de Conduta do "Bar of England and Wales", citado acima.

[324] Como exemplo, mencionamos o artigo 3.9 do Código de Conduta para Advogados Europeus, segundo o qual "um advogado que aparece, ou toma parte em um caso, em uma corte ou tribunal, deve obedecer às normas de conduta aplicáveis para aquela corte ou tribunal" (tradução livre). Disponível em: https://www.readkong.com/page/code-of-conduct--for-european-lawyers-5187609?p=2. Acesso em: 26 mar. 2020. Outro exemplo é o artigo 8.5, A, segundo o qual "um advogado não admitido nesta jurisdição também se sujeita à autoridade disciplinar desta jurisdição se este advogado fornece, ou se oferece para fornecer, assistência legal nessa jurisdição". Disponível em: https://www.americanbar.org/groups/professional_responsibility/publications/model_rules_of_professional_conduct/rule_8_5_disciplinary_authority_choice_of_law/. Acesso em: 26 mar. 2020.

lação às normas éticas do local onde o advogado exerce a sua profissão, entendemos que há uma submissão implícita[325] às normas éticas deste local por parte do advogado que escolhe atuar em determinada jurisdição[326].

Considerando-se a dupla deontologia explicada neste tópico, os advogados que atuam em procedimentos arbitrais internacionais, em especial em procedimentos envolvendo alegações sensíveis de corrupção, devem conhecer e respeitar as normas éticas que são a eles aplicáveis, incluindo as normas da jurisdição em que atuam, com as quais podem não ser familiarizados inicialmente. Espera-se que, da aplicação desta dupla deontologia, uma regra seja comum e absoluta: os advogados devem ter comprometimento com a verdade, mesmo quando ela não for favorável ao seu cliente. É o que passamos a abordar no próximo tópico.

[325] Günther J. Horvath e Stephan Wilske explicam que, no geral, quando um advogado, pelo motivo que seja, submeta-se à aplicação de normas de conduta de diferentes jurisdições, deve procurar obedecer a todas as normas que lhe são (ou poderiam ser aplicáveis) (dupla deontologia), o que pode dar ensejo à situação de conflito entre as leis: "Generally, the national rules of all relevant jurisdictions must be complied with (double deontology). But national rules sometimes do not address the issue of how to deal with conflicting rules. If the conflicting rules are broadly similar, then the stricter rule should be complied with. There is, however, no universally accepted solution for those cases where the rules contradict each other (for instance secrecy protection versus reporting obligation), although certain jurisdictions have adopted conflict of law principles to determine which rules of professional conduct apply in cross-border practice". HORVATH, Günther; WILSKE, Stephan. *Guerrilla tactics in international arbitration*. 2. ed. Países Baixos: Kluwer Law International, 2013, p. 364. Tradução livre: "De forma geral, as regras nacionais de todas as jurisdições relevantes devem ser cumpridas (deontologia dupla). Mas as regras nacionais às vezes não abordam a questão de como lidar com regras conflitantes. Se as regras conflitantes forem amplamente semelhantes, a regra mais rígida deve ser cumprida. Contudo, não existe uma solução universalmente aceita para os casos em que as regras se contradizem (por exemplo, proteção de sigilo *versus* obrigação de relatar), embora certas jurisdições tenham adotado princípios de conflito de leis para determinar quais regras de conduta profissional se aplicam na prática transfronteiriça".

[326] Cabe lembrar que a legislação doméstica pode incorporar normas internacionais como a Conduta da CCBE, considerado o mais avançado e bem-sucedido conjunto de regras internacionais sobre ética. Sobre o CCBE: ROGERS, Catherine. *Ethics in international arbitration*. Reino Unido: Oxford University Press, 2014, p. 133.

2.6.2. A obrigação de dizer a verdade

O Código de Conduta da CCBE, cuja importância como código aplicável para toda União Europeia é indiscutível, prevê, em seu artigo 4.4., que "um advogado não deve, nunca, dar informações falsas ou enganosas para a corte"[327]. De forma semelhante, as *Model Rules of Professional Conduct* da ABA estabelecem, no artigo 4.1, que enquanto representa um cliente, um advogado não deve "fazer uma afirmação falsa de fato ou direito para uma terceira pessoa". O artigo 6º do Código de Ética da OAB, por sua vez, estabelece que é "defeso ao advogado expor os fatos em Juízo ou na via administrativa falseando deliberadamente a verdade e utilizando de má-fé"[328].

No âmbito da *soft law* internacional, o Guia para Representantes das Partes em Arbitragens Internacionais da IBA estabelece que "os advogados não devem fazer nenhum argumento de fato que saibam ser falso ao tribunal arbitral" (artigo 9[329]), criando também a obrigação dos advogados de "desmentir" um fato antes colocado que descubra posteriormente não ser verdadeiro, resguardando-se o dever de confidencialidade (artigo 10º [330]). Além disso, o Guia para Representantes das Partes em Arbitragens Internacionais da IBA cria obrigações relacionadas ao

[327] Alguns autores consideram a obrigação de dizer a verdade inclusive uma exceção à norma da confidencialidade, muito embora o Código não seja expresso nesse sentido. Sobre o tema: TERRY, Laurel S. An introduction to the Community's Legal Ethics Code Part I: an analysis of the CCBE Code of Conduct. *The Georgetown Journal of Legal Ethics*. Disponível em: http://www.personal.psu.edu/faculty/l/s/lst3/ccbe1withappendix.pdf. Acesso em: 29 fev. 2020.

[328] Disponível em: https://www.oab.org.br/Content/pdf/novo-ced.pdf. Embora a conduta dos advogados no Brasil seja com frequência considerada por tribunais que aplicam a sanção de litigância de má-fé, encontramos nos últimos dez anos apenas 45 julgados disciplinares que versavam sobre a obrigação de dizer a verdade no ementário *online* da OAB-SP. Busca pela palavra "verdade" no sistema. Disponível em: https://www.oab.org.br/jurisprudencia/pesquisa. Acesso em: 29 mar. 2020.

[329] Tradução livre: "A party representative should not make any knowingly false submission of fact to the Arbitral Tribunal".

[330] Artigo 10º do Guia para Representantes das Partes em Arbitragens Internacionais da IBA: "10. In the event that a Party Representative learns that he or she previously made a false submission of fact to the Arbitral Tribunal, the Party Representative should, subject to countervailing considerations of confidentiality and privilege, promptly correct such submission." Tradução livre: "No caso em que um Representante da Parte descubra que ele ou ela fez anteriormente uma falsa submissão de fatos ao tribunal arbitral, o Representante

depoimento de testemunhas, que incluem a obrigação de instruir as testemunhas a dizer a verdade e, se for o caso, pedir que sejam retirados dos autos depoimentos falsos (artigo 11[331]).

Isso significa que o advogado deve sempre dizer a verdade quando questionado diretamente pelo tribunal arbitral, ou ao elaborar os seus argumentos em uma arbitragem internacional ou doméstica, inclusive quando a verdade comprometer o seu cliente em relação à prática de corrupção. Caso o advogado, pela legislação aplicável, possa se escusar de manifestar expressamente uma verdade prejudicial ao seu cliente, acobertada pelo manto da confidencialidade, ele deve fazer isso mantendo-se em silêncio, não sendo admitida, em circunstância alguma, a adoção de postura ludibriosa. Se o cliente se opõe à obrigação do advogado de dizer a verdade, esse advogado deve renunciar à defesa do

da Parte deve, sujeito a considerações contrárias de confidencialidade e privilégio, corrigir prontamente essa submissão".

[331] Artigo 10º do Guia para Representantes das Partes em Arbitragens Internacionais da IBA: "11. A Party Representative should not submit Witness or Expert evidence that he or she knows to be false. If a Witness or Expert intends to present or presents evidence that a Party Representative knows or later discovers to be false, such Party Representative should promptly advise the Party whom he or she represents of the necessity of taking remedial measures and of the consequences of failing to do so. Depending upon the circumstances, and subject to countervailing considerations of confidentiality and privilege, the Party Representative should promptly take remedial measures, which may include one or more of the following: (a) advise the Witness or Expert to testify truthfully; (b) take reasonable steps to deter the Witness or Expert from submitting false evidence; (c) urge the Witness or Expert to correct or withdraw the false evidence; (d) correct or withdraw the false evidence; (e) withdraw as Party Representative if the circumstances so warrant. Tradução livre: "1. Um Representante da Parte não deve apresentar evidências de Testemunha ou Perito de que ele ou ela sabe ser falso. Se uma Testemunha ou Perito pretender apresentar evidências de que um Representante do Partido sabe ou mais tarde descobre ser falso, esse Representante da Parte deve avisar imediatamente a Parte a quem ele representa, sobre a necessidade de tomar medidas corretivas e as consequências de não fazer isso. Dependendo das circunstâncias, e sujeito a considerações contrárias de confidencialidade e privilégio, o Representante da Parte deve tomar imediatamente medidas corretivas, que podem incluir um ou mais dos seguintes itens: (a) aconselhar a Testemunha ou o Especialista a testemunhar com sinceridade; (b) tomar medidas razoáveis para impedir a Testemunha ou o Perito de apresentar evidências falsas; (c) instar a Testemunha ou o Perito a corrigir ou retirar a evidência falsa; (d) corrigir ou retirar a evidência falsa; (e) retirar-se como Representante da Parte se as circunstâncias o justificarem".

cliente, preservando os seus deveres éticos e se recusando a contribuir para a disseminação de atos repudiados pela ordem pública internacional, como a corrupção.

Advogados que não cumprem com o seu dever ético de dizer a verdade não podem, infelizmente, ser penalizados pelo tribunal arbitral. Isso porque o tribunal arbitral não tem jurisdição para impor aos advogados a obediência das normas éticas de seus próprios países, questionando-se até mesmo se teriam jurisdição para determinar o seu afastamento do procedimento arbitral[332-333]. Não bastasse, o advogado não é signatário da cláusula compromissória e, portanto, não há arbitrabi-

[332] Nesse sentido, Jan Paulsson: "Arbitrators are named to resolve disputes between the parties, not to police the conduct of their representatives, and therefore do not rule on complains of violations of codes of conduct". PAULSSOUN, Jan. Standards for conduct for counsel in international arbitration. American *Review of International Arbitration* – ARIA, Estados Unidos, 1992, p. 24. Tradução livre: "Os árbitros são nomeados para resolver disputas entre as partes, não para policiar a conduta de seus representantes e, portanto, não decidem sobre queixas de violações de códigos de conduta".

[333] No caso ICC 8879, o tribunal arbitral tocou os dois pontos (arbitrabilidade subjetiva e objetiva). Neste caso, um escritório de advocacia prestou serviços de consultoria ao Requente antes de a arbitragem ser iniciada. O escritório, em resumo, analisou os atos constitutivos do Requerido e proferiu uma opinião dizendo que a autorização do governo para realização de determinado investimento não era necessária. Este mesmo escritório passou a defender o Estado em uma arbitragem depois disso, na qual o Estado alegou, entre outras coisas, que o investimento não poderia ter sido feito sem a sua autorização. A sede da arbitragem em questão era o Canadá. O Requerente pediu que os advogados do Estado fossem afastados. O tribunal arbitral decidiu que (i) não tinha jurisdição para determinar o afastamento dos advogados, (ii) que não poderia interferir na livre escolha das partes de escolher os seus representantes legais, e (iii) que se trata de situação de inarbitrabilidade objetiva, pois envolvia decisão sobre aspectos penais da conduta do advogado. *Iran-US Claims Tribunal. Norman Gabay vs. Islamic Republic of Iran.* Case n. 771, Award 10 July 1991, 27-Iran-US C.T.R. (1992). Disponível em: https://jusmundi.com/en/document/decision/en-norman-gabay-v-the-islamic-republic-of-iran-award-award-no-515-771-2-wednesday-10th-july-1991. Acesso em: 21 mar. 2020. De modo similar, a decisão proferida no caso Bidermann industries licensing, inc. *vs.* Avmar Nv NY LJ.23 citado em BORN, Gary. *International arbitration*: cases and materials. 2. ed. Países Baixos: Kluwer Law International, 2014, p. 1.042-1.043, no qual o tribunal arbitral decidiu que a desqualificação dos advogados é algo que precisa ser resolvido perante as cortes judiciais.

lidade subjetiva para a imposição de penalidades pelo tribunal arbitral por violação às normas éticas pertinentes[334].

Isso não significa que a parte e os advogados que optam por violar sua obrigação de dizer a verdade em arbitragens internacionais não podem ser punidos, apenas que a punição, no âmbito do procedimento arbitral, recairá exclusivamente sobre a parte, cabendo às autoridades competentes penalizar os representantes legais. Em outras palavras, como a parte é quem se sujeita à jurisdição do tribunal arbitral, é ela quem sofre as eventuais sanções deste tribunal na hipótese de descumprimento por seus representantes de deveres éticos, incluindo por meio da alocação de custas ou, quando possível na legislação aplicável, pela aplicação da penalidade de litigância de má-fé[335].

Destaca-se, por fim, que algumas leis vão além da obrigação de dizer a verdade, criando um dever dos advogados de reportar às autoridades competentes, em determinadas circunstâncias, atos criminosos, incluindo atos de corrupção.

Nesse sentido, o artigo 1.6[336] das *Model Rules of Professional Conduct* da ABA traz como exceção à obrigação de confidencialidade a revelação de informações que possam impedir que o cliente pratique um crime ou fraude que razoavelmente possa causar danos relevantes à propriedade ou à economia de outrem e de informações que possam prevenir, mitigar ou impedir um dano substancial advindo de atos contínuos à conduta para a qual os serviços dos advogados foram contratados. As *Model Rules of Professional Conduct* da ABA estabelecem também, no artigo 4.1, que enquanto representa um cliente, um advogado não deve "falhar em

[334] *Iran-US Claims Tribunal. Norman Gabay vs. Islamic Republic of Iran.* Caso n. 771, j. 10-07-1991, 27-Iran-US C.T.R. (1992). Disponível em: https://jusmundi.com/en/document/decision/en-norman-gabay-v-the-islamic-republic-of-iran-award-award-no-515-771-2-wednesday-10th-july-1991. Acesso em: 21 mar. 2020. De modo similar, a decisão proferida no caso Bidermann industries licensing, inc. *vs.* Avmar Nv NY LJ.23 citado em Born, Gary. *International arbitration*: cases and materials. 2. ed. Países Baixos: Kluwer Law International, 2014, p. 1.042-1.043, no qual o tribunal arbitral decidiu que a desqualificação dos advogados é algo que precisa ser resolvido perante as cortes judiciais.

[335] Conforme autoriza, por exemplo, o artigo 27 da Lei de Arbitragem Brasileira.

[336] Disponível em: https://www.americanbar.org/groups/professional_responsibility/publications/model_rules_of_professional_conduct/rule_1_6_confidentiality_of_information/. Acesso em: 26 mar. 2020.

revelar um fato material para uma terceira pessoa quando essa revelação é necessária para evitar assistência a um fato criminoso ou fraudulento, a não ser que a revelação seja proibida pela regra 1.6”[337].

Advogados que atuam em procedimentos arbitrais internacionais devem, além do comprometimento com a verdade e transparência, se atentar à obrigação de reportar às autoridades competentes fatos criminosos, conforme previsão legal do local onde atuam ou das normas éticas do seu local de origem.

[337] Tradução livre: “In the course of representing a client a lawyer shall not knowingly: (a) make a false statement of material fact or law to a third person; or (b) fail to disclose a material fact to a third person when disclosure is necessary to avoid assisting a criminal or fraudulent act by a client, unless disclosure is prohibited by Rule 1.6”. Disponível em: https://www.americanbar.org/groups/professional_responsibility/publications/model_rules_of_professional_conduct/rule_4_1_truthfulness_in_statements_to_others/. Acesso em: 29 mar. 2020.

3.
Alegações de Corrupção em Arbitragens de Investimento

Neste capítulo nos preocuparemos com as consequências de alegações de corrupção em arbitragens de investimento, subdividindo-o em três subcapítulos. No primeiro deles (3.1), explicaremos o conceito e a consequência da doutrina das mãos limpas (*clean hand doctrine*). Em seguida (3.2), enfatizaremos como a doutrina das mãos limpas é introduzida em instrumentos internacionais, ao preverem expressamente que apenas investimentos realizados de acordo com a lei devem ser protegidos. Ao final, no terceiro subcapítulo (3.3), avaliaremos a aplicação da doutrina das mãos limpas em caso nos quais não havia previsão expressa no tratado ou convenção aplicável, para identificar se o direito internacional rechaça a proteção a investimentos que violam normas de ordem pública transnacional, como aquelas que versam sobre corrupção.

3.1. A doutrina das mãos limpas (*clean hands doctrine*)

Alegações de corrupção em arbitragens de investimento surgem, como regra, em contextos diferentes daqueles comuns em arbitragens comerciais. Em arbitragens de investimento, os investidores estrangeiros, como regra, procuram amparo para violações que, ao seu ver, foram perpetuadas contra os seus investimentos pelos Estados investidos. Ou seja, os investidores estrangeiros iniciam um procedimento arbitral para que lhes seja assegurada alguma proteção especial, prevista em um instrumento internacional pactuado entre Estados, que contém cláusula arbitral. Assim, diferente do que acontece em arbitragens comerciais, cuja lei aplicável é a de determinado país ou a *lex mercatoria*, aplicam-se às arbitragens de investimento normas protetivas específicas do direito internacional, diferenciando-as das arbitragens comerciais em sua essência e resultado, inclusive no que diz respeito às alegações de corrupção que venham a surgir.

Para poder se valer de proteções conferidas por um determinado Estado, o investidor estrangeiro deve se enquadrar nas características pré-definidas para incidência das normas protetivas, conforme prevê o instrumento internacional do qual pretende se valer e/ou as normas internacionais implícitas aplicáveis. A doutrina conhecida como "doutrina das mãos limpas" (*clean hands doctrine*) defende que uma destas características, necessárias para que o particular tenha direito à proteção do seu investimento, é a licitude de tal investimento. Em outras palavras, investimentos ilícitos, incluindo aqueles maculados por corrupção, não fariam jus, segundo a doutrina das mãos limpas, às proteções outorgadas pelo direito internacional.

A doutrina das mãos limpas é, portanto, uma defesa trazida pelos Estados para impedir que investidores estrangeiros tenham seus investimentos salvaguardados, sob o argumento de que tais investimentos foram realizados com "mãos sujas". Trata-se de um corolário do princípio da boa-fé e da equidade, segundo o qual partes que agiram ilicitamente não poderiam, por coerência e justiça, buscar o amparo legal: "he who comes into equity must come with clean hands"; "um Requerente que fez um mal (*i.e.* veio "com mãos sujas"), não pode esperar se beneficiar dos remédios disponíveis na justiça"[338]. Nesse sentido, as explicações e as definições acerca da doutrina das mãos limpas (*clean hands doctrine*), por Aloysius Llamzon, Anthony Charles Sinclair e Caroline Le Moullec, respectivamente:

> The maxim, "He who comes into equity must come with clean hands", together with its many equivalent variants (usually couched in Latin), (241) is a well-established principle of equity jurisprudence found in many municipal systems of law, (242) the effect of which is to bar a claimant's claims due to its illegal or improper conduct in relation to those claims. (243) Claims tainted by wrongdoing therefore will not succeed, and the loss will

[338] MOULLEC, Caroline Le. The clean hands doctrine: a tool for accountability of investor conduct and inadmissibility of investment claims, in Stavros Brekoulakis (ed). *The International Journal of Arbitration, Mediation and Dispute Management* (© Chartered Institute of Arbitrators (CIArb); Sweet & Maxwell 2018, v. 84, issue 1) p. 13-37.

lie where it falls. The principles that underpin the clean hands doctrine are judicial integrity, justice, and the public interest. (244) The doctrine is frequently phrased, "He who has done iniquity shall not have equity", (245) or, "He who desires relief in equity must himself be free from fault". (246) But whatever the manner of expression, the doctrine demands that a claimant seeking equitable relief come into court having acted equitably in that matter for which he seeks a remedy."[339]

"It [*clean hands doctrine*] seeks to serve three purposes: judicial integrity, (14) justice and public interest. (15) The doctrine's aim is the protection of the integrity of the legal system itself, not of the defendant: "Allowing an unclean plaintiff to recover would not only abet him in his inequitable conduct, but would also raise doubts as to the justice provided by the judicial system ... Courts use the doctrine to ensure a fair result. Where the plaintiff's conduct is such that it would be unjust to allow him a remedy, courts can use the doctrine as a bar to remedy. Therefore, withholding assistance from the unclean plaintiff allows courts to prevent a wrongdoer from enjoying the fruits of his transgression[340].

[339] SINCLAIR, Anthony; LLAMZON, Aloysius. Investor wrongdoing in investment arbitration: standards governing issues of corruption, fraud, misrepresentation and other investor misconduct. *In*: VAN DEN BERG, Albert Jan (ed.) *Legitimacy*: myths, realities, challenges, ICCA Congress Series, v. 18. Países Baixos: Kluwer Law International, 2015, p. 451-530. Tradução livre: "A máxima, 'Aquele vem à justiça deve vir com mãos limpas', juntamente com suas muitas variantes equivalentes (usualmente expressas em latim), (241) é um princípio bem estabelecido de jurisprudência de equidade encontrado em muitos sistemas de leis domésticos (242) cujo efeito é barrar as reivindicações de um reclamante devido a sua conduta ilegal ou imprópria em relação a essas reivindicações. (243) Portanto, os pleitos contaminados por atos ilícitos não serão bem-sucedidos e o prejuízo caberá a quem lhe der causa. Os princípios que sustentam a doutrina das mãos limpas são a integridade judicial, a justiça e o interesse público. (244) A doutrina é frequentemente formulada: "Aquele que praticou iniquidade não terá equidade". (245) ou "Aquele que deseja alívio na equidade deve estar livre de falhas". (246) Mas, seja qual for o modo de expressão, a doutrina exige que um requerente que busca uma assistência equitativa entre em juízo tenha agido de maneira equitativa no assunto para o qual ele busca um remédio legal".

[340] MOULLEC, Caroline Le. The clean hands doctrine: a tool for accountability of investor conduct and inadmissibility of investment claims, in Stavros Brekoulakis (ed). *The International Journal of Arbitration, Mediation and Dispute Management* (© Chartered Institute of Arbitrators (CIArb); Sweet & Maxwell 2018, v. 84, issue 1), p. 13-37. Tradução livre: "Ela [a doutrina de mãos limpas] procura servir a três propósitos: integridade judicial, (14) justiça e interesse público. (15) O objetivo da doutrina é a proteção da integridade do próprio

O requisito de "mãos limpas" do investidor estrangeiro que busca proteção ao seu investimento no direito internacional foi objeto de debate em diversas arbitragens de investimento. Nos subcapítulos abaixo, analisaremos duas circunstâncias em que a doutrina das "mãos limpas" surge em arbitragens de investimento, avaliando os casos mais comentados sobre o assunto no cenário internacional.

3.1.1. A licitude do investimento como pressuposto expresso à proteção

Alguns acordos, tratados e convenções que preveem direitos e proteções especiais para investidores preveem também que tais direitos e proteções especiais só vão se aplicar para investimentos realizados "de acordo com as leis daquele Estado"[341], o que a doutrina majoritária[342] interpreta como se referindo à necessária licitude dos investimentos

sistema jurídico, e não do réu: "Permitir que um demandante sujo obtenha compensação não apenas o ajudaria em sua conduta contra a equidade, mas também levantaria dúvidas quanto à justiça oferecida pelo sistema judicial [...] Os tribunais usam a doutrina para garantir um resultado justo. Onde a conduta do autor é tal que seria injusto permitir-lhe um remédio, os tribunais podem usar a doutrina como um impeditivo à tutela. Portanto, impedir a tutela para requerentes sujos permite que os tribunais impeçam que um infrator desfrute dos frutos de sua transgressão".

[341] SINCLAIR, Anthony Charles; LLAMZON, Aloysius. Investor wrongdoing in investment arbitration: standards governing issues of corruption, fraud, misrepresentation and other investor misconduct. *In*: VAN DEN BERG, Albert Jan (ed.) *Legitimacy*: myths, realities, challenges, ICCA Congress Series, v. 18. Países Baixos: Kluwer Law International, 2015, p. 451-530.

[342] Nesse sentido, Aloysius Llamzon e Anthony Charles Sinclair: "Rather, the preponderance of arbitrators and commentators confirm that such terms precisely operate as a limit on a host State's consent to refer disputes to arbitration (and thus, the formation of the agreement to arbitrate), and thereby operate as a condition for jurisdiction. (192) These treaty provisions refer to "the validity of the investment and not its definition". SINCLAIR, Anthony Charles; LLAMZON, Aloysius. Investor wrongdoing in investment arbitration: standards governing issues of corruption, fraud, misrepresentation and other investor misconduct. *In*: VAN DEN BERG, Albert Jan (ed.) *Legitimacy*: myths, realities, challenges, ICCA Congress Series, v. 18. Países Baixos: Kluwer Law International, 2015, p. 451-530. Tradução livre: "Na verdade, a maioria de árbitros e comentaristas confirma que tais termos funcionam como um limite ao consentimento de um Estado signatário de submeter suas disputas à arbitragem (e, portanto, a formação da convenção arbitral) e, em razão disso, funcionam como uma condição de jurisdição".

realizados pelos estrangeiros para que tais investimentos sejam abarcados pela esfera de proteção do instrumento internacional. Nesse passo, instrumentos internacionais que contém termos semelhantes, ou seja, que indicam que a proteção neles conferida limita-se aos investimentos realizados "de acordo com a lei", são interpretados como excluindo da esfera de proteção quaisquer investimentos feitos com "mãos sujas", o que inclui, é claro, atos de corrupção.

Para uma parte minoritária da doutrina, vale destacar, a cláusula segundo a qual os investimentos devem ser realizados "de acordo com as leis do Estado" não significa que os investimentos devam ser feitos de forma lícita, mas que precisam ser considerados investimentos de acordo com a legislação do local investido. Nesse sentido, a opinião dissidente de Bernardo M. Cremades no caso *Fraport AG vs. The Republic of the Philippines*[343]:

> The fact that the Claimant's asset may have engaged in illegal conduct in the Philippines (allegedly, a breach of the Anti-Dummy Law) does not change the fact that its shareholdings are an asset accepted in accordance with Philippine law. The Respondent's interpretation of Article 1(1) does not respect its ordinary meaning, nor its context, nor the object and purpose of the BIT. The Respondent proposes, in effect, that any illegal conduct by an investor shall deprive the investor to the protection of the BIT. This is not what Article 1 states. Of course, any illegal behavior by an investor is likely to have consequences. Criminal conduct can and should be punished within the domestic criminal justice system. Illegal conduct by the investor might well excuse or limit any liability of the State Party in an arbitration pursuant to the BIT, depending on the circumstances. It is also possible for the Contracting Parties to a BIT to exclude the jurisdiction of an arbitral tribunal for illegalities committed by the investor. Investor illegality is serious, and there are many means to address it. However, in my opinion, it is an artificial, decontextualized interpretation of Article 1(1) of the BIT that excludes the jurisdiction of this Arbitral Tribunal for an alleged breach of the Philippine Anti-Dummy Law, and an interpretation

343 *Fraport AG vs. The Republic of the Philippines* (ICSID Case n. ARB/03/25) ("Caso Fraport"). Disponível em: https://www.italaw.com/cases/456. Acesso em: 16 jul. 2020.

that does violence to the object and purpose of promoting and protecting investment in the Philippines[344].

O caso em questão gravitou em torno de investimentos feitos pela Fraport AG Frankfurt Services Worldwid ("Fraport") em uma companhia Filipina, a Philippine International Air Terminals Co ("PIATCO"), que havia recebido, antes da realização do investimento, uma concessão do governo para construir e operar o "Terminal 3" do aeroporto de Manila, obtida por meio de um processo de licitação. Durante este

[344] *Fraport AG vs. The Republic of the Philippines* (ICSID Case No. ARB/03/25) ("Caso Fraport"). Disponível em: https://www.italaw.com/cases/456. Acesso em: 16 jul. 2020, p. 10. Tradução livre: "O fato de o ativo do Requerente ter se envolvido em conduta ilegal nas Filipinas (supostamente, uma violação da Lei *Antidummy*) não altera o fato de que suas participações são um ativo de acordo com a lei das Filipinas. A interpretação feita pelo Requerido ao Artigo 1 (1) não respeita seu significado comum, nem seu contexto, nem o objeto e a finalidade do BIT. O Requerido propõe, com efeito, que qualquer conduta ilegal de um investidor o priva da proteção do BIT. Não é isso que o Artigo 1 afirma. Obviamente, qualquer comportamento ilegal de um investidor provavelmente terá consequências. A conduta criminal pode e deve ser punida dentro do sistema de justiça criminal nacional. A conduta ilegal do investidor pode escusar ou limitar qualquer responsabilidade do Estado Parte em uma arbitragem nos termos do BIT, dependendo das circunstâncias. Também é possível que as Partes Contratantes em um BIT excluam a jurisdição de um tribunal arbitral por ilegalidades cometidas pelo investidor. Ilegalidades praticadas por investidores são graves e existem muitos meios para preveni-las. No entanto, na minha opinião, é uma interpretação artificial e descontextualizada do Artigo 1 (1) do TBI como se este artigo excluísse a jurisdição deste tribunal arbitral por uma suposta violação da Lei *Antidummy* das Filipinas, e uma interpretação comete violência ao propósito de promover e proteger o investimento nas Filipinas". Sobre a opinião dissidente de Bernardo M. Cremades no caso, Aloysius Llamzon e Anthony Charles Sinclair observam: "In Fraport, Cremades dissented from the majority stating that such clauses only concern whether 'assets', which would otherwise qualify as 'investments', could in the context of that case be owned by foreigners." These views, whilst worthy of further consideration, are not widely accepted.". Tradução livre: "No caso Fraport, Cremades discordou da opinião da maioria argumentando que tias cláusula apenas se referem se 'ativos', que poderiam de outra forma ser qualificados como 'investimento', poderiam no contexto do caso ser detidos por estrangeiros. Tais visões, enquanto mereçam consideração, não são amplamente aceitas". Sinclair, Anthony Charles; Llamzon, Aloysius. Investor wrongdoing in investment arbitration: standards governing issues of corruption, fraud, misrepresentation and other investor misconduct. *In*: Van Den Berg, Albert Jan (ed.) *Legitimacy*: myths, realities, challenges, ICCA Congress Series, v. 18. Países Baixos: Kluwer Law International, 2015, p. 451-530.

processo, dois problemas foram suscitados: (a) o não preenchimento, pela PIATCO (à época, um consórcio com outro nome), de requisitos financeiros exigidos pela lei e (b) a ausência de revelação, aos demais concorrentes, acerca da proposta feita pela PIATCO, para que pudessem ajustar suas respectivas propostas e oferecer melhores condições ao governo. As duas questões foram resolvidas por autoridades governamentais em favor da PIATCO, decidindo-se que estavam preenchidos os requisitos financeiros e que as informações não precisariam ser prestadas pela companhia aos seus concorrentes. Tendo vencido a licitação, a PIATCO firmou os contratos necessários com o governo, mas em condições bastante diferentes daquelas previstas no edital de licitação. Em seguida, a PIATCO começou os trabalhos de construção, que se encerraram pouco antes das disputas com o governo Filipino se iniciarem.

Quando o "Terminal 3" do aeroporto em Manila estava pronto, o governo suscitou dúvidas acerca das condições anômalas dos contratos firmados com a PIATCO, tanto em razão das controvérsias surgidas à época da licitação, quanto em razão das diferenças entre os contratos firmados e a estipulação constante no processo de licitação. O Senado da República das Filipinas, então, iniciou uma investigação, que incluiu suspeitas de corrupção pela família Cheng, uma das sócias principais da PIATCO, para que o contrato com o governo fosse obtido em condições tão favoráveis e anômalas. No transcorrer das investigações, a então presidente da República das Filipinas, Sra. Macapagal-Arroy, declarou que não cumpriria o contrato com a PIATCO, ressaltando que a concessão da PIATCO "emergia como um caso-teste para o comprometimento da sua administração na luta contra a corrupção"[345]. A presidente ordenou que investigações adicionais fossem iniciadas e que os culpados fossem processados e punidos.

Em paralelo, iniciou-se um processo perante a Suprema Corte das Filipinas, ajuizado por empregados dos Terminais 1 e 2 do aeroporto de Manila, que alegavam que perderiam o seu emprego com a construção do Terminal 3, ao qual entidades públicas (*public official petitioners*) aderiram para pleitear a nulidade do contrato firmado entre o governo e a PIATCO. A Suprema Corte das Filipinas acatou este pedido de nuli-

[345] *Fraport AG vs. The Republic of the Philippines* (ICSID Case n. ARB/03/25) ("Caso Fraport"). Disponível em: https://www.italaw.com/cases/456. Acesso em: 16 jul. 2020, p. 89.

dade, com fundamento no não preenchimento dos requisitos financeiros para a outorga da concessão à PIATCO e nas diferenças entre o contrato de concessão pactuado e a minuta de contrato de concessão que constava do procedimento licitatório.

Apesar da declaração de nulidade e ineficácia do contrato de concessão, o governo da República das Filipinas se manifestou mais de uma vez confirmando que a PIATCO teria direito à compensação justa pelo terminal já construído, mas as partes não conseguiram chegar a um acordo acerca desta indenização. A Fraport, então, na qualidade de acionista da PIATCO, iniciou uma arbitragem ICSID com fundamento no BIT Alemanha-Filipinas, alegando, em resumo, a expropriação do seu investimento sem o pagamento de compensação justa, o que seria proibido pelo BIT.

No âmbito da arbitragem ICSID, o governo das Repúblicas das Filipinas alegou que a cláusula 1ª do BIT Alemanha-Filipinas só protegia investimentos realizados de forma lícita, o que não era o caso dos investimentos realizados pela Fraport. Destaca-se, nesse ponto, que a ilicitude utilizada como argumento não foi a corrupção, mas a fraude à lei *Anti-Dummy* concretizada pela Fraport. Em apertada síntese, esta lei trazia limites ao controle de determinadas sociedades por pessoas ou sociedades estrangeiras, violados pela Fraport por meio de um acordo de acionistas confidencial e fraudulento[346].

A Fraport, por sua vez, argumentou, em resumo, que o BIT Alemanha-Filipinas não trazia uma limitação substantiva à jurisdição do tribunal arbitral ao estabelecer sua aplicação para investimentos realizados de acordo com as leis do Estado investido, devendo ser interpretado como afirmando a possibilidade de tal Estado estabelecer, em sua legislação doméstica, a definição do conceito jurídico indeterminado "investimento". Nesse sentido, a argumentação da Fraport, que expõe a interpretação que tentaram emplacar ao BIT Alemanha-Filipinas, pos-

[346] Havia, no caso concreto, um acordo de acionistas confidencial que determinava a realização de reuniões preliminares nas quais tomavam-se as decisões da sociedade, que eram apenas endossadas na efetiva assembleia de acionistas. A votação real, que acontecia na reunião preliminar, ditava o resultado da efetiva votação, que não obedecia, ao final, à porcentagem detida por cada acionista, em desacordo com o limite estatutário definido pela lei na Filipina para participação e controle por empresas estrangeiras.

teriormente adotada pelo árbitro Bernardo M. Cremades em seu voto divergente:

> An analysis of other BITs shows that there is nothing 'remarkable' about the phrase 'in accordance with domestic law', as it appears to be a common feature of BITs. Even if one were to conclude that these phrases reflect a special emphasis on the part of the contracting parties, such emphasis may only be understood to concern the right of States to regulate the initial access of foreign investments to their territories. This is acknowledged by Professor Dolzer. Such barriers to foreign investment are not, however, at issue in the current dispute [...]
>
> It further derives from the object and purpose of the BIT that the phrase 'in accordance with the law' shall not be understood to mean that foreign investments have to comply with each and every provision of domestic law or else risk forfeiture of the protection afforded by the BIT. As Professor Dolzer concedes, 'it would appear implausible to argue that each infraction of the local laws would deprive the investor of the guarantees laid down in the BIT'. Such a conclusion would also contradict general principles of law, such as Article 27 of the Vienna Convention, which provides that '[a] party may not invoke the provisions of its internal law as justification for its failure to perform a treaty[347].

[347] Tradução livre: "Uma análise de outros BITs mostra que não há nada de 'notável' na frase "de acordo com o direito interno", pois parece ser uma característica comum das BITs. Mesmo se alguém concluir que essas frases refletem uma ênfase especial por parte das partes contratantes, essa ênfase só pode ser entendida como concernente ao direito dos Estados de regular o acesso inicial de investimentos estrangeiros a seus territórios. Isso é reconhecido pelo professor Dolzer. Tais barreiras ao investimento estrangeiro não estão, no entanto, em discussão na atual disputa [...] Além disso, deriva do objeto e da finalidade do BIT que a expressão 'de acordo com a lei' não deve ser entendida significando que os investimentos estrangeiros devem cumprir todas as disposições da lei nacional ou então arriscar a perda da proteção oferecida pelo BIT. Dolzer admite, 'parece implausível argumentar que cada infração às leis locais privaria o investidor das garantias estabelecidas no BIT'. Essa conclusão também contradiz princípios gerais de direito, como o artigo 27 da Convenção de Viena, que prevê que uma parte não pode invocar as disposições de seu direito interno como justificativa para a falta de cumprimento de um tratado'. *Fraport AG vs. The Republic of the Philippines* (ICSID Case n. ARB/03/25) ("Caso Fraport"). Disponível em: https://www.italaw.com/cases/456. Acesso em: 16 jul. 2020, p. 140.

Importante destacar que o teor exato da cláusula do BIT Alemanha-Filipinas cuja interpretação disputou-se na arbitragem é o seguinte: "The term *investment* shall mean any kind of asset accepted in accordance with the respective laws and regulations of either Contracting State, and more particularly, though not exclusively [...]"[348].

Considerando os argumentos de ambas as partes, a maioria do tribunal arbitral afirmou ser possível que "uma transação econômica que pode se qualificar factual e financeiramente como investimento (isto é, composto por capital importado por uma entidade estrangeira na economia de outro Estado que seja parte de um BIT)" não se enquadre como um investimento sujeito à proteção pelo BIT, por não ser "legalmente um investimento nos termos do BIT".

O tribunal arbitral, então, passou a explicar as situações em que isso pode acontecer, dividindo-as em três categorias: (a) *ratione temporis*, quando o investimento é realizado fora do período determinado pelo BIT, (b) *ratione personae*, quando o investimento é realizado por um sujeito não protegido pelo BIT, e (c) *ratione materiae*, quando há problemas em relação à forma ou matéria do investimento em si, que o excluem da esfera de proteção[349]. As alegações de que os investimentos foram realizados em desacordo com a legislação da República das Filipinas enquadram-se, segundo o tribunal arbitral, nesta última exceção.

O tribunal arbitral, para interpretar a cláusula 1ª do BIT Alemanha-Filipinas, valendo-se do artigo 31 da Convenção de Viena sobre Tratados Internacionais, referiu-se ao propósito e aos objetivos do tratado bilateral, procurando fazer uma interpretação sistemática do instrumento internacional de acordo com o seu preâmbulo e com outras cláusulas do BIT Alemanha-Filipinas. O Preâmbulo, em especial, mencionava: "o Acordo estabelece que o investimento será realizado nas áreas permitidas e de acordo com as Constituições, leis e regulações das par-

[348] Tradução livre: "o termo 'investimento' deve significar qualquer tipo de ativo aceito de acordo com as respectivas leis do Estado Contratante, particularmente, mas não exclusivamente [...]". *Fraport AG vs. The Republic of the Philippines* (ICSID Case n. ARB/03/25) ("Caso Fraport"). Disponível em: https://www.italaw.com/cases/456. Acesso em: 16 jul. 2020, p. 130.

[349] *Fraport AG vs. The Republic of the Philippines* (ICSID Case n. ARB/03/25) ("Caso Fraport"). Disponível em: https://www.italaw.com/cases/456. Acesso em: 16 jul. 2020, p. 141.

tes contratantes"[350], o que "deixaria claro para além de qualquer risco de dúvida" que sua intenção era conferir proteção apenas para investimentos realizados de forma lícita[351].

Com base nessa interpretação sistemática, por maioria, o tribunal arbitral afirmou que o investimento realizado pela Fraport, por compreender a prática de atos ilícitos, não era protegido pelo BIT Alemanha-Filipinas e, portanto, não estava na esfera de jurisdição do tribunal arbitral. Ou seja, apesar do voto dissidente de Bernardo M. Cremades, prevaleceu a opinião majoritária de que os termos do tratado se referiam à necessária licitude do investimento cuja proteção é buscada. A consequência foi a de que o tribunal arbitral declinou sua jurisdição para apreciar os pedidos do investidor estrangeiro.

Outra decisão relevante sobre a interpretação de cláusulas de BITs que se referem supostamente à necessária licitude dos investimentos é a decisão proferida no caso *Inceysa vs. El Salvador*[352], ancorado no BIT El Salvador-Espanha. Neste caso, também ao interpretar uma cláusula que se referia a investimentos feitos "de acordo com as leis" do Estado investido, o tribunal arbitral entendeu que a cláusula se referia à licitude dos investimentos, de modo que não havia consentimento em arbitrar ou proteção específica para investimentos realizados de forma ilícita (fraude, no caso). Sobre o caso, Aloysius Llamzon e Anthony Charles Sinclair avaliam:

> As a threshold point, tribunals and commentators have argued that the clean hands doctrine informs and helps explain the "in accordance with host State law" treaty provision. (274) The view that only investors with clean hands are entitled to protection under such treaties was confirmed in *Inceysa v. El Salvador*, a case which concerned the interpretation and application of such a clause. (275) As discussed above, the investor in that case procured a concession contract for vehicle inspection services in El Salvador through fraud in the public bidding process. The tribunal found

[350] WHEREAS, the Agreement provides that the investment shall be in the areas allowed by and in accordance with the Constitutions, laws and regulations of each of the Contracting Parties.

[351] "Article 2 of the Protocol as well as the Instrument of Ratification make that clear beyond peradventure of doubt".

[352] Inceysa Vallisoletana S.L. *vs.* Republic of El Salvador, Caso ICSID n. ARB/03/26. Disponível em: https://www.italaw.com/cases/documents/564. Acesso em: 18 jul. 2020.

that the claimant's investment did not meet the applicable treaty's requirements of legality, (276) and declined jurisdiction on grounds that the investment fell outside the scope of conditional consent expressed by the Contracting Parties to the treaty. (277) The tribunal reached its decision also by analyzing the claimant's investment in light of the general principles of law, which it found formed "part of Salvadoran law". (278) These included the maxim *nemo auditur propriam turpitudinem allegans* ("no one is heard when alleging one's own wrong"), (279) said to be a manifestation of the "clean hands" doctrine, which the tribunal understood as prohibiting an investor from "benefit[ting] from an investment effectuated by means of one or several illegal acts". (280) The tribunal found that the claimant's violation of this principle meant that the investment was not within the scope of the offer to arbitrate disputes and for that reason denied jurisdiction (281)[353].

[353] SINCLAIR, Anthony Charles; LLAMZON, Aloysius. Investor wrongdoing in investment arbitration: standards governing issues of corruption, fraud, misrepresentation and other investor misconduct. *In*: VAN DEN BERG, Albert Jan (ed.) *Legitimacy*: myths, realities, challenges, ICCA Congress Series, v. 18. Países Baixos: Kluwer Law International, 2015, p. 451-530. Tradução livre: "Como ponto inicial, tribunais e comentaristas argumentaram que a doutrina das mãos limpas informa e ajuda a explicar a disposição do tratado "de acordo com a lei do Estado anfitrião". (274) A opinião de que apenas os investidores com mãos limpas têm direito a proteção ao abrigo de tais tratados foi confirmada no Inceysa *vs.* El Salvador, um caso que dizia respeito à interpretação e aplicação dessa cláusula. (275) Conforme discutido acima, o investidor nesse caso adquiriu um contrato de concessão para serviços de inspeção de veículos em El Salvador por meio de fraude no processo de licitação pública. O tribunal constatou que o investimento do requerente não atendia aos requisitos de legalidade aplicáveis do tratado (276) e recusou a jurisdição, alegando que o investimento estava fora do escopo do consentimento condicional expresso pelas Partes Contratantes no tratado. (277) O tribunal também tomou sua decisão analisando o investimento do reclamante à luz dos princípios gerais de direito, que considerou fazer parte da lei de El Salvador. (278) Isso incluía a máxima *nemo auditur propriam turpitudinem allegans* ("ninguém é ouvido quando se alega que o outro está errado"), (279) que se diz ser uma manifestação da doutrina de "mãos limpas", que o tribunal entendeu como proibindo um investidor de "beneficiar-se de um investimento efetuado por meio de um ou vários atos ilegais". (280) O tribunal constatou que a violação deste princípio pelo requerente significava que o investimento não estava dentro do escopo da oferta de arbitragem de disputas e, por esse motivo, negou sua competência".

Em resumo, a disputa no caso gravitou em torno da resolução de contratos para instalação, administração e operação de estações de inspeção de emissão de controle de gases contaminados, partículas e barulhos, que a Inceysa Vallisoletana S.L. ("Inceysa") firmou com uma agência estatal de El Savador, após vencer uma licitação. Enquanto estavam pendentes ações de outros concorrentes no âmbito da licitação à decisão que determinou que a Inceysa seria vencedora da competição, a Inceysa realizou investimentos para cumprir suas obrigações contratuais. O governo de El Salvador, contudo, passou a contratar outras empresas para realizar os serviços em relação aos quais a Inceysa, em tese, teria exclusividade, alegando que não se manifestaria sobre o cumprimento do contrato enquanto estivessem pendentes as impugnações ao procedimento de licitação. A Inceysa, então, alegou que o governo havia rompido injustificadamente o contrato e expropriado de forma indireta os direitos de concessão obtidos, iniciando uma arbitragem ICSID com fundamento no tratado BIT El Salvador-Espanha. El Salvador, em resposta, alegou que a Inceysa teria agido de forma fraudulenta durante a licitação, tendo inclusive apresentado documentos falsos, o que a impediria de obter a proteção desejada. A decisão do tribunal arbitral, conforme ventilado, determinou que houve ilegalidades na realização do investimento, de maneira que ele não seria protegido nos termos do BIT aplicável, inexistindo consentimento do Estado para arbitrar disputas referentes a ele. A consequência, também deste caso, foi a declaração de ausência de jurisdição pelo tribunal arbitral.

Concluímos, portanto, que para os acordos e tratados relativos à proteção de investimentos realizados de acordo com a lei de determinado Estado, a posição predominante é a de que o requisito se refere à licitude destes investimentos, o que reflete a exigência de "mãos limpas" para que o investidor faça jus à proteção[354].

[354] Registramos, contudo, que há razoável debate acerca do momento e gravidade dos atos ilícitos praticados para que possam ser afastadas as proteções conferidas nos instrumentos internacionais; para alguns, violações não materiais, ou não realizadas no momento de implementação do investimento, não seriam suficientes para afastar as proteções com fundamento no requisito de licitude dos investimentos. Não vamos nos aprofundar neste debate na medida em que os atos de corrupção que são, como regra, imputados aos investidores estrangeiros são aqueles que, ao nosso ver, fazem parte da ordem pública transnacio-

3.1.2. A doutrina das mãos limpas como norma cogente no direito internacional

Mesmo nas circunstâncias em que não há cláusula expressa no BIT ou Convenção aplicável, uma parte significativa da doutrina entende que investimentos realizados ilicitamente não podem ser protegidos[355]. Isso porque a exigência de legalidade seria um corolário do princípio da boa-fé e da equidade, segundo o qual partes que agiram ilicitamente não poderiam, por coerência e justiça, buscar o amparo legal. Sob essa perspectiva, a licitude como pressuposto à proteção legal aos investimentos seria uma regra geral cogente no cenário internacional, que não precisa ser expressa nos instrumentos internacionais aplicáveis à disputa para ser válida e exequível.

A doutrina das mãos limpas integraria a ordem jurídica internacional tendo em vista decisões proferidas por diversos tribunais internacionais. Esta doutrina tem berço em disputas entre Estados, instauradas, em especial, perante a Corte Internacional de Justiça ("ICJ"). Não nos prolongaremos sobre as decisões da ICJ para não fugirmos ao escopo deste trabalho, mas traremos registros de Aloysius Llamzon e Anthony Charles Sinclair sobre os casos mais importantes e as conclusões da ICJ:

> On the one hand, international courts and tribunals have historically considered and applied concepts of equity found in municipal law. (257) This practice is derived from Art. 38(1)(c) of the Statute of the International Court of Justice, which lists as a source of international law "the general principles of law recognised by civilised nations", and may thus include legal principles that are common to a large number of municipal legal systems. (258) The doctrine of "clean hands", having been adopted in the domestic legal orders of many States, is frequently asserted to qualify as a "general principle of law" pursuant to Art. 38(1)(c) of the ICJ Statute. (259) Some tribunals have applied principles that may arguably be conside-

nal, sendo graves o suficiente para afastar a aplicação das proteções internacionais, quando presentes.

355 Sinclair, Anthony Charles; Llamzon, Aloysius. Investor wrongdoing in investment arbitration: standards governing issues of corruption, fraud, misrepresentation and other investor misconduct. *In*: Van Den Berg, Albert Jan (ed.) *Legitimacy*: myths, realities, challenges, ICCA Congress Series, v. 18. Países Baixos: Kluwer Law International, 2015, p. 499.

red part of the clean hands doctrine in the nineteenth (260) and twentieth (261) centuries, finding claims inadmissible where claimants had engaged in wrongful conduct in relation to their claims. A number of individual opinions by judges of the Permanent Court of International Justice (262) and the ICJ (263) also identify clean hands as a principle of international law. The clean hands doctrine has also been invoked by States in other ICJ proceedings, namely, by the United States in Oil Platforms, (264) La Grand, (265) and Avena, (266) by the NATO respondents in the Legality of Use of Force cases, (267) and by Israel in the advisory proceedings on Legal Consequences of the Construction of a Wall in the Occupied Palestinian Territory. (268)[356]

Sobre a importância e o reconhecimento da doutrina das mãos limpas pelo direito internacional, Aloysius Llamzon e Anthony Charles Sinclair destacam que os membros da Convenção Legal Internacional da ONU (em inglês, *United Nations' International Legal Commission*), responsável pela codificação da legislação internacional sobre responsabilidade

[356] Sinclair, Anthony Charles; Llamzon, Aloysius. Investor wrongdoing in investment arbitration: standards governing issues of corruption, fraud, misrepresentation and other investor misconduct. *In*: Van Den Berg, Albert Jan (ed.) *Legitimacy*: myths, realities, challenges, ICCA Congress Series, v. 18. Países Baixos: Kluwer Law International, 2015, p. 451-530. Tradução livre: "Por um lado, os tribunais e tribunais internacionais consideram e aplicam historicamente os conceitos de equidade encontrados na lei doméstica. (257) Esta prática deriva do art. 38 (1) (c) do Estatuto da Corte Internacional de Justiça, que lista como fonte do direito internacional "os princípios gerais de direito reconhecidos pelas nações civilizadas", podendo, portanto, incluir princípios legais comuns a um grande número dos sistemas jurídicos municipais. (258) A doutrina das "mãos limpas", adotada nas ordens jurídicas domésticas de muitos Estados, é frequentemente afirmada e qualificada como "princípio geral do direito", nos termos do art. 38 (1) (c) do Estatuto da CIJ. (259) Alguns tribunais aplicaram princípios que podem ser considerados parte da doutrina das mãos limpas nos séculos XIX (260) e XX (261), julgando inadmissíveis as reivindicações onde os reclamantes haviam se envolvido em conduta ilícita em relação a suas reivindicações. Várias opiniões individuais dos juízes do Tribunal Permanente de Justiça Internacional (262) e do ICJ (263) também identificam mãos limpas como um princípio do direito internacional. A doutrina de mãos limpas também foi invocada pelos Estados em outros procedimentos da ICJ, a saber, pelos Estados Unidos em Plataformas de Petróleo, (264) La Grand, (265) e Avena, (266) pelos entrevistados da OTAN na Legalidade de Uso de Casos de força (267) e por Israel nos procedimentos consultivos sobre as consequências legais da construção de um muro no território palestino ocupado (268)".

estatal e proteção diplomática, partilham dessa opinião e registram: "a regra das mãos limpas é um princípio básico de equidade e justiça" e que se trata de "um princípio positivo da lei internacional" [357].

No âmbito das legislações domésticas que compreendem o princípio *ex turpi causa non oritur actio*, destacamos a *common law* inglesa, aplicada pelo tribunal arbitral no caso World Duty Free, cujos fatos tivemos a oportunidade de abordar em detalhes nos tópicos anteriores. Relembramos, aqui, que o tribunal arbitral, referindo-se à legislação inglesa, aplicável ao contrato, rejeitou todos os pleitos formulados pela World Duty Free Co Ltd em razão da prática de suborno pela companhia, afirmando que "a Requerente não está legalmente autorizada a manter nenhuma das reivindicações alegadas nesses processos como uma questão de ordem pública internacional e da ordem pública segundo as leis aplicáveis do contrato"[358].

Retornando ao campo das arbitragens iniciadas com base em tratados e acordos internacionais, há diversos casos em que tribunais arbitrais afirmaram a aplicação da doutrina das mãos limpas mesmo quando o instrumento internacional aplicável não estabelecia expressamente o requisito da legalidade dos investimentos.

No caso *Phoenix Action Ltd vs. Czech Republic*[359] ("Caso Phoenix"), instaurado com fundamento no BIT República Checa-Israel, o tribunal arbitral abordou de forma bastante didática e completa a possibilidade de investimentos realizados ilicitamente obterem proteção, mesmo quando não há previsão expressa quanto ao requisito de legalidade do investimento no instrumento internacional pertinente.

[357] SINCLAIR, Anthony Charles; LLAMZON, Aloysius. Investor wrongdoing in investment arbitration: standards governing issues of corruption, fraud, misrepresentation and other investor misconduct. *In*: VAN DEN BERG, Albert Jan (ed.) *Legitimacy*: myths, realities, challenges, ICCA Congress Series, v. 18. Países Baixos: Kluwer Law International, 2015, p. 451-530.

[358] Tradução livre: "The Claimant is not legally entitled to maintain any of its pleaded claims in these proceedings as a matter of ordre public international and public policy under the contract's applicable laws". World Duty Free Co Ltd *vs.* The Republic of Kenya. Caso n. ARB/00/7 (ICSID), Sentença Arbitral proferida em 4 de outubro de 2006, p. 46.

[359] Phoenix Action, Ltd. *vs.* Czech Republic, Caso ICSID n. ARB/06/5, j. 15-04-2020. Disponível em: https://www.italaw.com/cases/850. Acesso em: 22 jul. 2020.

Neste caso, a Phoenix Action Ltd (*Phoenix*), sociedade constituída de acordo com as leis de Israel, havia adquirido a participação de duas sociedades da República Checa, envolvidas no comércio de ligas de ferro. As contas destas sociedades foram congeladas por força de investigações criminais voltadas à apuração de fraude e evasão de divisas e as sociedades entraram em processo de falência na República Checa, ações que para a Phoenix configuraram a expropriação do seu investimento, dando ensejo à apresentação do requerimento de arbitragem ICSID.

No âmbito do procedimento arbitral ICSID, a República Checa apresentou diversas objeções à jurisdição do tribunal arbitral, incluindo alegações de que os investimentos realizados pela Phoenix não se enquadrariam na definição de investimento do BIT República Checa-Israel e da Convenção ICSID, as quais, todavia, não compreendiam expressamente o requisito da legalidade dos investimentos.

Para apreciar tais objeções, o tribunal arbitral se ateve à interpretação do BIT República Checa-Israel de acordo com as disposições da Convenção de Viena, "que a Corte Internacional de Justiça descreveu repetidamente como uma expressão do direito costumeiro internacional" e à "lei pública internacional e seus princípios gerais", utilizando como "exemplo extremo o fato de que ninguém sugeriria que a proteção da ICSID deveria ser assegurada para investimentos feitos em violação das mais fundamentais normas de direitos humanos, como investimentos feitos em busca de tortura, genocídios, ou em suporte à escravidão ou tráfico de órgãos humanos"[360].

Aplicando as disposições da Convenção de Viena e o direito costumeiro internacional, o tribunal arbitral afirmou que investidores que agiram ilegalmente, incluindo aqueles que cometeram atos de corrupção, não poderiam se valer das proteções especiais asseguradas pelo direito internacional. Assegurar qualquer tipo de proteção a investimentos ilícitos, segundo o tribunal arbitral, contraria o próprio propósito dos instrumentos internacionais de promover relações internacionais lícitas, permitindo o abuso do sistema por investidores mal-intencionados. O trecho da sentença arbitral que endereça esta conclusão merece ser citado:

[360] *Phoenix Action, Ltd. vs. Czech Republic.* Caso ICSID n. ARB/06/5, j. 15-04-2020, p. 31. Disponível em: https://www.italaw.com/cases/850. Acesso em: 15 ago. 2020.

> The purpose of the international mechanism of protection of investment through ICSID arbitration cannot be to protect investments made in violation of the laws of the host State68 1. The protection of foreign investments made in accordance with the laws of the host State or investments not made in good faith, obtained for example through misrepresentations, concealments or corruption, or amounting to an abuse of the international ICSID arbitration system. In other words, the purpose of international protection is to protect legal and bona fide investments[361].

O tribunal arbitral ressaltou que, de fato, o BIT República Checa-Israel não exigia que investimentos fossem realizados "de acordo com a legislação do Estado", mas que essa disposição não era necessária para excluir da esfera de proteção do tratado investimentos realizados ilicitamente. Tais investimentos, segundo o tribunal arbitral, seriam contrários à boa-fé e à moral. Assegurar a eles proteção implicaria em violação a princípios amplamente reconhecidos na ordem internacional:

> In the Tribunal's view, States cannot be deemed to offer access to the ICSID dispute settlement mechanism to investments not made in good faith. The protection of international investment arbitration cannot be granted if such protection would run contrary to the general principles of international law, among which the principle of good faith is of utmost importance. 107. The principle of good faith has long been recognized in public international law, as it is also in all national legal systems. This principle requires parties "to deal honestly and fairly with each other, to represent their motives and purposes truthfully, and to refrain from taking unfair advantage ..."74 "There is no right, however well established, which could not, in some circumstances, be refused recognition on the ground that it has been abused." This principle governs the relations between States, but

[361] *Phoenix Action, Ltd. vs. Czech Republic*, Caso ICSID n. ARB/06/5, j. 15-04-2020, p. 40. Disponível em: https://www.italaw.com/cases/850. Acesso em: 15 ago. 2020.
Tradução livre: "O objetivo do mecanismo internacional de proteção de investimentos por meio da arbitragem do ICSID não pode ser o de proteger investimentos feitos em violação às leis do Estado anfitrião. A proteção de investimentos estrangeiros feitos de acordo com as leis do Estado anfitrião ou investimentos não realizados em boa-fé, obtidos, por exemplo, por meio de declarações falsas, ocultação ou corrupção, configuram um abuso do sistema internacional de arbitragem do ICSID. Em outras palavras, o objetivo da proteção internacional é proteger investimentos legais e de boa-fé".

also the legal rights and duties of those seeking to assert an international claim under a treaty. Nobody shall abuse the rights granted by treaties, and more generally, every rule of law includes an implied clause that it should not be abused[362].

Partindo das premissas anteriores, o tribunal arbitral entendeu que, no caso concreto, os investimentos teriam sido feitos conforme as leis da República Checa, afastando a aplicação da doutrina das mãos limpas. O investidor, contudo, não obteve a proteção desejada, pois não poderia ser considerado nacional dos Estados signatários do BIT República Checa-Israel[363].

No caso *Gustaf F. W. Hamester GmbH amp; Co KG vs. Republic of Ghana*[364] (conhecido como "Caso Hamester") o tribunal arbitral adotou o mesmo posicionamento no que tange à doutrina das mãos limpas, afirmando que "um investimento não vai ser protegido se realizado em violação à lei do Estado sede [...] estes são princípios gerais que independem da linguagem específica do tratado". A arbitragem, neste caso, foi iniciada com fundamento no BIT Alemanha-Ghana e na Convenção ICSID.

[362] *Phoenix Action, Ltd. vs. Czech Republic*, Caso ICSID n. ARB/06/5, j. 15-04-2020, p. 40. Disponível em: https://www.italaw.com/cases/850. Acesso em: 15 ago. 2020.
Tradução livre: "O objetivo do mecanismo internacional de proteção de investimentos por meio da arbitragem do ICSID não pode ser o de proteger investimentos feitos em violação às leis do Estado anfitrião. A proteção de investimentos estrangeiros feitos de acordo com as leis do Estado anfitrião ou investimentos não realizados em boa-fé, obtidos, por exemplo, por meio de declarações falsas, ocultação ou corrupção, configuram um abuso do sistema internacional de arbitragem do ICSID. Em outras palavras, o objetivo da proteção internacional é proteger investimentos legais e de boa-fé".

[363] O tribunal arbitral decidiu que o requerente havia criado uma fixação legal para poder se valer da proteção do tratado, tendo adquirido sua participação nas companhias Checas quando elas já estavam enfrentando algumas das medidas que deram ensejo aos pleitos de indenização, de modo a tornar internacional uma disputa que seria, *a priori*, doméstica. Segundo o tribunal arbitral, isso também configurava um abuso do sistema, que afastaria, por si só, a proteção buscada.

[364] *Gustaf F. W. Hamester GmbH amp; Co KG vs. Republic of Ghana*. Caso ICSID n. ARB/07/24, j. 18-06-2010. Disponível em: https://www.italaw.com/cases/documents/528. Acesso em: 22 jul. 2020.

A disputa gravitou em torno da expropriação dos direitos de gestão da Hamster sobre a Wamco, uma sociedade constituída pelo investidor alemão em parceria a uma sociedade estatal de Ghana. Em resumo, a sociedade ugandesa e o governo de Ghana tomaram medidas contra fraudes supostamente cometidas pela Hamester enquanto gestora da Wamco. Estas medidas, para a Hamester, configuraram a expropriação do seu investimento. A Hamester, então, iniciou a arbitragem ICSID, para buscar remédios para tal expropriação, nos termos do BIT Alemanha-Ghana.

No âmbito do procedimento arbitral, a República de Ghana alegou, em defesa, que os investimentos teriam sido feitos pela Hamester "por meio de fraude e em violação aos seus deveres fiduciários", o que determinaria a ausência de jurisdição *ratione materiae* do tribunal arbitral. Em relação às alegações, contudo, o tribunal arbitral entendeu que a República de Ghana não se desincumbiu do ônus probatório que lhe incumbia, destacando que "embora as práticas da Hamster possam não estar em linha com o que pode ser chamado de *l'éthique des affaires*, na visão do tribunal arbitral eles não resultam, nas circunstâncias do caso concreto, em uma fraude que pudesse afetar a jurisdição do tribunal arbitral".

Apesar do tribunal arbitral confirmar a sua jurisdição em razão da ausência de provas quanto à prática de fraude e da falta de materialidade dos atos imputados ao investidor estrangeiro, os pedidos formulados pela Hamester foram, ao final, rejeitados, por se referirem a atos não atribuíveis à República de Ghana e por não configurarem violação ao BIT Alemanha-Ghana.

A decisão no "mérito" quanto à alegação de fraude, vale destacar, não impediu o tribunal de determinar balizas importantes para os fins deste trabalho: apesar de não haver provas suficientes quanto à existência de fraude e da falta de materialidade das condutas específicas imputadas ao investidor estrangeiro no caso, o tribunal arbitral confirmou que a legalidade dos investimentos era um requisito essencial para que qualquer proteção fosse conferida ao investidor, em que pese o silêncio das disposições legais do BIT Alemanha-Ghana e da Convenção ICSID.

Outro caso que não pode deixar de ser explicado no que tange ao reconhecimento da doutrina das mãos limpas como parte da ordem internacional é o caso *Plama Consortium Limited vs. Bulgaria*, em que o tribunal arbitral confirmou que o tratado multilateral aplicável (o Energy

Charter Treaty – "ECT") [365] "não contém previsão exigindo a conformidade do investimento com uma lei em particular, o que não significa, contudo, que as proteções conferidas pelo ETC cobrem todos os tipos de investimento, incluindo aqueles contrários à lei doméstica ou internacional"[366].

Neste caso, conforme adiantamos, a disputa gravitou em torno de alegações de violação ao ECT, uma convenção multilateral que tem o propósito de promover a cooperação internacional e criar "condições estáveis, equiparáveis, favoráveis e transparentes para Investimentos de Investidores [...] de outros Países Contratantes"[367]. A Plama Consortium Limited ("Plama"), uma sociedade constituída sob as leis do Chipre, iniciou uma arbitragem contra a Bulgária, alegando a expropriação do investimento realizado em uma refinaria de petróleo, detida por uma sociedade chamada "Nova Plama". A sociedade em questão era 100% estatal, mas foi privatizada um pouco antes da Plama adquirir a sua participação, em uma operação que contou com a aprovação do governo. Ao tempo da compra da participação pela Plama, a refinaria já era um *distressed asset*, não operacional e em processo de falência. Após a Plama adquirir sua participação, a refinaria realizou duas tentativas de reiniciar as operações, mas em ambas as operações foram encerradas em poucos meses.

A Plama imputou as sucessivas falhas para reiniciar as operações da refinaria em óbices criados pelo governo da Bulgária, que teriam causado a desvalorização substancial dos seus investimentos, a retomada do processo de falência e a consequente liquidação da Nova Plama, com a venda dos ativos a um terceiro, o que configuraria a expropriação dos seus investimentos, contra a qual estaria protegida pelo ECT. A Bulgária respondeu alegando que a Plama teria omitido informações relevantes do governo ao adquirir a Nova Plama, tendo agido de má-fé e praticado

[365] *Plama Consortium Limited vs. Bulgaria.* Caso ICSID n. ARB/03/24, j. 27-08-2008. Disponível em: https://www.italaw.com/cases/857. Acesso em: 26 jul. 2020.

[366] *Plama Consortium Limited vs. Bulgaria.* Caso ICSID n. ARB/03/24, j. 27-08-2008. Disponível em: https://www.italaw.com/cases/857. Acesso em: 26 jul. 2020, p. 38.

[367] Artigo 10 do ECT. Tradução livre: "Contracting States undertake the obligation to encourage and create stable, equitable, favorable and transparent conditions for Investments of Investors of other Contracting States".

fraude, de maneira que seus investimentos não poderiam ser protegidos pelo ECT.

O tribunal arbitral, ao apreciar o pedido do governo da Bulgária, entendeu que o ECT, apesar de não estabelecer como requisito para a proteção a licitude do investimento, deveria ser interpretado de forma "consistente com o propósito de encorajar o respeito à lei", de modo que as proteções substanciais do tratado "não podem ser aplicáveis para investimentos feitos contra a lei"[368]. O tribunal arbitral registrou também que, no caso concreto, o investidor estrangeiro teria violado não apenas a lei búlgara, mas também "noções básicas de ordem pública internacional", por se tratar de contrato obtido por meios ilícitos[369]. Por fim, o tribunal concluiu que o requerente não tinha direito às proteções substanciais previstas pelo ECT.

Por fim, o polêmico caso *Yukos Universal Ltd vs. Russian Federation*[370], no qual o tribunal arbitral, apesar de acatar a interpretação conferida no caso Plama ao ECT, negou que a doutrina das mãos limpas faria parte de uma ordem pública transnacional cogente. Embora o tribunal arbitral tenha reconhecido, no caso concreto, que o ECT só conferia proteção para investimentos realizados licitamente, ele afastou a alegação de que a doutrina das mãos limpas integraria uma ordem jurídica internacional cogente, de modo que, não fosse a interpretação sistemática específica deste tratado, o requisito das "mãos limpas" não poderia ser extraído da ordem jurídica internacional. Nesse aspecto, reproduzimos trecho da sentença arbitral final:

> (a) Can a Clean Hands Principle or Legality Requirement be Read into the ECT?
>
> 1351. Other arbitral tribunals have stated in obiter dicta that the principle that an investment "will not be protected if it has been created in vio-

[368] Tradução livre: "Consequently, the ECT should be interpreted in a manner consistent with the aim of encouraging respect for the rule of law. The Arbitral Tribunal concludes that the substantive protections of the ECT cannot apply to investments that are made contrary to law." *Plama Consortium Limited vs. Bulgaria*. Caso ICSID n. ARB/03/24, j. 27-08-2008. Disponível em: https://www.italaw.com/cases/857. Acesso em: 26 jul. 2020, p. 38.

[369] *Plama Consortium Limited vs. Bulgaria*. Caso ICSID n. ARB/03/24, j. 27-08-2008. Disponível em: https://www.italaw.com/cases/857. Acesso em: 26 jul. 2020, p. 144.

[370] *Yukos Universal Ltd vs. Russian Federation (Final Award)*. Caso PCA n. AA 227, j. 28-07-2014.

lation of national or international principles of good faith" or "of the host State's law" is a "general principle [...] that exist[s] independently of specific language" in an investment treaty. (1773)

1352. The Tribunal agrees with this proposition. In imposing obligations on States to treat investors in a fair and transparent fashion, investment treaties seek to encourage legal and bona fide investments. An investor who has obtained an investment in the host State only by acting in bad faith or in violation of the laws of the host state, has brought itself within the scope of application of the ECT through wrongful acts. Such an investor should not be allowed to benefit from the Treaty.

[...]

(b) Does the "Clean Hands" Doctrine Constitute a "General Principle of Law Recognized by Civilized Nations"?

1358. The Tribunal is not persuaded that there exists a "general principle of law recognized by civilized nations" within the meaning of Article 38(1)(c) of the ICJ Statute that would bar an investor from making a claim before an arbitral tribunal under an investment treaty because it has so-called "unclean hands."

1359. General principles of law require a certain level of recognition and consensus. However, on the basis of the cases cited by the Parties, the Tribunal has formed the view that there is a significant amount of controversy as to the existence of an "unclean hands" principle in international law[371].

[371] *Yukos Universal Ltd vs. Russian Federation (Final Award).* Caso PCA n. AA 227, j. 28-07-2014, p. 428-430. Tradução livre: "a) Um princípio de mãos limpas ou um requisito de legalidade podem ser lidos no ECT? 1351. Outros tribunais arbitrais declararam no *obiter dicta* que o princípio de que um investimento "não será protegido se tiver sido criado em violação dos princípios nacionais ou internacionais de boa-fé" ou "da lei do Estado anfitrião" é um "princípio geral [...] que existe independentemente de linguagem específica" em um tratado de investimento. (1773) 1352. O Tribunal concorda com esta proposição. Ao impor obrigações aos Estados de tratar os investidores de maneira justa e transparente, os tratados de investimento buscam incentivar investimentos legais e de boa-fé. Um investidor que obteve um investimento no Estado anfitrião apenas agindo de má-fé ou violando as leis do Estado anfitrião, se trouxe ao escopo de proteção do ECT por meio de atos ilícitos. Tal investidor não deve poder beneficiar do Tratado. [...] (b) A doutrina de "mãos limpas" constitui um "princípio geral de direito reconhecido pelas nações civilizadas"? 358. O Tribunal não está convencido de que exista um "princípio geral de direito reconhecido pelas nações civilizadas", na seção do artigo 38 (1) (c) do Estatuto do ICJ que impediria um investidor de fazer uma reclamação perante um tribunal arbitral sob um tratado de investimento porque

As alegações materiais de parte a parte no caso Yukos são bastante complexas e exigiriam um trabalho específico para serem abordadas com clareza suficiente, o que, evidentemente, fugiria do escopo do presente trabalho. Para este estudo, basta explicar, resumidamente, que a arbitragem gravitou em torno de alegações de expropriação elaboradas contra a Rússia por investidores estrangeiros que detinham a maior companhia de petróleo da Rússia[372]. Entre as alegações, os investidores argumentaram que a Rússia revisitou diversas vezes impostos aplicáveis à companhia que detinham, de maneira a moldar a sua legislação de forma a enforcar economicamente a companhia.

A Rússia, por sua vez, alegou que os investidores não teriam direito à proteção pelo ECT na medida em que teriam cometido o crime de evasão fiscal, além de outras irregularidades no momento da realização do investimento. Em relação à alegação de evasão fiscal, o tribunal arbitral declarou que questões relacionadas aos tributos cobrados pelo governo russo se referiam à essência da disputa e não poderiam, portanto, importar em óbice à admissibilidade ou jurisdição do tribunal arbitral. Ademais, tanto as alegações de evasão fiscal quanto as demais ilegalidades,

tem as chamadas 'mãos sujas'.1359. Os princípios gerais do direito exigem um certo nível de reconhecimento e consenso. No entanto, com base nos casos citados pelas Partes, o Tribunal formou a opinião de que há uma quantidade significativa de controvérsia quanto à existência de um princípio de "mãos impuras" no direito internacional".

372 *Yukos Universal Ltd vs. Russian Federation (Final Award).* Caso PCA n. AA 227, j. 28-07-2014, p. 12. Os atos que substanciariam as ilegalidades incluem "persecuções penais, o assédio da Yukos, de seus empregados e pessoas e entidades relacionadas, revisitação massiva de questões tributárias, cobranças de VAT, fianças, congelamento de bens e outras medidas para forçar contra a Yukos as revisões tributárias, a venda forçada do principal ativo de produção de petróleo da Yukos em agosto de 2006 e a venda subsequente dos ativos remanescentes e a Yukos ter sido eliminada do registro de companhias em novembro de 2007". Tradução livre: "The measures complained of include criminal prosecutions, harassment of Yukos, its employees and related persons and entities; massive tax reassessments, VAT charges, fines, asset freezes and other measures against Yukos to enforce the tax reassessments; the forced sale of Yukos' core oil production asset; and other measures culminating in the bankruptcy of Yukos in August 2006, the subsequent sale of its remaining assets, and Yukos being struck off the register of companies in November 2007. Claimants contend, and Respondent denies, that Respondent failed to treat Claimants' investments in Yukos in a fair and equitable manner and on a non-discriminatory basis, in breach of Article 10(1) of the ECT, and that Respondent expropriated Claimants' investments in breach of Article 13(1) of the ECT. Claimants seek full reparation in excess of USD 114 billion".

segundo o tribunal arbitral, seriam "ilegalidades colaterais", que não afetariam o direito à proteção pelos investidores[373].

Ao final, o tribunal arbitral condenou a Rússia a pagar cerca de USD 50 bilhões (cinquenta bilhões de dólares) aos investidores estrangeiros, entendendo que houve expropriação do investimento. A sentença arbitral, contudo, foi anulada na sede da arbitragem (Haia), por questões relacionadas ao consentimento da Rússia com o ECT[374].

Apesar da anulação, a sentença arbitral proferida no caso Yukos revela que não há um posicionamento pacífico acerca do reconhecimento da doutrina das mãos limpas como parte da ordem jurídica internacional. Sem entrar no mérito do consenso mínimo exigido para que a doutrina das mãos limpas seja considerada, de fato, parte da ordem jurídica internacional, registramos que uma interpretação sistemática da maioria dos tratados e acordos internacionais que versam sobre investimentos estrangeiros – cujo propósito é, em maior ou menor grau, sempre fomentar o comércio e os investimentos internacionais lícitos – aponta para a exigência quanto à licitude dos investimentos e atos do investidor, para que este investidor possa se valer de proteções especiais conferidas em instrumentos internacionais.

Conforme pontuado no Caso Phoenix, os acordos e tratados internacionais são firmados para fomentar a cooperação e o comércio internacional de forma lícita, de acordo com os princípios internacionais pertinentes (como a boa-fé) e com as determinações domésticas de cada país; não se pode presumir que Estado algum teria a intenção ou pretensão de pactuar um tratado ou acordo que estimulasse a realização de investimentos ilícitos em seu Estado, o que poderia acontecer caso investidores que cometessem atos ilícitos tivessem direito às proteções especiais asseguradas nos tratados e nos acordos internacionais.

[373] O tribunal arbitral também fez, no caso, uma diferenciação entre ilegalidades na realização do investimento e durante a sua execução, aduzindo que apenas as primeiras não seriam passíveis de proteção pelo tratado ECT. Não prolongaremos a questão por fugir ao escopo deste trabalho, mas registramos que esta discussão é bastante controversa no âmbito de arbitragens de investimento.

[374] Sobre a decisão de anulação: NASSER, Paulo. *Caso Yukos*: Sentença Arbitral de USD 50 bilhões anulada pela Corte Distrital de Haia. Disponível em: http://nasser.adv.br/informativo-de-jurisprudencia-internacional/2016/06/01/caso-yukos-sentenca-arbitral-de-usd-50-bilhoes-anulada-pela-corte-distrital-de-haia/. Acesso em: 26 jul. 2020.

Ao nosso ver, aqueles que buscam essa proteção especial devem, por uma questão de justiça e equidade, no mínimo, fazer jus a tal proteção demonstrando que contribuíram para o comércio e o mercado de investimentos internacional, concretizando o propósito dos acordos e tratados firmados. Investidores com "mãos sujas", que praticam atos criminosos, fazem exatamente o contrário, na medida em que fomentam o preconceito contra investidores estrangeiros, justificando a elaboração de normas mais hígidas contra eles, o que caminha na contramão do propósito dos instrumentos que, mais tarde, os próprios investidores procuram se valer quando entendem que seus direitos foram violados.

No que tange à corrupção, considerando todo o arcabouço internacional existente para combater atos de suborno, apropriação indébita, peculato, etc., a conclusão é a de que investimentos realizados por meio da prática de corrupção não podem ser razoavelmente interpretados como dentro do escopo de proteções especiais conferidas a investidores estrangeiros pelo direito internacional.

Investidores que praticam ato de corrupção não devem contar com este arcabouço normativo de proteção – conforme ressaltado no Caso World Duty Free – o que, espera-se, seja suficiente para que repensem a prática dos seus atos em um primeiro momento. E se deixarão de investir por não poderem se valer da corrupção, melhor que seja assim. Antes um país deixar de receber investimentos a receber um investidor estrangeiro que fomentará a prática de corrupção em seu território.

4.
Alegações de Corrupção em Arbitragens Comerciais

Antes de analisarmos as circunstâncias e os remédios específicos disponíveis em arbitragens comerciais internacionais envolvendo alegações de corrupção, fixaremos alguns conceitos importantes: (a) a diferença entre contratos obtidos por meio de corrupção (*contracts procured by corruption*) dos contratos que têm como objeto, de certa maneira, a prática de corrupção (*contracts providing for corruption*) (subcapítulo 4.1) e (b) os conceitos de nulidade e anulabilidade (subcapítulo 4.2).

Fixados tais conceitos, explicaremos a jurisdição do tribunal arbitral para lidar com atos de corrupção (subcapítulo 4.3), as circunstâncias em que o remédio jurídico aplicável pelo tribunal arbitral é, em regra, a nulidade absoluta do negócio jurídico em disputa (subcapítulo 4.4), a sua anulabilidade (subcapítulo 4.5), e/ou o pagamento de perdas e danos para o "Estado-vítima" dos atos de corrupção (subcapítulo 4.6).

4.1. Contratos obtidos por corrupção e contratos prevendo corrupção

A arbitragem, conforme explicamos no primeiro capítulo deste estudo, é um método alternativo de resolução de disputas criado principalmente para demandas envolvendo direitos patrimoniais disponíveis. Como tal, muitas vezes é considerada o extremo oposto dos procedimentos criminais, nos quais o Estado tutela, em regra, matérias de interesse público indisponível, que não podem, em princípio, ser submetidas à arbitragem. Casos envolvendo as consequências cíveis, patrimoniais e disponíveis, de atos ilegais, tipificados como crimes, são a rara intersecção entre as duas matérias, com a qual nos preocupamos neste trabalho. Sobre o tema, trazemos Alexis Mourre:

> Arbitration and criminal law appear to live on two distant planets, and their paths do not seem to ever have to cross each other. Arbitration is based upon private autonomy, and its purpose is to adjudicate private disputes. Criminal law endeavours to restrict private autonomy for the sake of the general interest. Criminal law is at the core of the State's mandatory laws, while arbitration is autonomous from states. Yet, because criminal law rules might have an impact on both the arbitral proceedings and the solution of the dispute, these two disciplines have more points of connection than could be suspected from the outset[375].

Há duas situações diversas envolvendo a intersecção entre o direito penal e a arbitragem em arbitragens comerciais envolvendo alegações de corrupção. Em alguns casos, questionam-se os efeitos da corrupção praticada antes ou durante a relação contratual, como, por exemplo, quando um contrato foi obtido pela prática de corrupção (*contracts procured by corruption*). Em outros casos, questiona-se a validade de contratos que têm um propósito ilícito, ou seja, que têm como objeto a prática dos atos de corrupção (*contracts providing for corruption*). Neste trabalho traduziremos os termos anglicanos para "contratos obtidos por corrupção" e "contratos prevendo corrupção", respectivamente.

A diferença entre contratos obtidos por corrupção e contratos prevendo corrupção é reconhecida na Convenção de Direito Civil em Corrupção (em inglês, *Civil Law Convention on Corruption* – "CLCC") do Conselho da Europa (em inglês, *Council of Europe*, ou "COE"), que traz a

[375] Mourre, Alexis. Chapter 11 – arbitration and criminal law: jurisdiction, arbitrability and duties of the arbitral tribunal. *In*: Mistelis, Loukas A. *Arbitrability*: international and comparative perspectives. Países Baixos: Kluwer Law International, 2009, p. 215. Tradução livre: "Arbitragem e direito penal parecem viver em dois planetas distantes, e seus caminhos parecem nunca ter que se cruzar. A arbitragem é baseada na autonomia privada e tem como objetivo julgar disputas privadas. O direito penal se esforça para restringir a autonomia privada em prol do interesse geral. O direito penal está no cerne das leis obrigatórias do Estado, enquanto a arbitragem é autônoma dos Estados. No entanto, como as regras do direito penal podem ter um impacto tanto no processo arbitral quanto na solução da disputa, essas duas disciplinas têm mais pontos de conexão do que se poderia suspeitar desde o início".

distinção entre eles nos artigos 8(1) e 8(2) e prevê as consequências que devem ser instituídas pelos países da União Europeia para as duas hipóteses de ilicitude: a nulidade e a anulabilidade, conforme vemos abaixo:

> Artigo 8(1): Each Party shall provide in its internal law for any contract or clause of a contract providing for corruption to be null and void[376].
>
> Artigo 8(2): Each Party shall provide in its internal law for the possibility for all parties to a contract whose consent has been undermined by an act of corruption to be able to apply to the court for the contract to be declared void, notwithstanding their right to claim for damages[377].

Os contratos prevendo corrupção são, em regra, contratos de consultoria ou agência[378] (*agency agreements*), em que um particular contrata um terceiro intermediário para mediar sua relação com o Estado, promovendo os seus interesses. Forma-se, por meio dos contratos de consultoria ou agência, uma relação triangular entre o particular, o Estado e o intermediário.

A mediação realizada pelo intermediário entre o Estado e o particular pode ser conduzida de forma legal ou ilegal, por meio, por exemplo, de subornos ou do exercício ilegal de influência (tráfico de influência)[379]. Desta relação triangular, surgem muitas vezes os contratos obtidos por corrupção:

[376] Tradução livre: "Cada Parte deverá prever em sua lei interna que qualquer contrato ou cláusula de um contrato que preveja corrupção é nula e ineficaz".

[377] Tradução livre: "Cada Parte deverá prever em sua legislação interna a possibilidade de todas as partes de um contrato cujo consentimento tenha sido comprometido por um ato de corrupção poderem solicitar ao tribunal que o contrato seja declarado anulável, sem prejuízo do direito de reclamar perdas e danos".

[378] Os contratos de agência são, em regra, admitidos no ordenamento jurídico brasileiro, sendo regulados pelos artigos 710-721 do Código Civil.

[379] As duas condutas constituem um crime cuja tipificação é prevista na UNCC, mas apenas a de suborno foi tipificada pela maioria dos países signatários da Convenção.

FIGURA 1 – Relação triangular entre agentes corruptos e o Estado

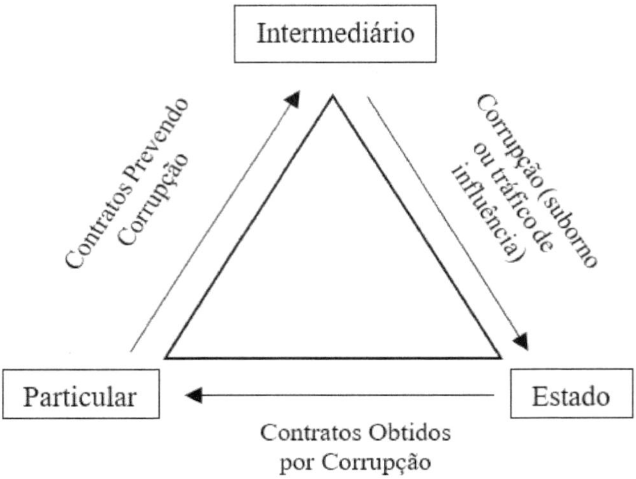

Fonte: Elaborado pela autora.

Sobre a relação triangular formada em torno dos atos de corrupção a partir dos contratos de agência ou consultoria e as consequências para o direito material das partes envolvidas, Michael Joachim Bonell e Olaf Meyer observam:

> In its simplest form, a typical corrupt exchange can be seen as a triangular relationship between a principal, his agent and a bribe-giver [...]. This model is especially suitable for the analysis of the private law side of corruption, as it allows for the clearest depiction of the legal relationships between the different actors. This is because such a triangular structure between principal, agent and bribe-giver also corresponds to a triangular contractual relationship in private law. The base of the triangle is formed by the relationship between the principal and his agent [...] Under this model it is therefore possible to distinguish between contracts providing for corruption and contracts procured by corruption [...]. Although one could say that both contractual relationships are tainted with corruption, they are not necessarily subject to the same legal consequences[380].

[380] Tradução livre: "Na sua forma mais simples, uma troca corrupta típica pode ser vista como uma relação triangular entre um principal, seu agente e um subornador [...]. Esse

Analisaremos, nesta pesquisa, primeiro a jurisdição do tribunal arbitral para apreciar pedidos relacionados à alegação de corrupção. Em seguida, trataremos sobre as consequências jurídicas dos contratos prevendo corrupção e dos contratos obtidos por corrupção em arbitragens comerciais internacionais.

4.2. Premissa conceitual: nulidade e anulabilidade

Antes de analisarmos os remédios legais, cabe também uma breve explicação conceitual acerca das duas categorias de invalidade (nulidade e anulabilidade) que atingem, como regra, negócios jurídicos contaminados por atos de corrupção, sob a perspectiva do direito internacional privado, em comparação à legislação brasileira. Em relação à perspectiva do direito internacional privado, utilizaremos os Princípios UNIDROIT Relativos aos Contratos Comerciais Internacionais de 2016 (que já definimos acima como "UPICC"), elaborados pela ONU após extensas pesquisas e debates da comunidade internacional com o propósito de estabelecer o "costume comercial internacional"[381].

A Seção 2 dos UPICC estabelece os princípios que integram o costume internacional no que se refere à invalidade dos contratos (*avoidance*), trazendo algumas hipóteses de invalidade relacionadas a vícios de consentimento, além de dispor sobre os efeitos desses vícios. Já a Seção 3 dos UPICC traz as hipóteses de ilegalidade do negócio jurídico, quando tais negócios violam normas cogentes.

modelo é especialmente adequado para a análise do lado do direito privado da corrupção, pois permite uma descrição mais clara das relações jurídicas entre os diferentes atores. Isso ocorre porque uma estrutura triangular entre principal, agente e suborno também corresponde a uma relação contratual triangular no direito privado. A base do triângulo é formada pela relação entre o principal e seu agente. [...] Nesse modelo, é possível distinguir entre contratos prevendo corrupção e contratos obtidos por corrupção [...]. Embora se possa dizer que ambas as relações contratuais estão contaminadas pela corrupção, elas não estão necessariamente sujeitas às mesmas consequências legais". BONELL, Michael Joachim; MEYER, Olaf. The impact of corruption on international commercial contracts – general report. *In*: BONELL, Michael Joachim; MEYER, Olaf (eds). *The impact of corruption on international commercial contracts*. Springer, Cham, 2015, p. 5-6.

[381] Introdução para a edição de 1994 dos UPICC. Disponível em: https://www.unidroit.org/english/principles/contracts/principles2016/principles2016-e.pdf. Acesso em: 26 jun. 2020.

Nos termos do artigo 3.2.14 dos UPICC[382], a invalidade dos negócios jurídicos por vícios de consentimento tem efeitos retroativos, ou seja, opera como se o contrato nunca tivesse existido, resguardando-se, contudo, as hipóteses em que o retorno ao *status quo ante* não é possível ou adequado (artigo 3.2.15 dos UPICC[383]), como em contratos bilaterais sucessivos, em que há uma contraprestação imediata às obrigações das partes. São exemplos os contratos de aluguel, em que não é possível "deixar de usar" retroativamente o espaço locado, ou de serviço, em que não é possível desfazer o serviço prestado. Ainda, nos termos do artigo 3.2.16 dos UPCC, a parte que "sabia, ou deveria saber" sobre as hipóteses de anulabilidade é responsável pelas perdas e danos sofridos em razão do negócio jurídico anulável[384].

[382] Artigo 3.2.14 dos UPICC: "(Retroactive effect of avoidance) Avoidance takes effect retroactively". Tradução livre: "(Efeito retroativo da anulação) A anulação tem efeitos retroativos".

[383] Artigo 3.2.15 dos UPICC: "(Restitution) (1) On avoidance either party may claim restitution of whatever it has supplied under the contract, or the part of it avoided, provided that the party concurrently makes restitution of whatever it has received under the contract, or the part of it avoided. (2) If restitution in kind is not possible or appropriate, an allowance has to be made in money whenever reasonable. (3) The recipient of the performance does not have to make an allowance in money if the impossibility to make restitution in kind is attributable to the other party. (4) Compensation may be claimed for expenses reasonably required to preserve or maintain the performance received." Tradução livre: " (Restituição) (1) Em caso de invalidade, qualquer uma das partes pode reivindicar a restituição do que for fornecido sob o contrato, ou a parte que pleiteou a invalidade, desde que a parte faça restituição simultaneamente do que recebeu sob o contrato ou da parte que foi evitada. (2) Se a restituição em espécie não for possível ou apropriada, uma indenização deve ser concedida em dinheiro sempre que razoável. (3) O destinatário da execução não precisa conceder uma indenização em dinheiro se a impossibilidade de restituir em espécie for atribuível à outra parte. (4) A indemnização pode ser reclamada por despesas razoavelmente necessárias para preservar ou manter o que foi performado".

[384] Artigo 3.2.16 dos UPICC: "(Damages) Irrespective of whether or not the contract has been avoided, the party who knew or ought to have known of the ground for avoidance is liable for damages so as to put the other party in the same position in which it would have been if it had not concluded the contract." Tradução livre: " (Danos) Independentemente de o contrato ter sido ou não evitado, a parte que sabia ou deveria saber o motivo da invalidade é responsável por danos, de modo a colocar a outra parte na mesma posição em que estaria se não tivesse concluído o contrato".

Já os efeitos da ilegalidade por força da violação de normas cogentes (Seção 3) dependem, nos termos dos UPICC, do que a norma infringida especificar. Não havendo previsão específica na norma cogente violada, as partes poderão solicitar "os remédios adequados para as circunstâncias concretas do caso"[385], incluindo a nulidade absoluta do negócio jurídico. Destaca-se que o exemplo das notas explicativas à seção 3 dos UPICC é exatamente o caso de contratos de agência ou consultoria que visam à prática de atos de corrupção pelo intermediário:

> A contract may infringe mandatory rules first of all by its very terms. As shown by the following Illustrations concerning corruption and collusive bidding, mandatory rules may be specific statutory provisions or unwritten general principles of public policy. Illustrations 1. Contractor A of country X enters into an agreement with agent B ("the Commission Agreement") under which B, for a fee of USD 1,000,000, would pay USD 10,000,000 to C, a highranking procurement advisor of D, the Minister of Economics and

[385] Artigo 3.3.1 dos UPCCI: "(Contracts infringing mandatory rules) (1) Where a contract infringes a mandatory rule, whether of national, international or supranational origin, applicable under Article 1.4 of these Principles, the effects of that infringement upon the contract are the effects, if any, expressly prescribed by that mandatory rule. (2) Where the mandatory rule does not expressly prescribe the effects of an infringement upon a contract, the parties have the right to exercise such remedies under the contract as in the circumstances are reasonable. (3) In determining what is reasonable regard is to be had in particular to: (a) the purpose of the rule which has been infringed; (b) the category of persons for whose protection the rule exists; (c) any sanction that may be imposed under the rule infringed; (d) the seriousness of the infringement; (e) whether one or both parties knew or ought to have known of the infringement; (f) whether the performance of the contract necessitates the infringement; and (g) the parties' reasonable expectations." Tradução livre: (Contratos que infringem normas cogentes) (1) Quando um contrato viola uma norma cogente, de origem nacional, internacional ou supranacional, aplicável nos termos do Artigo 1.4 desses Princípios, os efeitos dessa violação no contrato são os efeitos, se houver, expressamente prescritos pela norma cogente violada. (2) Quando a norma cogente não prescreve expressamente os efeitos de uma infração em relação a um contrato, as partes têm o direito de exercer os remédios contratuais de como forem razoáveis às circunstâncias. (3) Ao determinar o que é razoável, deve-se considerar, em particular: (a) a finalidade da norma que foi violada; (b) a categoria de pessoas que a norma procura proteger; (c) qualquer sanção que possa ser imposta sob a norma violada; d) A gravidade da infração; (e) se uma ou ambas as partes sabiam ou deviam saber da infração; f) se a execução do contrato exige a infração; e (g) as expectativas razoáveis das partes".

> Development of country Y, in order to induce D to award A the contract for the construction of a new power plant in country Y ("the Contract"). In both countries X and Y bribery of public officials is prohibited by statute. The Commission Agreement infringes the statutory prohibitions in question by its terms. As to the Contract for the construction of the power plant, see Illustration 7[386].

Os comentários aos UPICC também explicam que contratos obtidos por corrupção podem ser considerados contrários à legislação cogente, enquadrando-se, dessa forma, no artigo 3º dos UPICC:

> Moreover, a contract may also infringe mandatory rules in other ways, for example by the way in which it is formed or by its purpose. Illustrations 7. The facts are the same as in Illustration 1, except that B pays C the USD 10,000,000 bribe and D awards the Contract to A. The Contract violates the statutes prohibiting corruption by the way in which it is formed[387].

Para determinar quais remédios são adequados e proporcionais, os comentários aos UPICC esclarecem que devem ser considerados (a) os propósitos da norma violada, (b) a categoria de pessoas protegida pela norma violada, (c) as sanções previstas pela norma violada, (d) a serie-

[386] UPPIC comentado. Disponível em: https://www.unidroit.org/instruments/commercial-contracts/unidroit-principles-2016. Acesso em: 29 jun. 2020. Tradução livre: "Um contrato pode violar normas cogentes antes de tudo por seus próprios termos. Conforme mostrado nas ilustrações a seguir sobre corrupção e licitações em conluio, as regras obrigatórias podem ser disposições estatutárias específicas ou princípios gerais não escritos de ordem pública. Ilustração 1. O contratante A do país X celebra um contrato com o agente B ("Contrato de Agência") segundo o qual B, por uma taxa de US $ 1.000.000, pagaria US $ 10.000.000 a C, um consultor de compras de D, o Ministro da Economia e Desenvolvimento do país Y, a fim de induzir D a adjudicar A o contrato para a construção de uma nova usina no país Y ("o Contrato"). Nos dois países, X e Y, o suborno de funcionários públicos é proibido por lei. O acordo da Comissão viola as proibições legais em questão pelos seus termos. Quanto ao contrato para a construção da usina, veja a ilustração 7".

[387] UPPIC comentado. Disponível em: https://www.unidroit.org/instruments/commercial-contracts/unidroit-principles-2016. Acesso em: 29 jun. 2020. Tradução livre: "Além disso, um contrato também pode violar normas cogentes de outras maneiras, por exemplo, pela maneira como é formado ou por sua finalidade. Ilustrações 7. Os fatos são os mesmos da Figura 1, exceto que B paga a suborno de US $ 10.000.000 e D concede o Contrato a A. O Contrato viola os estatutos que proíbem a corrupção pela maneira como é formado".

dade da violação, (e) se as partes tinham conhecimento acerca da violação e (f) se o contrato é exequível apesar da violação. Novamente os comentários aos UPICC trazem como exemplo situações envolvendo atos de corrupção:

> 9. The facts are the same as in Illustration 1, except that even though B paid C A's bribe, D does not award the Contract to A. Since the purpose of the relevant statutory prohibition of bribery would be frustrated by granting A and B any remedy under the Commission Agreement, B may not request the payment of the USD 1,000,000 fee from A, nor may A recover from B the USD 10,000,000 B has paid to C. 10. A, an aircraft manufacturer in country X, knowing that C, the Ministry of Defence of country Y, intends to purchase a number of military aircraft, enters into an agreement with B, a consultancy firm located in country Y, by which B is to negotiate the possible purchase by C of the aircraft manufactured by A ("the Agency Agreement"). A statutory regulation of country Y prohibits the employment of intermediaries in the negotiation and conclusion of contracts with governmental agencies. Since the purpose of the statutory prohibition of the employment of intermediaries is to fight corruption, neither A nor B should be granted any remedy under the Agency Agreement[388].

No Brasil, assim como em outros países, a invalidade do negócio jurídico divide-se em duas categorias: as hipóteses de nulidade e de anulabilidade. A nulidade é o remédio aplicável para violações à ordem pública

[388] UPPIC comentado. Disponível em: https://www.unidroit.org/instruments/commercial-contracts/unidroit-principles-2016. Acesso em: 29 jun. 2020. Tradução livre: "9. Os fatos são os mesmos da Figura 1, exceto que, embora B pague suborno de C, D não conceda o Contrato a A. Como o objetivo da proibição estatutária relevante de suborno seria frustrado pela concessão para A e B dos remédios disponíveis no Contrato da Comissão, B não poderá solicitar o pagamento da taxa de US$ 1.000.000 de A, nem A poderá recuperar de B os US$ 10.000.000 de B pagos a C. 10. A, um fabricante de aeronaves no país X, sabendo que C, o Ministério da Defesa do país Y, pretende comprar uma série de aeronaves militares, celebra um contrato com a B, uma empresa de consultoria localizada no país Y, através da qual B negocia a possível compra por C da aeronave fabricada por A ("Contrato de Agência"). Um regulamento estatutário do país Y proíbe o emprego de intermediários na negociação e celebração de contratos com agências governamentais. Como o objetivo da proibição estatutária de emprego de intermediários é combater a corrupção, nem A nem B devem receber nenhum remédio nos termos do Contrato de Agência".

do país, a leis cogentes e, por sua gravidade e alcance (afetando o interesse público), constituem hipótese de nulidade absoluta, imprescritível, que não pode ser convalidada e pode ser declarada por qualquer das partes, por terceiros, ou *ex officio* pelos juízes (artigos 168 e 169 do Código Civil brasileiro). Já a anulabilidade opera no âmbito do interesse privado das partes envolvidas, constituindo hipótese de nulidade relativa, prescritível e passível de convalidação (artigos 172-182 do Código Civil brasileiro). Sobre a diferença entre a nulidade e a anulabilidade dos negócios jurídicos no Brasil, Luiz Roldão de Freitas Gomes:

> Distingue-se a anulabilidade da anulação pelas causas e efeitos. Enquanto dizem respeito as primeiras sobretudo à infração de normas de ordem pública, as segundas concernem, como visto, à inobservância de normas de proteção de interesses individuais, dizendo respeito à incapacidade relativa do sujeito, aos vícios da vontade e a outros fundamentos sempre sob aquela ótica. No que tange aos efeitos, depende, a anulabilidade, de impugnação da parte interessada, o que, ao revés da nulidade, reduz o âmbito da legitimação para ser arguida, carece de decretação pelo juiz e é sanável. Titular da ação de anulação, em regra, é a pessoa em cujo favor a lei estabeleceu a causa de invalidade. Se o ato, porém, vem a ofender interesse social, pode ser demandada por quem tenha interesse em vê-la proclamada. Pode ser sanada: a) pela confirmação expressa ou tácita; b) pelo decurso do tempo; c) pela posterior cessação da causa que viciava o ato. A confirmação, já se expôs, tem caráter constitutivo. Dá-se pelo decurso de tempo, quando for ultrapassado o prazo de prescrição, ou decadência, por lei fixado. Convalida-se o ato pelo concurso de requisito superveniente, de que carecia, quando p. ex., depende de consentimento de terceiro e, em matéria de pessoa jurídica, de prévia autorização, concedida após sua prática. Ressalte-se que a ratificação ou posterior autorização não podem prejudicar direitos adquiridos por terceiros. A distinção fundamental, pois, em matéria de nulidade e anulabilidade do ato reside em que a primeira, sob o caráter de absoluta, entende-se poder ser oposta, em ação ou exceção, por quem quer que tenha interesse; a segunda só pode ser arguida por aqueles em cujo favor foi estabelecida[389].

[389] GOMES, Luiz Roldão de Freitas. Invalidade dos atos jurídicos – nulidades – anulabilidades – conversão. *Doutrinas Essenciais de Direito Civil*, v. 4, out. 2010, p. 8-94.

Isso significa que, no Brasil, nos termos do artigo 3º dos UPICC, o legislador optou por estabelecer a nulidade absoluta como o remédio aplicável para os negócios jurídicos que violam a lei cogente. Já as hipóteses de *avoidance* previstas no artigo 2º do UPICC são abarcadas, no sistema jurídico brasileiro, pelas hipóteses de anulabilidade previstas no Código Civil.

Dessa forma, assim como os UPICC, o Código Civil brasileiro divide em duas categorias distintas as hipóteses de invalidade: (a) há os negócios jurídicos ilegais, que contrariam normas cogentes, que são regulados no Livro III ("Dos Fatos Jurídicos"), Título I ("Dos Negócios Jurídicos"), Capítulo V ("Da Invalidade do Negócio Jurídico) do Código Civil brasileiro, para os quais a legislação estabelece como remédio a nulidade absoluta; e (b) há as hipóteses de vício de consentimento, que podem dar ensejo no direito brasileiro à anulação do negócio jurídico, reguladas no Livro III ("Dos Fatos Jurídicos"), Título I ("Dos Negócios Jurídicos"), Capítulo IV ("Dos Defeitos do Negócio Jurídico") do Código Civil brasileiro.

Também de forma semelhante aos UPICC, o Código Civil brasileiro determina que os vícios de consentimento são relativos, ou seja, a invalidade do contrato só é declarada caso seja do interesse de ao menos uma das partes envolvidas, ou de terceiro interessado, podendo convalidar-se. Esta invalidade, tanto nos termos dos UPICC quanto nos termos do Código Civil brasileiro, tem como efeito o retorno ao *status quo ante* e pode ser pleiteada em conjunto e/ou como alternativa a pedido de perdas e danos[390].

[390] Como aconteceu, por exemplo, no seguinte julgado do Tribunal de Justiça de São Paulo: Revelia reconhecida em decisão não recorrida. Narrativa fática incontroversa. Negada a vistoria prévia do bem ao autor pelo réu, sob o argumento de que se tratava de ato desnecessário, pois efetuada retífica de motor há menos de um ano, e, também, porque o câmbio estaria em ótimo estado. Dolo configurado porque constatada a necessidade de retífica de motor, o que torna anulável o negócio jurídico celebrado pelas partes na forma do CC 145. Documento de vistoria que comprova que o veículo se apresentava "não conforme", porque ausente a numeração do motor de seu local de origem – Vício referente à numeração do motor não guarda relação com o tempo de uso do veículo, e está a decorrer, ao que tudo indica, da troca da base do motor. Rescisão do contrato com devolução de parcelas pagas acolhida. Sentença reformada. Sucumbência invertida. Recurso provido. Brasil. Tribunal de Justiça de São Paulo. Apelação n. 0026119-91.2011.8.26.0590, 19ª Câmara de Direito Privado. Rel. Des. Dimitrios Zarvos Varellis, j. 29-07-2015; registro em 3-8-2015.

Considerando-se os UPICC e o Código Civil brasileiro, quando mencionarmos anulabilidade neste trabalho, estaremos nos referindo aos vícios de consentimento, que são relativos, podem ser convalidados e dependem de pedido expresso da parte inocente. Quando mencionamos nulidade, nos referimos aos casos em que o negócio jurídico é ilegal, viola a lei cogente, contém um vício que extrapola o interesse das partes diretamente envolvidas e atinge o interesse público, tendo como consequência a sua invalidade absoluta, declarável de ofício ou a pedido de terceiro, não sendo possível sua convalidação.

Não é um trabalho simples discorrer sobre os remédios legais para os casos em que há alegação de corrupção. Quando abordamos o tema do ônus da prova, iniciamos o tópico com ênfase na discricionariedade dos árbitros para estabelecer as regras sobre o assunto, o que faz com que muitas decisões sejam pautadas em critérios e parâmetros aplicados por outros tribunais com igual discricionariedade, construindo-se assim uma jurisprudência internacional sobre o assunto. Ao se considerar os remédios legais cabíveis para atos de corrupção, a discricionariedade dos árbitros é reduzida, já que eles precisam considerar as disposições legais aplicáveis ao mérito para tomar suas decisões. Ou seja, o remédio aplicável variará conforme a lei aplicável ao mérito.

Apesar dos remédios aplicáveis a atos de corrupção no âmbito de arbitragens comerciais internacionais dependerem, conforme mencionamos, da lei aplicável à disputa, no geral, há quatro cenários possíveis que acabam se repetindo em arbitragens comerciais envolvendo alegações de corrupção: (a) o tribunal arbitral declina sua jurisdição; (b) o contrato é declarado nulo e/ou ineficaz; (c) o contrato é anulado, resguardando-se o direito a perdas e danos; e (d) o contrato é considerado válido, apesar da relação com atos de corrupção.

A prática revela que a solução "a" (declinar a jurisdição) não é aplicada com frequência pelos tribunais arbitrais. Já a solução "b" (contrato nulo e ineficaz) costuma ser aplicada principalmente para contratos prevendo corrupção. A solução "b" (anulabilidade) é aplicada, em regra, para contratos obtidos por corrupção, mas esses contratos também podem ser considerados nulos, dependendo da lei aplicável[391]. A solução

[391] Raouf, Mohamed Abdel. How should international arbitrators tackle corruption issues? *In*: Fernandez-Ballester, Miguel; Lozano, David Arias (eds.). *Liber Amicorum Bernardo Cremades*. Madrid: Wolters Kluwer España, 2010, p. 1-16.

"c", por sua vez, só é possível nas hipóteses de anulabilidade do negócio jurídico, quando não interessa ao "Estado-vítima" pleitear a anulação.

4.3. A jurisdição do tribunal arbitral para decidir questões envolvendo atos de corrupção

Antes de analisarmos a jurisdição do tribunal arbitral para decidir casos que tenham alegações de corrupção como plano de fundo, é necessária uma breve explicação sobre o princípio da separabilidade da cláusula arbitral do contrato principal, decisivo nos casos em que as alegações de corrupção embasam pedidos de nulidade do negócio jurídico que contém a cláusula arbitral.

O princípio da separabilidade, considerado princípio básico em arbitragens, significa que a cláusula arbitral é um contrato autônomo, diverso do contrato principal. Nas palavras de Gary Born, o princípio da separabilidade significa que "uma cláusula arbitral, mesmo quando incluída e conectada de forma próxima como o contrato comercial principal, é um contrato separado e autônomo"[392].

Trata-se de um princípio expresso em diversas legislações arbitrais locais, incluindo a Lei Modelo da UNCITRAL (artigo 16[393]), o *English Arbitration Act* (Seção 7[394]), a Lei Suíça sobre Direito Internacional Pri-

[392] Tradução livre: "The separability doctrine provides that an arbitration agreement, even though included in and related closely to an underlying commercial contract, is a separate and autonomous agreement". Born, Gary. *International arbitration*: cases and materials. 2. ed. Países Baixos: Kluwer Law International, 2014, p. 56.

[393] Artigo16 (1) da Lei Modelo da UNCITRAL: "The arbitral tribunal may rule on its own jurisdiction, including any objections with respect to the existence or validity of the arbitration agreement. For that purpose, an arbitration clause which forms part of a contract shall be treated as an agreement independent of the other terms of the contract. A decision by the arbitral tribunal that the contract is null and void shall not entail ipso jure the invalidity of the arbitration clause". Tradução livre: "Artigo 16 (1) O tribunal arbitral pode decidir sua própria jurisdição, incluindo quaisquer objeções com relação à existência ou validade da convenção de arbitragem. Para esse efeito, uma cláusula compromissória que faça parte de um contrato deve ser tratada como um acordo independente dos outros termos do contrato. A decisão do tribunal arbitral de que o contrato é nulo não implica, *ipso jure*, a invalidade da cláusula compromissória".

[394] Seção 7 do English Arbitration Act: "Separability of arbitration agreement. Unless otherwise agreed by the parties, an arbitration agreement which forms or was intended to form part of another agreement (whether or not in writing) shall not be regarded as

vado (178(3) [395]) e a Lei de Arbitragem Brasileira (artigo 8º [396]), e em normas de instituições arbitrais, como a CCI (Artigo 6.9)[397] e a LCIA (artigo 23.2)[398]. O princípio da separabilidade é também uma premissa da Convenção de Nova York, que trata a cláusula arbitral de forma separada e independente do contrato principal, apesar de não se referir expressamente ao princípio em questão[399].

invalid, non-existent or ineffective because that other agreement is invalid, or did not come into existence or has become ineffective, and it shall for that purpose be treated as a distinct agreement". Tradução livre: "Separabilidade da cláusula arbitral. Salvo acordo em contrário entre as partes, uma cláusula arbitral que forma ou se destina a fazer parte de outro acordo (por escrito ou não) não será considerada inválida, inexistente ou ineficaz porque esse outro acordo é inválido ou não existe ou se tornou ineficaz e, para esse efeito, será tratada como um acordo distinto".

[395] Artigo 178 (3) da Lei Suíça sobre Direito Internacional Privado: The arbitration agreement cannot be contested on the grounds that the main contract is not valid or that the arbitration agreement concerns a dispute which had not as yet arisen. Tradução livre original: "A convenção de arbitragem não pode ser contestada com o argumento de que o contrato principal não é válido ou que a convenção de arbitragem se refere a uma disputa que ainda não havia surgido".

[396] Artigo 8º da Lei de Arbitragem Brasileira: 'A cláusula compromissória é autônoma em relação ao contrato em que estiver inserta, de tal sorte que a nulidade deste não implica, necessariamente, a nulidade da cláusula compromissória".

[397] Artigo. 6.9 do Regulamento da CCI: "Salvo estipulação em contrário, a pretensa nulidade ou alegada inexistência do contrato não implicará a incompetência do tribunal arbitral, caso este entenda que a convenção de arbitragem é válida. O tribunal arbitral continuará sendo competente para determinar os respectivos direitos das partes e para decidir as suas demandas e pleitos, mesmo em caso de inexistência ou nulidade do contrato".

[398] Artigo 23.2 do Regulamento da LCIA: "For that purpose, an arbitration clause which forms or was intended to form part of another agreement shall be treated as an arbitration agreement independent of that other agreement. A decision by the Arbitral Tribunal that such other agreement is non-existent, invalid or ineffective shall not entail (of itself) the non-existence, invalidity or ineffectiveness of the arbitration clause." Tradução livre: "Para esse efeito, uma cláusula compromissória que forma ou se destina a fazer parte de outro contrato deve ser tratada como um contrato arbitral independente desse outro contrato. A decisão do tribunal arbitral de que esse outro contrato seja inexistente, inválido ou ineficaz não implicará (por si só) a inexistência, invalidez ou ineficácia da cláusula compromissória".

[399] Tradução livre: "The separability doctrine provides that an arbitration agreement, even though included in and related closely to an underlying commercial contract, is a separate and autonomous agreement". Born, Gary. *International arbitration*: cases and materials. 2. ed. Países Baixos: Kluwer Law International, 2014, p. 56.

São diversas as consequências do princípio da separabilidade da cláusula arbitral[400], mas a principal delas é que a invalidade do contrato principal não leva necessariamente à invalidade da cláusula arbitral. No caso paradigmático *Fiona Trust & Holding Corp vs. Privalov*[401], a Corte dos Lordes inglesa explicou o princípio da separabilidade exatamente com foco nessa consequência específica:

> The principle of separability [...] means that the invalidity or rescission of the main contract does not necessarily entail the invalidity or rescission of the arbitration agreement. The arbitration agreement must be treated as a 'distinct agreement' and can be void or voidable only on grounds which relate directly to the arbitration agreement[402].

O julgamento da Corte dos Lordes deu-se no âmbito de uma ação ajuizada para que fosse suspensa (*stay proceedings*) outra ação declaratória acerca da resolução de contratos firmados entre as partes, em razão da existência de cláusula arbitral. A disputa gravitava em torno de contratos de afretamento firmados entre companhias do grupo Sovcomflot (que pertence ao governo Russo), donas dos ativos afretados, e sociedades privadas afretadoras. O grupo Sovcomflot alegou que os contratos de afretamento teriam sido obtidos pelas afretadoras por meio do suborno de um funcionário russo, o que teria motivado a resolução contratual. A Corte dos Lordes confirmou que as acusações de suborno do

[400] Gary Born elenca como consequências (a) o fato de que o contrato principal não é necessariamente inválido mesmo quando a cláusula arbitral o é; (b) a implícita afirmação de que os árbitros têm poder para decidir sua jurisdição mesmo quando há discussão sobre a validade do contrato arbitral ou da cláusula de arbitragem; (c) o fato de que a lei aplicável à cláusula arbitral pode não ser a mesma lei aplicável ao contrato principal; (d) o fato de que uma arbitragem pode ser iniciada e existir mesmo quando o contrato principal já foi declarado nulo ou encerrado. BORN, Gary. *International arbitration*: cases and materials. 2. ed. Países Baixos: Kluwer Law International, 2014, p. 70.

[401] *Premium Nafta Products Limited & outros vs. Fili Shipping Company Limited & outros*. Corte dos Lordes da Inglaterra, UKHL 40, j. 2007.

[402] *Premium Nafta Products Limited & outros vs. Fili Shipping Company Limited & outros*. Corte dos Lordes da Inglaterra, UKHL 40, j. 2007. Tradução livre: "O princípio da separabilidade [...] significa que a invalidade ou rescisão do contrato principal não implica necessariamente a invalidade ou rescisão da cláusula arbitral. A cláusula arbitral deve ser tratada como um contrato distinto e pode ser anulado ou anulado apenas por motivos relacionados diretamente ao contrato de arbitragem".

grupo Sovcomflot eram plausíveis, cabendo-lhe apenas decidir se o foro correto para a declaração acerca da resolução contratual eram as cortes ou se a disputa deveria ser submetida à arbitragem.

O grupo Sovcomflot afirmava que nunca teria executado os contratos de afretamento e, como consequência, a cláusula arbitral, não fosse o pagamento do suborno, o que, como consequência, afastaria o seu consentimento em relação à arbitragem. A Corte dos Lordes rejeitou a argumentação, afirmando que não havia provas de que o suborno envolveu especificamente a pactuação da cláusula arbitral e que a presunção é de que as partes manifestaram sua vontade em ter qualquer disputa entre elas submetida à arbitragem, o que acontece na arrematadora maioria dos contratos de afretamento. Abaixo, reproduzimos novo trecho da decisão, retirado do voto de Lord Hoffman:

> 19. In the present case, it is alleged that the main agreement was in uncommercial terms which, together with other surrounding circumstances, give rise to the inference that an agent acting for the owners was bribed to consent to it. But that does not show that he was bribed to enter into the arbitration agreement. It would have been remarkable for him to enter into any charter without an arbitration agreement, whatever its other terms had been. Mr Butcher QC, who appeared for the owners, said that but for the bribery, the owners would not have entered into any charter with the charterers and therefore would not have entered into an arbitration agreement. But that is in my opinion exactly the kind of argument which section 7 was intended to prevent. It amounts to saying that because the main agreement and the arbitration agreement were bound up with each other, the invalidity of the main agreement should result in the invalidity of the arbitration agreement. The one should fall with the other because they would never have been separately concluded. But section 7 in my opinion means that they must be treated as having been separately concluded and the arbitration agreement can be invalidated only on a ground which relates to the arbitration agreement and is not merely a consequence of the invalidity of the main agreement[403].

[403] *Premium Nafta Products Limited & outros vs. Fili Shipping Company Limited & outros.* Corte dos Lordes da Inglaterra, UKHL 40, j. 2007. Tradução livre: "19. No presente caso, alega-se que o contrato principal foi em termos não comerciais que, juntamente com outras circunstâncias circundantes, deram origem à inferência de que um agente que agia pelos pro-

No caso em questão, uma das partes alegava que o contrato principal seria inválido por ter sido pactuado com atos de corrupção e que, portanto, a cláusula arbitral também seria inválida. A Corte dos Lordes entendeu, com fundamento no princípio da separabilidade, que a cláusula arbitral era válida, confirmando a jurisdição do tribunal arbitral sobre a disputa.

No *Caso World Duty Free vs. Republic of Kenya*[404], que já tivemos a oportunidade de abordar neste trabalho[405], o tribunal arbitral afirmou que não foram realizadas alegações de ilegalidade envolvendo especificamente a cláusula arbitral e, portanto, "de acordo com princípios bem estabelecidos na lei do Quênia e na lei inglesa, o tribunal opera de acordo com a presunção de que a cláusula arbitral das partes subsiste e é válida e eficaz para os propósitos deste procedimento arbitral e desta sentença"[406].

prietários foi subornado para consentir com ele. Mas isso não mostra que ele foi subornado para pactuar a cláusula arbitral. Teria sido notável para ele entrar em qualquer contrato sem acordo de arbitragem, quaisquer que fossem seus outros termos. Butcher QC, que representa os proprietários, disse que, se não fosse o suborno, os proprietários não teriam firmado contrato com os afretadores e, portanto, não teriam firmado um acordo de arbitragem. Mas esse é, na minha opinião, exatamente o tipo de argumento que a seção 7 pretendia impedir. Isso significa dizer que, como o contrato principal e a cláusula arbitral estavam vinculados entre si, a invalidade do contrato principal deveria resultar na invalidade da cláusula arbitral. Um deve cair com o outro, porque nunca teriam sido concluídos separadamente. Mas, na minha opinião, a seção 7 significa que eles devem ser tratados como tendo sido concluídos separadamente e a convenção de arbitragem só pode ser invalidada por motivos relacionados à convenção de arbitragem, e não apenas uma consequência da invalidade da convenção principal".

404 *World Duty Free Co Ltd vs. The Republic of Kenya*. Caso n. ARB/00/7 (ICSID). Sentença Arbitral proferida em 4 de outubro de 2006.

405 Relembrando-se, o tribunal arbitral decidiu que houve suborno do presidente do Quênia para obtenção de contratos para o Duty Free operar nos aeroportos do país, o que determinaria a inadmissibilidade dos pedidos da sociedade para obter as proteções conferidas a investidores estrangeiros.

406 No original: "Accordingly, in accordance with well-established legal principles under English and Kenyan law, the tribunal operates under the assumption that the parties' arbitration agreement remained subsisting valid and effective for the purpose of this proceeding and award". *World Duty Free Co Ltd vs. The Republic of Kenya*. Caso n. ARB/00/7 (ICSID). Sentença Arbitral proferida em 4 de outubro de 2006.

No Caso ICC 4145[407], também já comentado, em que um intermediário foi acusado de subornar funcionários de um Estado no Oriente Médio para obter contratos para uma construtora asiática, a construtora alegou que a cláusula arbitral seria inválida pois o contrato principal era inválido e imoral, na medida em que tinha como objeto a prática de atos de corrupção. O tribunal arbitral rejeitou o argumento com fundamento no princípio da separabilidade da cláusula arbitral, que seria válida mesmo que o contrato principal tivesse um objeto ilícito, já que o objeto da cláusula arbitral em si não o era.

Os casos mencionados afirmaram o princípio da separabilidade da cláusula arbitral, desenhando uma barreira clara entre objeto/propósito ilícito do contrato principal e objeto/propósito da cláusula arbitral, que é basicamente ter as disputas submetidas à arbitragem. E não é para menos. O resultado de se recusar a jurisdição arbitral é, não raramente, atribuir à corte local do próprio Estado em que a corrupção foi praticada a competência para julgar a disputa, o que, para além das desconfianças inevitáveis, dá-lhe inúmeras vantagens, inclusive em relação ao idioma, lei aplicável, etc. Se as partes concordaram com uma cláusula arbitral ampla, que existe como um contrato autônomo, cujo propósito é estabelecer um meio alternativo de resolução de conflitos, este contrato autônomo não é contaminado por propósitos ou ações ilegais relacionadas ao contrato principal, que serão objeto do procedimento arbitral.

Há, contudo, ao menos dois casos nos quais a conclusão foi a de que tribunais arbitrais constituídos para julgar disputas comerciais internacionais relacionadas a atos de corrupção não teriam jurisdição[408].

O caso CCI n. 1110, no qual o árbitro único recusou sua jurisdição para decidir uma disputa envolvendo atos de corrupção, sob a alegação de que não é possível tutelar direitos absolutamente ilegais (cobrança de comissão por um intermediário acusado de subornar agentes do governo local para que o requerido obtivesse contratos), merece ser retomado neste tópico.

[407] Caso ICC n. 4145, j. 1987.

[408] Não vamos nos referir aqui, registra-se, às arbitragens de investimento calcadas em tratados internacionais, em que o regime de submissão à arbitragem é diferente e a consequência da declaração de ausência de jurisdição é, na prática, a negativa ao investidor estrangeiro corrupto de todas as proteções e prerrogativas conferidas no instrumento internacional aplicável, incluindo a arbitragem.

Para alguns doutrinadores, neste caso, o árbitro único teria afirmado a inarbitrabilidade de disputas arbitrais comerciais que versam sobre corrupção[409], análise com a qual discordamos. Neste caso, o árbitro único não afirmou que ele não teria jurisdição porque a disputa não era arbitrável, mas sim que nenhuma corte ou tribunal arbitral poderia tutelar os direitos ilegais pleiteados pelo requerente, o que é diferente. Em outas palavras, a disputa não era arbitrável ou "judiciável" e o árbitro não declinou sua competência em favor da competência das cortes judiciais, mas decidiu que o requerente simplesmente não fazia jus ao acesso à justiça, por nenhum meio. Alexis Mourre concorda com essa leitura da sentença arbitral proferida no caso CCI n. 1110:

> Such *dictum* was generally understood as setting a principle of the non--arbitrability of fraud allegations. (9) However, it is arguable that what Judge Lagergren really decided was not, in fact, that allegations of fraud would not be arbitrable in the sense that the arbitration agreement would not be valid and the issue reserved to the jurisdictions of the State, but that such allegations are not capable to be submitted to *any* judge, be it an arbitrator or a state judge, because fraud makes the contract inexistent in the eyes of the law. In other words, the claims would be inadmissible in the merits, rather than non-arbitrable. In this regard, it should be noted that the Lagergren award went deep into substantive issues in order to determine that the contract was tainted by fraud. If that interpretation of the Lagergren award is correct, unlike a situation of non-arbitrability, the parties should also have been barred from presenting the same claims before a state court. Besides, the idea that fraud renders any claim based on an illicit contract inadmissible (rather than non-arbitrable) is not an isolated position in arbitral case law[410].

O caso *Hub Power Company Ltd vs. WAPDA*[411] envolveu alegações de corrupção por parte de investidores que constituíram uma sociedade

[409] Sayed, Abdulhay. *Corruption in international trade and commercial arbitration*. Países Baixos: Kluwer Law International, 2004.

[410] Mourre, Alexis. Chapter 11 – arbitration and criminal law: jurisdiction, arbitrability and duties of the arbitral tribunal. *In*: Mistelis, Loukas A. *Arbitrability*: international and comparative perspectives. Países Baixos: Kluwer Law International, 2009.

[411] *The Hub Power Company Ltd (HUBCO) vs. Pakistan WAPDA and Federation of Pakistan*. Corte Suprema do Paquistão, j. 14-06-2000.

local no Paquistão (a HUBCO) para gerir uma das maiores plantas de energia elétrica do mundo. Em 1992, um contrato para compra de energia por uma entidade do governo paquistanês (a WAPDA) foi firmado com a HUBCO. Em 1994, pouco antes de haver uma troca no governo (mais especificamente, do primeiro ministro do Paquistão), a WAPDA e a HUBCO fizeram um aditivo aumentando substancialmente as tarifas pagas pela energia elétrica, que foram repassadas à população paquistanesa, gerando grande insatisfação.

Nesse cenário, uma petição foi apresentada por um cidadão paquistanês, contestando a decisão da WAPDA de firmar o aditivo contratual que aumentou as tarifas de energia elétrica, alegando que o aditivo teria sido obtido por meio da prática de suborno e de outros atos de corrupção, envolvendo o antigo primeiro ministro do Paquistão. A WAPDA se manifestou em favor do pedido, buscando a invalidade do aditivo contratual.

A HUBCO, então, iniciou um procedimento arbitral nos termos do contrato (ICC, com sede em Londres). A WAPDA imediatamente iniciou procedimentos locais no Paquistão para que as partes fossem proibidas de pagar as custas do procedimento arbitral, alegando que a disputa não seria arbitrável por envolver alegações de corrupção, e obteve decisões favoráveis das cortes locais. Abaixo, reproduzimos o teor da decisão proferida pela Suprema Corte Paquistanesa, confirmando a liminar concedida em primeira instância para determinar a suspensão do procedimento arbitral:

> The allegations of corruption in support of which the above mentioned circumstances do provide prima facie basis for further probe into matter judicially and, if proved, would render these documents [i.e. the amendments of the original contract] as void; therefore, we are of the considered view that according to the public policy such matters, which require finding about alleged criminality, are not referable to Arbitration (92)[412].

[412] *The Hub Power Company Ltd (HUBCO) vs. Pakistan WAPDA and Federation of Pakistan.* Corte Suprema do Paquistão, j. 14-06-2000. Tradução livre: "As alegações de corrupção em apoio das quais as circunstâncias acima mencionadas fornecem base *prima facie* para novas investigações judiciais e, se comprovadas, teria como resultado a invalidade dos documentos [ou seja, das emendas do contrato original]; portanto, consideramos que, de acordo com

A HUBCO, sendo uma entidade paquistanesa, foi forçada a cumprir a decisão das cortes locais e, em virtude do não pagamento das custas, a arbitragem CCI foi extinta. As partes, ao final, resolveram amigavelmente a disputa.

As Cortes do Paquistão pouco se preocuparam com o princípio da separabilidade da cláusula arbitral, optando também por ignorar que as partes não estariam submetendo à arbitragem questões criminais, em princípio inarbitráveis, mas apenas os impactos civis das alegações de corrupção, para fins de validade do contrato firmado. Tanto se trata de um direito disponível, que as partes fizeram um acordo ao final da disputa.

A decisão das cortes paquistanesas no caso *Hub Power Company Ltd vs. WAPDA* foi considerada uma decisão política por parte da doutrina internacional (à época da decisão da Suprema Corte, os militares já haviam tomado o poder no Paquistão), razão pela qual não carrega grande importância como precedente. Nesse sentido, a opinião de Julian David Mathew Lew:

> The Supreme Court decision, interestingly, never questioned the validity of the PPA, and thus the existence of a valid arbitration agreement. Little understanding of the fundamental principles of international arbitration, i.e. separability and competence-competence, was shown and no relevant international arbitration case law was reviewed. It is generally considered that this was a political decision and a most unfortunate example of the courts being a pawn of the Government[413].

a ordem pública, tais questões, que exigem a constatação de suposta criminalidade, não podem ser sujeitas à arbitragem".

[413] Lew, Julian David Mathew; Mistelis, Loukas A.; Kröll, Stefan M. Control of jurisdiction by injunctions issued by national courts. *In*: Van Den Berg, Jan. *International arbitration 2006*: back to basics? Países Baixos: Kluwer Law International, 2007, p. 64. Tradução livre: "Curiosamente, a decisão da Suprema Corte nunca questionou a validade do PPA e, portanto, a existência de uma cláusula arbitral válida. Foi demonstrado pouco entendimento dos princípios fundamentais da arbitragem internacional, ou seja, separabilidade e competência-competência, e nenhuma jurisprudência de arbitragem internacional relevante foi revisada. Considera-se geralmente que esta foi uma decisão política e um exemplo muito infeliz de os tribunais serem um peão do governo". No mesmo sentido: Kaplan, Neil. Arbitration in Asia – developments and crises – Part 2, 19. *Journal of International Arbitration*, 2002, p. 252.

Em que pese as decisões comentadas acima, a tendência atual é que os árbitros confirmem a sua jurisdição para decidir sobre as consequências civis de atos de corrupção, como fizeram nos primeiros casos comentados neste capítulo. Emmanuel Gaillard confirma a posição majoritária nesse sentido, afirmando: "não há dúvida de que os árbitros têm poderes e, de fato, têm o dever de investigar e julgar questões de corrupção e, assim, contribuir para a luta global contra a corrupção"[414]. No Brasil, o entendimento é encampado por Pedro Batista Martins, para quem "a questão encontra-se atualmente superada na doutrina arbitral, que reconhece a jurisdição do tribunal arbitral mesmo diante da alegação de corrupção, sendo a questão perfeitamente arbitrável"[415].

[414] Tradução livre: "[...] there is no question today that arbitrators are empowered, and indeed have the duty, to investigate and adjudicate corruption issues and thereby contribute to the global fight against corruption". GAILLARD, Emmanuel. The emergence of transnational responses to corruption in international arbitration. *Arbitration International*, v. 35, n. 1, p. 1-19, 2019, p. 3. No mesmo sentido: HORVATH, Günther; WILSKE, Stephan; KAHN, Katherine. Addressing corruption in commercial arbitration: how do arbitral tribunals evaluate and adjudicate contractual relationships tainted by corruption? *In*: RISSE, Jörg *et al. German Arbitration Journal*. Países Baixos: Kluwer Law International, 2017, p. 130.

[415] GREBLER, Eduardo. Relatório-Síntese do XIV Congresso do Comitê Brasileiro de Arbitragem, realizado de 13 a 15 de setembro de 2015, em Foz do Iguaçu. *Revista Brasileira de Arbitragem*, v. 13, n. 49, p. 207-228, 2016, p. 208. No mesmo sentido, Miguel Hwang e Kevin Lim: "If a tribunal makes a finding of corruption, it nevertheless has jurisdiction over the parties' dispute, and is entitled to adjudicate issues of corruption as they are arbitrable. Contracts procured by corruption must generally be set aside by the victim of corruption in order for it to avoid its obligations thereunder (it may lose its right to do so if it elects to keep the contract alive with knowledge of such corruption), whereas claims arising out of contracts providing for corruption are deemed unenforceable or inadmissible without parties having to set it aside. However, generally speaking, one party's unilateral intention to commit corrupt acts in performing a contract will not preclude the other innocent party from making claims arising out of the contract". HWANG, Michel; LIM, Kevin. Corruption in arbitration – law and reality. *In*: *Asian international arbitration journal*, v. 8. Países Baixos: Kluwer Law International, 2012, p. 54. Tradução livre: "Se um tribunal faz uma constatação de corrupção, ainda assim tem jurisdição sobre a disputa das partes e tem o direito de julgar questões de corrupção por serem arbitráveis. Os contratos adquiridos por corrupção geralmente devem ser anulados pela vítima de corrupção, a fim de evitar suas obrigações decorrentes (pode perder o direito de fazê-lo se optar por manter o contrato vivo com o conhecimento de tal corrupção), enquanto os contratos que preveem corrupção são considerados inexequíveis ou inadmissíveis, sem que as partes tenham que requerer sua invalidade. No entanto, de um modo geral, a intenção unilateral de uma parte de cometer atos

4.4. A nulidade *stricto sensu* do negócio jurídico: contratos prevendo corrupção

A contratação de intermediários por meios de contratos de agência ou consultoria (*agency agreements*) não é, em si, necessariamente ilegal[416]. Trata-se, na verdade, de um instrumento bastante comum, principalmente no mercado internacional e nos setores de construção, energia, petróleo e gás e fornecimento, onde investidores estrangeiros podem se beneficiar do engajamento de um terceiro familiar com a cultura e a legislação local do Estado onde pretendem investir para fazer uma ponte entre os seus interesses e os interesses deste Estado[417]. Estes contratos, vale lembrar, também podem ser realizados para intermediação de relações entre particulares, o que é importante no caso de Estados que criminalizam o crime de corrupção privada.

O objeto explícito (e escrito) dos contratos de agência ou consultoria (*agency agreements*) é, em regra, lícito, compreendendo atividades de intermediação entre o particular e o Estado (ou outro particular), auxílio jurídico e com outras questões técnicas, atividades de promoção do particular naquele Estado ou perante terceiros, etc., sempre conectados com o auxílio do intermediário para a obtenção de um contrato principal pelo contratante. Sobre o tema, Antonio Crivellaro observa:

> The agent undertakes to render certain services in view of obtaining the award of one or more main contracts to the principal in the importing country. The services which are formally indicated in the agreement may

corruptos na execução de um contrato não impedirá a outra parte inocente de fazer reivindicações decorrentes do contrato".

[416] Algumas jurisdições, contudo, proíbem a contratação de intermediários para relações entre particulares e o poder público. No Caso CCI 7047, já comentado, por exemplo, o Estado no qual o intermediário foi contratado para atuar continha um circular proibindo intermediações entre particulares e o Estado, exatamente como um esforço para combater a corrupção.

[417] Antonio Crivellaro registra que apesar de contratos do tipo serem comum, muitas vezes as partes evitam se referir a um "intermediário", na medida em que a expressão já carrega a conotação de alguém contratado para intermediar de forma ilícita a relação entre as partes. CRIVELLARO, Antonio. Chapter 7. Arbitration case law on bribery: issues of arbitrability, contract validity, merits and evidence. *In*: KARSTEN, Kristine; BERKELEY, Andrew (ed.). *Arbitration*: money laundering, corruption and fraud, dossiers of the ICC Institute of World Business Law. Países Baixos: Kluwer Law International, 2003, p. 110.

include market research, assistance in the preparation of the offer, organization of meetings, supply of information concerning the tendered project, consultancy as to local legislation or regulations in areas affecting the cost of the tendered project, investigations of a technical, or contractual or economic nature and whatever other kinds of assistance may be deemed necessary to enhance the principal's likelihood of winning the tender. Irrespective of the list or number of services assigned to the agent, the agreement contains a clause expressly linking the services to their underlying purpose, that is, the award of the main contract to the principal[418].

Nesse cenário, em que o objeto desenhado pelas partes é, em princípio, lícito, o problema reside, em regra, nas palavras não ditas e no escopo de trabalho escondido sob a aparência de legalidade dos contratos de agência ou consultoria (*agency agreements*). Com efeito, Johanna Österlund compara estes contratos à cortina de legalidade atrás da qual o homem corrupto se esconde, ilustrando bem como os casos práticos costumam acontecer (e porque é tão difícil, na prática, revelar o homem atrás da cortina):

> If the man is corruption one could say that the curtain he is usually hiding behind is an "agency agreement" of some kind. The common starting point is that a company wants to enter into a contractual relationship abroad, usually in a country not ranked particularly high in the Transparency International's Corruption Perceptions Index. A highly common

[418] Crivellaro, Antonio. Chapter 7. Arbitration case law on bribery: issues of arbitrability, contract validity, merits and evidence. *In*: Karsten, Kristine; Berkeley, Andrew (ed.). *Arbitration*: money laundering, corruption and fraud, dossiers of the ICC Institute of World Business Law. Países Baixos: Kluwer Law International, 2003, p. 110. Tradução livre: "O agente compromete-se a prestar certos serviços com vistas à obtenção de um ou mais contratos principais ao contratante no país importador. Os serviços formalmente indicados no contrato podem incluir pesquisa de mercado, assistência na preparação da oferta, organização de reuniões, fornecimento de informações sobre o projeto licitado, consultoria quanto à legislação ou regulamentação local em áreas que afetam o custo do projeto licitado, investigações de natureza técnica, contratual ou econômica e quaisquer outros tipos de assistência que possam ser considerados necessários para aumentar a probabilidade de o contratante ganhar a proposta. Independentemente da lista ou número de serviços atribuídos ao agente, o contrato contém uma cláusula que vincula expressamente os serviços ao seu objetivo subjacente, ou seja, a adjudicação do contrato principal ao contratante".

feature is the involvement of an "agent" somewhere along the process of entering into the wanted contractual relationship. The agent can be legitimately hired to help the Company acquire the necessary permits or the like or, as is usually claimed later during the arbitration proceedings, to bribe state officials to help the company obtain contracts. Although it is common to hire consultants and agents, these arrangements can be seen as a red flag. Some jurisdictions even prohibit the use of intermediaries in public procurement[419].

O contexto em que disputas envolvendo contratos de comissão ou agenciamento (*agency agreements*) costumam surgir é, em regra, após o particular conseguir um contrato com o Estado, quando ele se nega a pagar a comissão que seria devida ao intermediário que teria lhe ajudado. O intermediário, então, inicia um procedimento arbitral para cobrar os valores que lhe são devidos segundo o contrato. Já na arbitragem, o particular se recusa a pagar a comissão, alegando que o intermediário praticou atos ilegais enquanto intermediava a relação com o Estado, ou mesmo que o contrato é nulo por ter como objeto a prática de atos de corrupção (hipótese em que, vale destacar, o particular admite ter compactuado e feito parte de atos de corrupção).

Para avaliar se um contrato de comissão ou agenciamento (*agency agreement*) tem como objeto a prática de atos ilícitos, o que importa não são as palavras escritas, mas a intenção das partes daquele contrato. Ou seja, o julgador avalia se, nas circunstâncias do caso concreto, as partes pactuaram o contrato prevendo a prática de atos ilícitos, por mais que o contrato mencione expressamente apenas atividades lícitas.

Caso o contrato de comissão ou agenciamento (*agency agreement*) tenha sido pactuado por partes que previam a utilização de meios ilícitos (suborno, ou tráfico de influência) pelo agente intermediário, não há grande controvérsia quanto à sua nulidade absoluta na esmagadora maioria dos sistemas legais[420]. Retomamos, aqui, o artigo 8(2) da CLCC,

[419] ÖSTERLUND, Johanna. *Revealing the man behind the curtain*. Proving corruption in international commercial arbitration. LLM. Master's Thesis in Procedural Law for the UPPSALA Universitet. Disponível em: http://www.diva-portal.org/smash/get/diva2:781422/FULLTEXT01.pdf. Acesso em: 25 jun. 2020.

[420] HWANG, Michel; LIM, Kevin. Corruption in arbitration – law and reality. *In*: *Asian international arbitration journal*, v. 8. Países Baixos: Kluwer Law International, 2012, p. 24.

que estabelece como regra em toda a União Europeia a nulidade absoluta dos contratos prevendo corrupção[421].

No Brasil, trata-se, ao nosso ver, de hipótese que se enquadra na regra geral de nulidade absoluta dos negócios jurídicos, prevista no artigo 166 do Código Civil brasileiro[422-423]. É possível o enquadramento jurídico em dois incisos distintos deste artigo: (a) no inciso II, caso se entenda que o objeto do negócio jurídico é a prática de corrupção, ou seja, um ato ilícito; ou (b) no inciso IV, caso se entenda que embora o objeto descrito seja lícito, o negócio jurídico foi pactuado com a intenção de fraudar a lei imperativa, que proíbe a prática de corrupção[424].

A Lei de Práticas de Corrupção no Exterior (*Foreign Corrupt Practices Act* – "FCPA") dos Estados Unidos, por sua vez, proíbe a prática de corrupção por meio de intermediários, determinando a nulidade de quaisquer pagamentos feitos a um intermediário quando se sabe que estes pagamentos, ou uma parte deles, será direcionada, direta ou indiretamente, para as mãos de um funcionário público, para obtenção de vantagem indevida. O termo "saber", no caso, compreende situações de desconsideração consciente (*conscious disregard*) e ignorância deliberada (*deliberate ignorance*), ou seja, situações em que a parte, pelo conjunto de

[421] Matthew Gearing e Roanna Kwong confirmam que, pela lei inglesa, "contratos para a prática de corrupção são nulos, enquanto contratos obtidos por corrupção são anuláveis" (Original: "As a general matter of English law, contracts to carry out a corrupt act are void whilst contracts procured by corruption are voidable"). A legislação alemã é nesse mesmo sentido: Meyer, Olaf. Combating corruption by means of private law – the German experience. *In*: Meyer, Olaf (ed). *The civil law consequences of corruption*. Nomos Verlagsgesellschaft mbH & Co. KG, 2009, p. 156.

[422] "Art. 166. É nulo o negócio jurídico quando: I – celebrado por pessoa absolutamente incapaz; II – for ilícito, impossível ou indeterminável seu objeto; III – o motivo determinante, comum a ambas as partes, for ilícito; IV – não revestir a forma prescrita em lei; V – for preterida alguma solenidade que a lei considere essencial para a sua validade; VI – tiver por objetivo fraudar lei imperativa; VII – a lei taxativamente o declarar nulo, ou proibir-lhe a prática, sem cominar sanção".

[423] Véras, Felipe. *Arbitragem e corrupção*: um estudo sob a perspectiva do direito brasileiro. Dissertação (Mestrado em Direito). Universidade Federal de Minas Gerais. Disponível em: https://repositorio.ufmg.br. Acesso em: 25 jun. 2020.

[424] Não concordamos com a opinião de Felipe Véras de que seria uma hipótese de nulidade com fundamento no artigo 166, III, na medida em que o fim prático a que se destina o negócio jurídico no caso é obter a contratação para o particular, não a prática de corrupção em si.

informações as quais possui, deveria saber que o intermediário praticará atos ilegais.

O Departamento de Justiça dos Estados Unidos preparou um guia com alguns exemplos de situações que devem levantar uma *red flag* (bandeira vermelha) em relação à ilicitude dos atos que serão praticados por intermediários[425]. Em outras palavras, um guia explicando algumas circunstâncias que, se presentes, caracterizam um dever-saber suficiente para determinar a presunção de que o contrato envolve a prática de atos de corrupção[426]. São examplos de *red flags* previstas neste documento:

> Unusual payment patterns or financial arrangements, a history of corruption in the country, a refusal by the foreign joint venture partner or representative to provide a certification that it will not take any action in furtherance of an unlawful offer, promise, or payment to a foreign public official and not take any act that would cause the U.S. firm to be in violation of the FCPA, unusually high commissions, lack of transparency in expenses and accounting records, apparent lack of qualifications or resources on the part of the joint venture partner or representative to perform the services offered, and whether the joint venture partner or representative has been recommended by an official of the potential governmental customer[427].

[425] World Compliance's Navigating Through the FCPA Minefield, Debunking Myths, and Addressing Red Flags. Disponível em: http://www.worldcompliance.com/en/resources/white-papers.aspx. Acesso em: 25 jun. 2020.

[426] As circunstâncias indicadas como *red flags* pelo Departamento de Justiça dos Estados Unidos devem ser utilizadas por tribunais arbitrais ao avaliar se há evidências circunstanciais suficientes acerca de alegações de corrupção feitas em procedimentos arbitrais. O valor das comissões e a falta de transparência em relação aos atos praticados pelo intermediário, por exemplo, foram elementos considerados no caso CCI 12990, já comentado.

[427] World Compliance's Navigating Through the FCPA Minefield, Debunking Myths, and Addressing Red Flags. Disponível em: http://www.worldcompliance.com/en/resources/white-papers.aspx. Acesso em: 25 jun. 2020. Tradução livre: "Padrões incomuns de pagamento ou acordos financeiros, histórico de corrupção no país, recusa do parceiro ou representante da *joint venture* estrangeira em fornecer uma certificação de que não tomará nenhum ato relacionado a uma oferta, promessa ou a pagamento ilegal a um funcionário público estrangeiro e não adotar nenhum ato que viole a FCPA, comissões extraordinariamente altas, falta de transparência nas despesas e registros contábeis, aparente falta de qualificação ou recursos por parte do parceiro da *joint venture* ou representante para executar os serviços oferecidos, e se o parceiro ou representante da *joint venture* foi recomendado por um funcionário do cliente potencial do governo".

O Guia da CCI para Agentes, Intermediários e Terceiros (*ICC Guidelines on Agents, Intermediaries, and Third Parties*) também traz algumas situações que devem ser consideradas *red flags* no caso de contratos de agência/consultoria:

> – The operation takes place in a country known for corrupt payments (e.g., the country received a low score on Transparency International's Corruption Perceptions Index). The Third party [i.e. the agent or intermediary] is suggested by a public official, particularly one with discretionary authority over the business at issue; The Third party has a close personal or family relationship, or business relationship, with a public official or relative of an official; Due diligence reveals that the Third party [operates through] or is a shell company or has some other non-transparent corporate structure; –The only qualification the Third party brings to the venture is influence over public officials, or the Third party claims that [s/]he can help secure a contract because [s/]he knows the right people; The need for the Third party arises just before or after a contract is to be awarded; The Third party's commission or fee seems disproportionate in relation to the services to be rendered; The Third party requires payment of a commission, or a significant portion thereof, before or immediately upon the award of a contract; The Third party requests unusual contract terms or payment arrangements that raise local law issues[428].

A nulidade absoluta de contratos que tenham como objeto a prática de corrupção já foi considerada um "princípio universal do direito internacional"[429]. Com efeito, a análise atenta de muitos casos já comentados neste trabalho revela que há pouco debate acerca da nulidade absoluta dos contratos de comissão ou agenciamento (*agency agreement*) quando há evidência suficiente de que foram pactuados com a intenção de se praticar atos de corrupção, considerando-se as *red flags* menciona-

[428] Hayes, Tessa; Baizeau, Domitille. The arbitral tribunal's duty and power to address corruption sua sponte. *In*: Menaker, Andrea. *International arbitration and the rule of law*: contribution and conformity. Países Baixos: Kluwer Law International, 2017, p. 225-265.

[429] Armesto, Juan Fernandez. Chapter 11: The effects of a positive finding of corruption. *In*: Baizeau, Domitille; Kreindler Richard (ed.). *Addressing issues of corruption in commercial and investment arbitration, dossiers of the ICC institute of world business law*. Países Baixos: Kluwer Law International, 2015, p. 168.

das. O debate nos casos ocorre muito mais em torno da suficiência das provas produzidas do que dos efeitos dos fatos narrados, se comprovados.

No caso CCI n. 13384[430], o tribunal arbitral, aplicando a lei francesa, afirmou a reprovabilidade internacional dos atos de corrupção, afastando o pedido de nulidade de um contrato de consultoria apenas em razão da ausência de provas suficientes acerca dos atos ilegais supostamente praticados. O mesmo aconteceu no caso ICC 4145, cuja lei aplicável era a lei suíça[431].

No caso CCI 12990, em que o tribunal arbitral também aplicou a lei francesa, foi declarada nulidade do contrato de consultoria objeto de discussão no procedimento arbitral. Neste caso, o tribunal arbitral afirmou expressamente: "é amplamente reconhecido na lei francesa [...] que pactos de corrupção [ou contratos celebrados devido a práticas corruptas] são ilegais"[432].

No caso ICC 6497[433], o tribunal arbitral, aplicando a lei suíça, também declarou a nulidade de um dos contratos de consultoria firmados entre as partes, em razão das *red flags* em torno daquele contrato, que constituíram evidência suficiente de que uma parte dos pagamentos realizados ao intermediário seria direcionada para subornar funcionários do Estado com o qual ele realizou a intermediação.

Embora não existam grandes controvérsias acerca da nulidade dos contratos que tenham como objeto a prática de corrupção, não podemos ignorar que essa nulidade aproveita, ao final, o particular que, benefi-

430 Caso CCI n. 13384, j. dez. 2005.

431 Caso CCI n. 4145 j. 1987. Crivellaro, Antonio. Chapter 7. Arbitration case law on bribery: issues of arbitrability, contract validity, merits and evidence. *In*: Karsten, Kristine; Berkeley, Andrew (ed.). *Arbitration*: money laundering, corruption and fraud, dossiers of the ICC Institute of World Business Law. Países Baixos: Kluwer Law International, 2003, p. 111.

432 Tradução livre: "il est généralement reconnu en droit français [...] que les pactes de corruption ou les contrats conclus en raison de pratiques de corruption sont illicites". Gaillard, Emmanuel. *La corruption saisie par les arbitres du commerce international.* Paris: Comité Français de l'Arbitrage, 2007, p. 838.

433 Caso ICC n. 6.497, j. 1994. *Yearbook of Commercial Arbitration*. Haia: Kluwer Law International, 1999, p. 71-73; Menaker, Andrea. Chapter 5: Proving Corruption in International Arbitration. *In*: Baizeau, Domitille; Kreindler, Richard (ed). *Addressing issues of corruption in commercial and investment arbitration.* Países Baixos: Kluwer Law International, 2015, p. 81.

ciando-se dos atos de corrupção, se recusa a pagar a comissão do intermediário. Ou seja: enquanto o intermediário é punido com a nulidade do contrato, por não receber a sua comissão, o particular corrupto pode sair impune, continuando a aproveitar os benefícios do contrato principal firmado. Esse resultado, aparentemente injusto, é justificável em razão do interesse maior de combater a corrupção. Nesse sentido, as considerações de Juan Fernandez-Armesto:

> 12. The principle that contracts providing for corruption are inescapably null and void has important consequences for the remedies available to the parties. There are none. No party is entitled to request performance of the corrupt contract (14) . There is also no action for restitution (not even for illicit enrichment) and no action for damages. Both parties are equally at fault. None has the right to successfully challenge the other in arbitration: *ex turpi causa non oritur actio*. This principle may result in apparently unjust consequences: a party who has paid will be unable to recover the amounts disbursed, even if the recipient was perfectly aware of the illegality or has not put the funds to the agreed use. The law accepts this inequitable outcome, in order to further a higher value: the fight against corruption[434].

A punição do particular corrupto, que contratou um intermediário para praticar atos de corrupção em seu lugar, fica a encargo do aparato criminal e/ou administrativo do Estado onde as condutas foram praticadas, ou do próprio Estado que é parte no contrato principal, a quem

[434] Armesto, Juan Fernandez. Chapter 11: The effects of a positive finding of corruption. *In*: Baizeau, Domitille; Kreindler Richard (ed.). *Addressing issues of corruption in commercial and investment arbitration, dossiers of the ICC institute of world business law*. Países Baixos: Kluwer Law International, 2015, p. 167-174. Tradução livre: "12. O princípio de que os contratos que preveem corrupção são inevitavelmente nulos e sem efeito tem consequências importantes para os remédios à disposição das partes. Não há nenhum. Nenhuma parte tem o direito de solicitar a execução do contrato corrompido (14). Também não há ação de restituição (nem mesmo por enriquecimento ilícito) e nenhuma ação por danos. Ambas as partes são igualmente culpadas. Ninguém tem o direito de contestar com êxito o outro na arbitragem: *ex turpi causa non oritur actio*. Esse princípio pode resultar em consequências aparentemente injustas: uma parte que pagou não poderá recuperar os valores desembolsados, mesmo se o destinatário estivesse perfeitamente ciente da ilegalidade ou não aplicasse os fundos ao uso acordado. A lei aceita esse resultado desigual, a fim de promover um valor mais alto: a luta contra a corrupção".

cabe buscar na esfera civil a anulação do contrato precedido de corrupção e/ou o pagamento de perdas e danos.

4.5. A anulabilidade do negócio jurídico: contratos obtidos por corrupção

Contratos obtidos por corrupção não preveem a prática de atos de corrupção, como aqueles comentados acima, mas contém, em regra, a corrupção como o seu motivo determinante. O Estado pactua um contrato com o particular não necessariamente porque é de interesse do Estado pactuar aquele contrato, naqueles termos, mas porque o funcionário corrompido pelos atos de corrupção tem interesse em assegurar os interesses do particular que o corrompeu (não raramente por meio de um terceiro intermediário). Há, em outras palavras, um desvio de função de um ou mais agentes públicos que deveriam agir em nome do Estado, segundo os interesses do Estado, mas que agem conforme seu interesse pessoal de se beneficiar de atos de corrupção[435].

Ao avaliar os contratos obtidos por corrupção, uma parcela da doutrina e dos casos distingue o Estado e o agente público que se corrompeu, muito embora este agente estivesse, à época dos fatos, exercendo função, ou seja, agindo em nome do Estado. Isso para afirmar que o Estado seria uma "parte inocente", uma vítima dos atos de corrupção, conforme argumenta Juan Fernandez-Armesto:

[435] Sobre contratos obtidos por corrupção, Juan Fernandez-Armesto: "The second category includes those contracts tainted by corruption. In this case there is a proper business transaction, which is formalized in an actual contract, which is then duly performed. But the deal is tainted by corrupt payments either at the procurement or at the performance stage: the corrupting party bribes an officer of (or other person related to) the corrupted party, to enhance the chances of procurement or to facilitate the execution of the deal". ARMESTO, Juan Fernandez. Chapter 11: The effects of a positive finding of corruption. *In*: BAIZEAU, Domitille; KREINDLER Richard (ed.). *Addressing issues of corruption in commercial and investment arbitration, dossiers of the ICC institute of world business law.* Países Baixos: Kluwer Law International, 2015, p. 169.
Tradução livre: "A segunda categoria inclui os contratos contaminados pela corrupção. Nesse caso, há uma transação comercial adequada, formalizada em um contrato real, que é então devidamente executado. Mas o contrato é contaminado por pagamentos corruptos, tanto na aquisição quanto no estágio de desempenho: a parte corrompida suborna um oficial da parte corrompida (ou outra pessoa relacionada), para aumentar as chances de aquisição ou facilitar a execução do negócio").

> 16. In contracts tainted by corruption fault lies predominantly with the corrupting party. The corrupted party is not to be blamed: it is unaware of the existence of corruption and does not benefit from it. Its officers (or other related persons), who have not created or added any value to the deal, are the only ones to benefit. Corruption is not only morally odious; it is also highly detrimental to the corrupted party: via inflated prices or worsened conditions the corrupted party is forced to assume the (hidden) additional expense required to fund the bribe; scarce funds are misdirected to enriching well connected individuals, at the expense of the common good (in public contracts) or of legitimate owners (in private contracts)[436].

A dúvida que trazemos à pesquisa é: haveria de fato uma parte inocente nessas circunstâncias? Um Estado que não assegura a idoneidade de seus representantes pode afastar o fato de que o agente corrupto o representava, agia em seu nome, para se dizer inocente, isentando-se de eventuais efeitos negativos de atos praticados pelo seu agente?

A resposta, ao nosso ver, é negativa. Estados são responsáveis pela idoneidade de seus agentes e não podem ignorar essa responsabilidade no âmbito de relações privadas com terceiros. Ocorre que mesmo não sendo uma vítima – menos ainda, parte inocente – em disputas comerciais envolvendo a corrupção de seus agentes, fato é que o desvio de função de tais agentes justifica a proteção do interesse público do Estado em detrimento dos interesses particulares da parte que praticou atos de corrupção, fundamentando a possibilidade de declaração de invalidade

[436] ARMESTO, Juan Fernandez. Chapter 11: The effects of a positive finding of corruption. *In*: BAIZEAU, Domitille; KREINDLER Richard (ed.). *Addressing issues of corruption in commercial and investment arbitration, dossiers of the ICC institute of world business law*. Países Baixos: Kluwer Law International, 2015, p. 169. Tradução livre: "16. Nos contratos contaminados por corrupção, a culpa é predominantemente da parte corrupta. A parte corrompida não deve ser responsabilizada: ela não tem conhecimento da existência de corrupção e não se beneficia dela. Seus diretores (ou outras pessoas relacionadas), que não criaram ou agregaram valor ao negócio, são os únicos a se beneficiar. A corrupção não é apenas moralmente odiosa; também é altamente prejudicial para a parte corrompida: por preços inflacionados ou condições agravadas, a parte corrompida é forçada a assumir a despesa (oculta) adicional necessária para financiar o suborno; fundos escassos são direcionados para enriquecer indivíduos bem conectados, em detrimento do bem comum (em contratos públicos) ou de proprietários legítimos (em contratos privados)".

dos negócios jurídicos maculados por tais atos, mesmo que a invalidade se opere em benefício do Estado cujos agentes são corruptos.

Em outras palavras, tendo que escolher entre beneficiar o particular que obteve uma contratação pela prática de corrupção ou o Estado que descuidou da idoneidade de seus agentes, a doutrina e os casos sempre optam por privilegiar os interesses deste último, pois estes interesses são públicos; vão além das partes diretamente envolvidas no litígio. Protege-se o povo atingido pelos atos de corrupção, não o aparato corrupto.

Retomamos, neste aspecto, o Caso World Duty Free[437], uma arbitragem de investimento que tinha fundamento em cláusula arbitral contida no negócio jurídico firmado entre as partes. Apesar de se tratar de uma arbitragem de investimento, na qual o investidor buscava a aplicação de remédios contra a suposta expropriação do seu investimento, o tribunal arbitral também traçou considerações sobre a anulabilidade do negócio jurídico, obtido pela prática de suborno do então presidente do Quênia. Segundo o tribunal, o contrato seria anulável e o investidor não faria jus à proteção almejada, exatamente porque os seus atos violaram a ordem pública internacional no que tange ao combate à corrupção, ordem essa que visava proteger "não as partes litigantes, mas o público"[438]. E o público é sempre a vítima final de atos de corrupção.

Nos termos dos UPICC, os países devem estabelecer o remédio adequado para os negócios jurídicos que violam normas cogentes, como por exemplo, aqueles obtidos por corrupção. Nessa guisa, o Artigo 8(2) da Convenção Criminal Legal do CLCC prevê que os Estados devem regulamentar "a possibilidade de todas as partes de um contrato cujo consentimento tenha sido comprometido por um ato de corrupção poderem solicitar ao tribunal que o contrato seja declarado inválido, sem prejuízo do direito de reclamar perdas e danos", referindo-se, portanto, à anulabilidade.

O Brasil, por outro lado, não contém um remédio específico em sua legislação civil para contratos obtidos por corrupção, que se enquadra-

[437] *World Duty Free Co Ltd vs. The Republic of Kenya*. Caso n. ARB/00/7 (ICSID). Sentença Arbitral proferida em 4 de outubro de 2006.

[438] Hart-Armstrong, Shelby. *How do tribunals in investment arbitrations treat parallel domestic investigations and proceedings?* Publicado em: 14 jun. 2020. Disponível em: http://arbitrationblog.kluwerarbitration.com/2020/06/14/how-do-tribunals-in-investment-arbitrations-treat-parallel-domestic-investigations-and-proceedings/. Acesso em: 29 jun. 2020.

riam na categoria de contratos pactuados com vício de consentimento. Isso porque o Estado contratante pactua um contrato sem saber que a causa[439] determinante para o negócio jurídico é a corrupção de um de seus agentes, acreditando estar agindo em prol do interesse público. Seria possível caracterizar esse vício de consentimento como uma hipótese de "erro", nos termos do artigo 139, III do Código Civil brasileiro[440], ou de "dolo", nos termos dos artigos 145[441] e 148[442] do mesmo diploma, dependendo das circunstâncias do caso concreto.

[439] Importante aqui não confundirmos o conceito jurídico de "motivo" com o conceito jurídico de "causa", como ensinam Nelson Nery Junior e Rosa Maria de Andrade Nery: "2. Causa e motivo. A opção do legislador, ao substituir o termo causa (CC/1916 90) por motivo (CC 140), no contexto desta norma, autoriza a interpretação de que se deve entender por motivo (atípico) o elemento subjetivo individual reconhecido como tendo sido o mote determinante do negócio, conhecido da outra parte por manifestação expressa de vontade do interessado em vê-lo concretizado. "Com efeito, num sentido vulgar, causa é motivo, razão, móvel determinante de um ato, antecedente de certo evento (por exemplo, quando se diz que determinada moléstia foi a causa da morte do de *cujus*). Na linguagem jurídica, porém, causa não se confunde com motivo. Este é subjetivo, íntimo, psicológico, flexível e mutável de indivíduo para indivíduo. Tome-se o exemplo da compra e venda, sugerido por Capitant; um vende porque precisa de dinheiro, porque quer especular, ou porque a coisa não lhe interessa mais; outro compra, porque deseja fazer uma especulação, porque precisa da coisa, ou porque quer oferecê-la a um parente. Esse móvel, que determina o agente, assim variável e contingente, não constitui a causa da obrigação. Como diz Andrea Torrente, são motivos individuais, que a parte nem sequer precisa comunicar à pessoa com a qual contrata. Permanecem na esfera psíquica e escapam à cognição do outro contratante. A causa, ao inverso, é objetiva, externa, rígida e inalterável em todos os atos jurídicos da mesma natureza. No exemplo da compra e venda, a causa que leva o vendedor a alienar se resume no seu propósito de receber o preço, enquanto para o comprador, a causa vem a ser o desejo de obter o objeto alienado" (Monteiro. Modalidades obr.)". NERY JUNIOR, Nelson; NERY, Rosa Maria de Andrade. *Código Civil Comentado*. São Paulo: RT, 2019, *online*.

[440] Artigo 139 do Código Civil Brasileiro: "O erro é substancial quando: I – interessa à natureza do negócio, ao objeto principal da declaração, ou a alguma das qualidades a ele essenciais; II – concerne à identidade ou à qualidade essencial da pessoa a quem se refira à declaração de vontade, desde que tenha influído nesta de modo relevante; III – sendo de direito e não implicando recusa à aplicação da lei, for o motivo único ou principal do negócio jurídico".

[441] Artigo 145 do Código Civil Brasileiro: "São os negócios jurídicos anuláveis por dolo, quando este for a sua causa".

[442] Artigo 148 do Código Civil Brasileiro: "Pode também ser anulado o negócio jurídico por dolo de terceiro, se a parte a quem aproveite dele tivesse ou devesse ter conhecimento;

O erro, nas palavras de Nelson Nery Junior e Rosa Maria de Andrade Nery, é "tradicionalmente definido como uma falsa noção da realidade, que assume relevância enquanto o sujeito carece do requisito da exata consciência da realidade externa", de maneira que "em razão do desconhecimento das circunstâncias que envolvem o negócio, o sujeito tem atitude que não corresponde à sua vontade real, caso conhecesse a verdadeira situação"[443]. No caso de contratos obtidos por corrupção, o Estado tem uma falsa noção da realidade na medida em que não conhece os atos ilícitos que culminaram na celebração daquele negócio jurídico; caso soubesse, não externaria a vontade real de contratar um particular que pratica atos de corrupção, contrários à lei cogente.

O dolo, por outro lado, também segundo Nelson Nery Junior e Rosa Maria de Andrade Nery, é o "expediente ou estratégia astuciosa direcionada no sentido de induzir alguém à prática de um ato que lhe pode causar prejuízos, em benefício de quem realiza a ação intencional de engodo ou em benefício de terceiro a quem o ato viciado possa interessar"[444]. Neste caso, diversamente do ocorrido no erro, o foco "recai muito menos sobre o consentimento daquele que é enganado do que sobre o ato do que enganou"[445]. Ou seja, havendo a intenção do particular (ou mesmo de um terceiro, nos termos do artigo 148 do Código Civil brasileiro) de ludibriar o Estado a pactuar um negócio jurídico obtido por atos de corrupção, há dolo e, portanto, um defeito no negócio jurídico, que pode ser anulado.

Sobre a anulabilidade de contratos obtidos por corrupção no Brasil, a opinião de Felipe Véras:

> A anulabilidade, por sua vez, também pode ser uma consequência da prática de atos de corrupção, em razão das hipóteses previstas no art. 171, II, do Código Civil (por vício resultante de erro, dolo, coação, estado

em caso contrário, ainda que subsista o negócio jurídico, o terceiro responderá por todas as perdas e danos da parte a quem ludibriou".

[443] NERY JUNIOR, Nelson; NERY, Rosa Maria de Andrade. *Código Civil comentado*. São Paulo: RT, 2019 (*online*).

[444] NERY JUNIOR, Nelson; NERY, Rosa Maria de Andrade. *Código Civil comentado*. São Paulo: RT, 2019 (*online*).

[445] NERY JUNIOR, Nelson; NERY, Rosa Maria de Andrade. *Código Civil comentado*. São Paulo: RT, 2019 (*online*).

> de perigo, lesão ou fraude contra credores). Dentre essas, é provável que os casos de dolo sejam mais frequentes. Isso porque o dolo, apesar de não haver conceito expresso em lei, é entendido como "artifício, artimanha, engodo, encenação, astúcia, desejo maligno tendente a viciar a vontade do destinatário, a desviá-la de sua correta direção". Seria o caso da maioria dos contratos *procured by corruption*. Em cenários dessa natureza, há de fato uma transação comercial, formalizada em um contrato real, que é então devidamente executado. Mas o acordo é contaminado por pagamentos corrompidos, tanto na aquisição quanto no estágio de desempenho: a parte corrompida suborna um oficial da (ou outra pessoa relacionada à) parte corrompida, para aumentar as chances de aquisição ou facilitar a execução do negócio[446].

As hipóteses de erro e dolo, vale lembrar, são vícios de consentimento previstos, respectivamente, nos artigos 3.2.1 (*Mistake*)[447] e 3.2.5 (*Fraud*)[448] dos UPICC. Ou seja, são remédios que integram os costumes comerciais internacionais.

Sob essa perspectiva, os contratos obtidos por corrupção contêm um defeito, mas não são nulos de pleno direito, podendo o Estado buscar ou não a aplicação desse remédio jurídico, dependendo dos seus interesses. Os defeitos dos negócios jurídicos são sanáveis. É possível que o Estado, mesmo diante do conhecimento posterior quanto à corrupção, opte pela manutenção do vínculo jurídico.

[446] VÉRAS, Felipe. *Arbitragem e corrupção*: um estudo sob a perspectiva do direito brasileiro. Dissertação (Mestrado em Direito). Universidade Federal de Minas Gerais. Disponível em: https://repositorio.ufmg.br. Acesso em: 25 jun. 2020.

[447] Artigo 3.2.1 dos UPICC: "Mistake is an erroneous assumption relating to facts or to law existing when the contract was concluded". Tradução livre: "O erro é a assunção errônea de fatos ou do direito existente quando o contrato é executado".

[448] Artigo 3.2.5 dos UPICC: "A party may avoid the contract when it has been led to conclude the contract by the other party's fraudulent representation, including language or practices, or fraudulent non-disclosure of circumstances which, according to reasonable commercial standards of fair dealing, the latter party should have disclosed". Tradução livre: "Uma parte pode anular o contrato quando for levada a concluir o contrato pela representação fraudulenta da outra parte, incluindo linguagem ou práticas, ou não divulgação fraudulenta de circunstâncias que, de acordo com padrões comerciais razoáveis de negociação justa, a última parte deve ter divulgado".

A possibilidade de manutenção do vínculo é muito importante considerando-se o princípio da continuidade do serviço público. O rompimento abrupto de um contrato que visa assegurar o interesse público pode prejudicar mais a administração pública do que o próprio particular. Imaginemos, por exemplo, que se descubra que uma concessionária de serviço público de transporte, responsável por toda a malha de metrô de São Paulo, obteve a concessão em razão da prática de corrupção. A anulação do contrato deixaria a cidade de São Paulo, do dia para noite, sem a prestadora do serviço essencial, o que causaria apenas mais danos ao erário.

A legislação inglesa é semelhante nesse sentido. Pela lei inglesa, a parte pode preferir a manutenção do vínculo contratual apesar da contratação por atos de corrupção. Nesse caso, contudo, ao optar pela manutenção do vínculo mesmo após descobrir os atos que poderiam afetar a sua validade ou eficácia, a parte perde o direito de, posteriormente, questionar a validade do contrato, por força da aplicação da doutrina do *estoppel*[449]. Além disso, os efeitos do contrato ser declarado *voidable* de acordo com a lei inglesa são *ex-tunc*, devendo as partes, sempre que possível[450], serem restituídas ao *status quo ante* (*restitutio in integrum*).

[449] Nesse sentido: Michael Hwang e Kevin Lim: "For instance, under English common law, an innocent party is not compelled to set aside a voidable contract, and may choose to 'keep the contract alive and enforce it according to its terms'. (272) If the innocent party continues with the enforcement and performance of the voidable contract, with knowledge of the circumstances rendering the contract voidable, it may lose the right thereafter to rescind the contract. (273) Assuming the innocent party instead decides to set aside a voidable contract procured by corruption, 'it is no bar to avoidance of [such a] contract that the innocent party may previously have committed a breach of that contract". Hwang, Michel; Lim, Kevin. Corruption in arbitration – law and reality. *In*: *Asian international arbitration journal*, v. 8. Países Baixos: Kluwer Law International, 2012, p. 65. Tradução livre: "Por exemplo, de acordo com a lei comum inglesa, uma parte inocente não é obrigada a anular um contrato anulável e pode optar por 'manter o contrato vivo e aplicá-lo de acordo com seus termos". (272). Se a parte inocente continuar com a execução e a execução do contrato anulável, com o conhecimento das circunstâncias que anulam o contrato, poderá perder o direito de rescindir posteriormente o contrato. (273) Supondo que a parte inocente decida anular um contrato anulável adquirido por corrupção, 'não há impedimento para a anulação [de tal] contrato se a parte inocente cometeu anteriormente uma quebra do contrato'.

[450] Quando há obrigações bilaterais concomitantes e sinalagmáticas, como um serviço que é prestado e remunerado mensalmente, por exemplo, não há falar em retorno ao *status quo*,

O retorno ao *status quo ante*, vale dizer, não compreende a devolução do suborno pago, que beneficiaria a parte que praticou o ato de corrupção[451].

Juan Fernandez-Armesto explica que, exatamente por haver o risco de o agente privado se beneficiar da anulação, prejudicando ainda mais o interesse público do que o fez com os atos de corrupção, prevalece nos costumes comerciais internacionais o princípio de que apenas o Estado pode pleitear, quando de seu interesse, a invalidade ou ineficácia dos contratos obtidos por corrupção:

> 20. Contracts providing for corruption are necessarily and inescapably null and void. The same rule does not apply to contracts tainted by corruption (22).
>
> 21. There is no law, no treaty, no rule of transnational public policy which mandates that contracts tainted by corruption *be ipso iure* and *ab initio null and void* (23). And there is good reason for the inexistence of such rule: avoidance could result in benefit to the corrupting party and prejudice to the innocent party. Assume an infrastructure construction contract is procured by a bribe to a minister of the local government. The government may prefer that the contract be completed, notwithstanding the corruption, albeit at a reduced price, and the constructor should not be permitted to use its own malfeasance to walk away from its obligations.

já que o que está feito (o serviço prestado, no exemplo), não pode ser desfeito. Nesse caso, o remédio adequado é a indenização pelos danos causados pelo ato ilegal, que podem ser os custos superfaturados, os valores pagos acima da média do mercado etc.

[451] Michael Hwang e Kevin Lim argumentam: "After rescission of the contract, restitutio in integrum may be claimed to restore the parties to the position they would have occupied if the contract had not been performed. However, restitutio in integrum does not require the victim of corruption to return to the corrupt party the bribe paid to the victim's agent; the victim is entitled to recover the bribe from its agent (275) and keep it. (276)". Hwang, Michel; Lim, Kevin. Corruption in arbitration – law and reality. *In*: *Asian international arbitration journal*, v. 8. Países Baixos: Kluwer Law International, 2012, p. 65. Tradução livre: "Após a rescisão do contrato, a *restitutio in integrum* pode ser solicitada a restabelecer as partes na posição que ocupariam se o contrato não tivesse sido executado. No entanto, a *restitutio in integrum* não exige que a vítima de corrupção retorne à parte corrupta o suborno pago ao agente da vítima; a vítima tem o direito de recuperar o suborno do seu agente (275) e mantê-lo".

22. In fact, the proper legal reaction to a contract procured or executed with corruption should be the full protection of the innocent party — and the punishment of the corrupting party. The innocent party must be shielded from the negative consequences of the counterparty's wrongdoing, but it must also have the option to reap the benefits of the contract, if it so prefers. This implies that the innocent party must be offered an array of alternative remedies, depending on the circumstances (24). And the tribunal's reaction must represent an "appropriate and proportional response to the infringement" (25) — performance or voidance of the contract, or any other appropriate remedy, should be for the innocent party to request and for the tribunal to adjudicate[452].

Independentemente do enquadramento legal de contratos obtidos por corrupção – se uma hipótese de invalidade específica, quando a legislação é clara, ou como um erro de consentimento – acreditamos que o remédio jurídico mais adequado seja a anulabilidade do negócio jurídico conforme o interesse do Estado prejudicado pela corrupção.

[452] Armesto, Juan Fernandez. Chapter 11: The effects of a positive finding of corruption. *In*: Baizeau, Domitille; Kreindler Richard (ed.). *Addressing issues of corruption in commercial and investment arbitration, dossiers of the ICC institute of world business law*. Países Baixos: Kluwer Law International, 2015, p. 168. Tradução livre: "20. Os contratos que preveem corrupção são necessariamente e inevitavelmente nulos e sem efeito. A mesma regra não se aplica a contratos contaminados por corrupção (22). 21. Não existe lei, tratado ou regra de ordem pública transnacional que determine que os contratos contaminados pela corrupção sejam *ipso iure e ab initio* nulos e sem efeito (23). E há boas razões para a inexistência de tal regra: evitar pode resultar em benefício para a parte corrupta e prejudicar a parte inocente. Suponha que um contrato de construção de infraestrutura seja adquirido por um suborno a um ministro do governo local. O governo pode preferir que o contrato seja concluído, apesar da corrupção, ainda que por um preço reduzido, e o construtor não deve ter permissão para usar sua própria má conduta para se afastar de suas obrigações. 22. De fato, a reação legal adequada a um contrato adquirido ou executado com corrupção deve ser a proteção total da parte inocente – e a punição da parte corrupta. A parte inocente deve ser protegida das consequências negativas da irregularidade da contraparte, mas também deve ter a opção de colher os benefícios do contrato, se assim o desejar. Isso implica que a parte inocente deve receber uma variedade de remédios alternativos, dependendo das circunstâncias (24). E a reação do tribunal deve representar uma "resposta apropriada e proporcional à infração" (25) – a execução ou a violação do contrato, ou qualquer outro remédio apropriado, deve ser para a parte inocente solicitar e para o tribunal decidir".

No caso CCI n. 11307[453], o tribunal arbitral, ao avaliar a invalidade de um contrato obtido por atos de corrupção, explicou a diferença entre nulidade e anulabilidade, determinado que este último remédio era o adequado de acordo com a lei aplicável. Neste caso, a sociedade Z executou contratos de manutenção com uma sociedade detida pela República dos Camarões, para manutenção das aeronaves desta sociedade. Os valores pagos pela manutenção foram negociados por um intermediário, a quem seria devida uma comissão. Este intermediário iniciou um processo nas cortes judiciais para cobrar suas comissões, mas a sociedade Z alegou que o contrato de agência seria nulo, pois as comissões seriam usadas para o pagamento de subornos a agentes da República dos Camarões, voltados a assegurar a execução do contrato de manutenção das aeronaves entre a sociedade Z e a sociedade detida pela República de Camarões.

A sociedade detida pela República de Camarões, em seguida, iniciou uma arbitragem CCI, com sede em Londres, pleiteando a invalidade do contrato de manutenção das aeronaves, que foi obtido por atos de corrupção, além da restituição de todos os valores que tinham sido pagos ao particular (aproximadamente USD 55 milhões de dólares) ou, subsidiariamente, o pagamento do valor repassado como comissão ao intermediário (aproximadamente USD 10 milhões de dólares), que corresponderia ao valor "inflado" do contrato para cobrir os gastos com subornos. A sociedade Z negou as acusações de corrupção e pleiteou o direito de manter os valores que lhe foram pagos, tendo em vista a efetiva prestação do serviço.

O tribunal arbitral, aplicando a lei da África do Sul, determinou a anulação do contrato obtido por de atos de corrupção. Para tanto, o tribunal arbitral traçou a diferença entre nulidade e anulabilidade, concluindo que a anulabilidade era o remédio adequado pela lei africana:

> [31] "In considering this issue, the Tribunal starts by distinguishing between contracts that are void ab initio and contracts that are voidable, at the option of one or other of the parties. In South African law, an

[453] State-owned corporation X *vs.* Corporation Y. Caso ICC n. 11307, j. 2003. Van Den Berg, Albert. *Yearbook of Commercial Arbitration*, v. 33, Haia: Kluwer Law International, 2008.

agreement is void for illegality if the making or the performance of it, or the ultimate purpose of both parties in contracting, is prohibited by statute or common law – that is to say, if it is contrary to public policy or is contra bonos mores. (See Robertson v. Randfontein Estates Gold Mining Company Limited 1925 AD 173 at 203). An example of an agreement being illegal because the making of it is prohibited, is the sale of merchandise prohibited by statute. An example of illegality when performance renders it so is an agreement to commit a crime. An example of both parties intending to further a purpose contrary to law is afforded by the case of a person giving a prosecutor an inducement not to prosecute for a crime. Such contracts are void because they are based on a turpis causa.

[32] "In contrast with an illegal contract is a contract which, prima facie, is valid but is tainted by some illegality rendering it voidable at the instance of one or more of the parties.

[33] "In South African law, the effect of bribery on a contract is to render that contract voidable; and if the contract is rescinded by an innocent party, what was previously an existing contract is set aside. This was confirmed in Plaaslike Boeredienste (Edms) Beperk v. Cbemfos Beperk 1986 (1) SA 819 (AD) at 848 A to E[454].

[454] State-owned corporation X Corporation Y, Final Award, ICC Case n. 11307, 2003. Yearbook Commercial Arbitration 2008, v. XXXIII (Van den Berg (ed.), jan. 2008). *In*: VAN DEN BERG, Albert. *Yearbook of Commercial Arbitration*, v. 33, Haia: Kluwer Law International, 2008. Tradução livre: "[31] "Ao considerar esta questão, o Tribunal começa distinguindo entre contratos que são nulos *ab initio* e contratos que são nulos, por opção de uma ou outra das partes. Na lei sul-africana, um acordo é anulado por ilegalidade se a realização ou o desempenho dele, ou o objetivo final de ambas as partes na contratação, forem proibidos por lei ou lei comum – ou seja, se for contrário à ordem pública ou contra *bonos mores* (Ver: Robertson *vs.* Randfontein Estates Gold Mining Company Limited 1925 AD 173 em 203). Um exemplo de um contrato que é ilegal porque fazê-lo é proibido é a venda de mercadorias proibidas por lei. Um exemplo de ilegalidade quando sua execução o torna ilegal é um contrato para cometer um crime. Um exemplo de contrato em que ambas as partes pretendem promover um objetivo contrário à lei é oferecido pelo caso de uma pessoa que dá ao promotor um incentivo para não processar por um crime. Tais contratos são nulos porque são baseados em uma causa turpis. [32] "Em contraste com um contrato ilegal, é um contrato que, *prima facie*, é válido, mas está contaminado por alguma ilegalidade que o torna anulável no caso de uma ou mais das partes. [33] "Na lei da África do Sul, o efeito do suborno em um contrato é tornar esse contrato anulável; e se o contrato for rescindido por uma parte inocente, o que anteriormente era um contrato existente é anulado. Isso foi

O tribunal arbitral também afirmou que os valores pagos pela prestação do serviço não poderiam ser restituídos *in integrum*, tendo em vista a efetiva manutenção das aeronaves pelo particular. A restituição, segundo o tribunal arbitral, deveria alcançar apenas a diferença do que foi pago em razão dos subornos realizados, ou seja, aquilo que superasse os custos e o preço de mercado do serviço prestado.

A sentença arbitral deste caso foi anulada pelas cortes inglesas por problemas na instrução probatória, mais especificamente em relação ao cálculo do "valor justo" ao qual o particular faria jus nos termos do contrato maculado pelos atos de corrupção[455], mas suas lições permanecem em relação aos demais aspectos abordados pelo tribunal arbitral.

A possibilidade de contratos obtidos por corrupção serem declarados inválidos fortalece o combate internacional à corrupção, na medida em que, além dos efeitos produzidos no caso concreto, há um efeito secundário de criar no mercado o receio de sofrer as penalizações em questão, principalmente quando é possível a aplicação, na esfera civil, de critérios mais brandos para reconhecer se houve a prática de corrupção, em comparação à esfera penal (veja-se, por exemplo, os exemplos de flexibilização quanto ao ônus da prova explicados acima).

4.5.1. As perdas e danos

Além da possibilidade de ser declarada a invalidade dos negócios jurídicos envolvendo atos de corrupção, os UPICC, assim como a legislação brasileira, resguardam a possibilidade de a parte "vítima" dos atos de corrupção (que são atos ilícitos), pleitearem perdas e danos (artigo

confirmado em Plaaslike Boeredienste (Edms) Beperk *vs*. Cbemfos Beperk 1986 (1) SA 819 (AD) em 848 A a E".

455 VÉRAS, Felipe. *Arbitragem e corrupção*: um estudo sob a perspectiva do direito brasileiro. Dissertação (Mestrado em Direito). Universidade Federal de Minas Gerais. Disponível em: https://repositorio.ufmg.br. Acesso em: 25 jun. 2020.

3.2.16 dos UPICC[456] e 186[457] combinado com 944[458] do Código Civil brasileiro), independentemente dos outros remédios disponíveis. A CLCC também prevê, em seu artigo 3º, a compensação por perdas e danos incorridas em razão de atos de corrupção[459].

A indenização do Estado "vítima" de corrupção não é ilimitada.

Deve ser ponderada com outros princípios que integram o costume comercial internacional e o ordenamento jurídico brasileiro, como a vedação ao enriquecimento ilícito e a impossibilidade fática de retorno ao *status quo ante* em determinadas circunstâncias. Estes princípios, vale registrar, estão reproduzidos nos artigos dos UPICC já comentados, que preveem, para as hipóteses de vício de consentimento, o retorno ao *status quo ante*, desde que isso seja possível e, para as hipóteses de ato ou negócio jurídico contrário à lei cogente, a aplicação de um remédio adequado e proporcional.

No Brasil, nos termos do artigo 944[460] do Código Civil brasileiro, a parte só pode ser restituída do que efetivamente perdeu ou deixou de ganhar em razão de um ato ilícito, o que inclui atos de corrupção. Esta

[456] Artigo 3.2.16 dos UPICC: "(Damages) Irrespective of whether or not the contract has been avoided, the party who knew or ought to have known of the ground for avoidance is liable for damages so as to put the other party in the same position in which it would have been if it had not concluded the contract." Tradução livre: "(Danos) Independentemente de o contrato ter sido ou não evitado, a parte que sabia ou deveria saber o motivo da invalidade é responsável por danos, de modo a colocar a outra parte na mesma posição em que estaria se não tivesse concluído o contrato".

[457] Artigo 186 do Código Civil Brasileiro: "Art. 186. Aquele que, por ação ou omissão voluntária, negligência ou imprudência, violar direito e causar dano a outrem, ainda que exclusivamente moral, comete ato ilícito".

[458] Artigo 944 do Código Civil Brasileiro: "A indenização mede-se pela extensão do dano. Parágrafo único. Se houver excessiva desproporção entre a gravidade da culpa e o dano, poderá o juiz reduzir, equitativamente, a indenização".

[459] Artigo 3º da CLCC: "1. Each Party shall provide in its internal law for persons who have suffered damage as a result of corruption to have the right to initiate an action in order to obtain full compensation for such damage. 2. Such compensation may cover material damage, loss of profits and non-pecuniary loss". Tradução livre: "Cada Parte deverá prever em sua legislação interna que as pessoas que sofreram danos como resultado de corrupção tenham o direito de iniciar uma ação a fim de obter uma compensação total por tais danos. 2. Essa compensação pode cobrir danos materiais, lucros cessantes e perdas não pecuniárias".

[460] Artigo 944 do Código Civil Brasileiro: "A indenização mede-se pela extensão do dano".

norma já foi considerada uma norma de ordem pública pelo Superior Tribunal de Justiça[461]. Isso significa que quando um contrato é precedido de atos de corrupção, mas isso não causa prejuízos efetivos ao Estado, não há indenização. Por exemplo, um contrato para prestação de serviços por um "preço justo", equivalente ao mercado, mesmo que precedido de atos de corrupção, não resulta em perdas e danos ao erário, inexistindo, nesse caso, direito à indenização; muito embora, relembrando-se, a anulação possa ser sempre pleiteada. Por outro lado, se o Estado pagou pelos serviços prestados mais do que eles efetivamente valiam em virtude da corrupção que antecedeu o contrato, há perdas e danos, devendo haver, portanto, compensação.

O caso CCI n. 11307[462], cujos fatos narramos oportunamente, envolveu exatamente essa discussão. O tribunal arbitral, após declarar a anulação do contrato em razão dos subornos pagos antes da sua execução, explicou que a restituição *in integrum* de todos os valores pagos ao particular pela manutenção das aeronaves de uma sociedade estatal, no caso, resultaria no enriquecimento indevido desta última, que acabaria tendo se beneficiado gratuitamente dos serviços já prestados, os quais não poderiam ser simplesmente desfeitos, conforme conclusão do tribunal arbitral:

> In the Judgment of the Tribunal, X is entitled to avoid the Maintenance Agreements, which were tainted by bribery, but it is not entitled to restitution of the total sum paid by it of US$ 55,553,886.03. X received benefits under the Maintenance Agreements, over a period of five years, and restitution in specie being impossible, the monetary value of those benefits or the lower price that X would have had to pay to another contractor must be deducted from any amount to be repaid by Y. In practice, this means that the Tribunal must do the best it can in order to determine the value of the benefits received by X or the lower price it would have paid to another contractor[463].

[461] Ver os comentários ao Caso Abengoa já mencionados.

[462] State-owned corporation X Corporation Y, Final Award, ICC Case n. 11307, 2003. *In*: Van Den Berg, Albert. *Yearbook of Commercial Arbitration*, v. 33, Haia: Kluwer Law International, 2008, p. 44.

[463] State-owned corporation X Corporation Y, Final Award, ICC Case n. 11307, 2003. *In*: Van Den Berg, Albert. *Yearbook of Commercial Arbitration*, v. 33, Haia: Kluwer Law International, 2008, p. 46.

A sentença arbitral foi anulada na sede da arbitragem, mas, repetimos, as lições advindas da decisão de mérito permanecem: a invalidade do negócio jurídico deve ser declarada quando ficarem comprovados os atos de corrupção. Os efeitos dessa invalidade dependerão da lei aplicável e das circunstâncias do caso concreto, ponderando-se todos os princípios em jogo, incluindo a vedação ao enriquecimento sem causa pelo Estado.

Outra situação em que o Estado poderia se enriquecer indevidamente é na hipótese de aplicação concomitante de sanções penais pecuniárias, sanções administrativas/de direito público, e indenizações na esfera cível.

Nesse sentido, destaca-se que no Brasil há, na esfera do direito público, diversas formas de lidar com casos de corrupção. Podemos mencionar, por exemplo, a Lei n. 8.429/1992 (Lei de Improbidade Administrativa), que elenca como uma das penas à prática de improbidade administrativa a proibição de contratação com o poder público, que inclusive pode levar à extinção de contratos em curso, além do ressarcimento integral do dano causado à administração pública (artigo 12 da Lei de Improbidade Administrativa)[464]. Outro exemplo é a Lei n.

[464] Artigo 12 da Lei de Improbidade Administrativa: "Art. 12. Independentemente das sanções penais, civis e administrativas previstas na legislação específica, está o responsável pelo ato de improbidade sujeito às seguintes cominações, que podem ser aplicadas isolada ou cumulativamente, de acordo com a gravidade do fato: I – na hipótese do art. 9º, perda dos bens ou valores acrescidos ilicitamente ao patrimônio, ressarcimento integral do dano, quando houver, perda da função pública, suspensão dos direitos políticos de oito a dez anos, pagamento de multa civil de até três vezes o valor do acréscimo patrimonial e proibição de contratar com o Poder Público ou receber benefícios ou incentivos fiscais ou creditícios, direta ou indiretamente, ainda que por intermédio de pessoa jurídica da qual seja sócio majoritário, pelo prazo de dez anos; II – na hipótese do art. 10, ressarcimento integral do dano, perda dos bens ou valores acrescidos ilicitamente ao patrimônio, se concorrer esta circunstância, perda da função pública, suspensão dos direitos políticos de cinco a oito anos, pagamento de multa civil de até duas vezes o valor do dano e proibição de contratar com o Poder Público ou receber benefícios ou incentivos fiscais ou creditícios, direta ou indiretamente, ainda que por intermédio de pessoa jurídica da qual seja sócio majoritário, pelo prazo de cinco anos; III – na hipótese do art. 11, ressarcimento integral do dano, se houver, perda da função pública, suspensão dos direitos políticos de três a cinco anos, pagamento de multa civil de até cem vezes o valor da remuneração percebida pelo agente e proibição de contratar com o Poder Público ou receber benefícios ou incentivos fiscais ou creditícios, direta ou indiretamente, ainda que por intermédio de pessoa jurídica da qual

12.846/2013 (Lei Anticorrupção), que prevê diversas sanções para atos contra a administração pública, incluindo a suspensão ou a interdição parcial das atividades de uma companhia, a dissolução da pessoa jurídica e a restituição integral do dano causado.

As legislações comentadas tutelam questões de direito público, que devem ser suscitadas pelos órgãos competentes para tanto, na esfera administrativa e/ou judicial. No caso da Lei Anticorrupção, a competência para o ajuizamento dos procedimentos administrativos e/ou medidas judiciais cabíveis é do ente público prejudicado, por meio do seu órgão de representação judicial (artigo 10º[465]). Já a Lei de Improbidade Administrativa prevê a competência concorrente entre o Ministério Público e a pessoa jurídica interessada para o ajuizamento da ação de improbidade administrativa (artigo 17º[466]). Em ambos os casos, tutela-se o interesse público indisponível, não sendo possível submeter a matéria à arbitragem.

A tutela do interesse público, contudo, tem impactos inevitáveis na esfera contratual cível. Se uma determinada empresa é proibida de con-

seja sócio majoritário, pelo prazo de três anos. IV – na hipótese prevista no art. 10-A, perda da função pública, suspensão dos direitos políticos de 5 (cinco) a 8 (oito) anos e multa civil de até 3 (três) vezes o valor do benefício financeiro ou tributário concedido (Incluído pela Lei Complementar n. 157, de 2016) Parágrafo único. Na fixação das penas previstas nesta lei o juiz levará em conta a extensão do dano causado, assim como o proveito patrimonial obtido pelo agente".

[465] Artigo 10 da Lei Anticorrupção: "Art. 10. O processo administrativo para apuração da responsabilidade de pessoa jurídica será conduzido por comissão designada pela autoridade instauradora e composta por 2 (dois) ou mais servidores estáveis. § 1º O ente público, por meio do seu órgão de representação judicial, ou equivalente, a pedido da comissão a que se refere o *caput*, poderá requerer as medidas judiciais necessárias para a investigação e o processamento das infrações, inclusive de busca e apreensão. § 2º A comissão poderá, cautelarmente, propor à autoridade instauradora que suspenda os efeitos do ato ou processo objeto da investigação. § 3º A comissão deverá concluir o processo no prazo de 180 (cento e oitenta) dias contados da data da publicação do ato que a instituir e, ao final, apresentar relatórios sobre os fatos apurados e eventual responsabilidade da pessoa jurídica, sugerindo de forma motivada as sanções a serem aplicadas. § 4º O prazo previsto no § 3º poderá ser prorrogado, mediante ato fundamentado da autoridade instauradora".

[466] Artigo 177 da Lei de Improbidade Administrativa: "Art. 17. A ação principal, que terá o rito ordinário, será proposta pelo Ministério Público ou pela pessoa jurídica interessada, dentro de trinta dias da efetivação da medida cautelar".

tratar com o poder público, isso implica na resolução dos contratos pactuados com os entes da administração pública.

De forma semelhante, uma empresa condenada a ressarcir o erário por danos causados por atos de corrupção em ações públicas poderia acabar sendo obrigada a ressarcir os mesmos danos na esfera contratual, em arbitragem gravitando em torno da validade dos contratos.

A ligação entre as ações de iniciativa pública e as disputas contratuais não pode ser ignorada pelo julgador, sob pena de punir-se duas vezes o agente privado e causar o enriquecimento indevido do Estado. Dessa forma, a condenação ao pagamento de perdas e danos relacionados à prática de corrupção no âmbito de arbitragens público/privadas deve considerar as medidas adotadas pelo Estado na esfera do direito público, de maneira a refletir a real extensão dos prejuízos sofridos, excluindo-se o ressarcimento já obtido por força de ações públicas.

A ponderação de princípios com a vedação ao enriquecimento sem causa do Estado pode parecer, a um observador desatento, complacente com a prática de corrupção – na medida em que é uma barreira para a aplicação de remédios que poderiam desincentivar o particular a praticar os atos ilícitos –, mas é exatamente o contrário. Se o Estado pudesse se beneficiar ilimitadamente dos remédios disponíveis, isso poderia incentivá-lo a, no mínimo, fazer "vista grossa" para a prática de corrupção por seus agentes, tendo em vista os benefícios futuros caso obtenha indenizações em mais de uma frente. Em outras palavras, o crime não pode compensar mais para o Estado do que a sua prevenção. A ponderação de todos os interesses e princípios pertinentes, como a vedação ao enriquecimento sem causa, evita esse resultado, criando um cenário livre de incentivos à prática de corrupção, tanto em relação ao particular, quanto em relação ao Estado.

Conclusões

Como mencionamos logo na introdução deste trabalho, a importância da arbitragem para a solução de disputas comerciais internacionais e disputas de investimento confere ao instituto verdadeiro protagonismo para lidar com as consequências patrimoniais de atos transnacionais de corrupção. Considerando este protagonismo, a efetividade do combate à corrupção internacional passa pela forma como os árbitros e as partes se comportam diante destas alegações, que fazem surgir, por sua natureza e gravidade, diversos desafios no curso dos procedimentos arbitrais que gravitam em torno da matéria. Procuramos abordar estes desafios e sugerir para cada um deles o emprego de soluções pragmáticas e eficazes, que façam da arbitragem mais um campo efetivo para o combate à corrupção transnacional.

O primeiro desafio que abordamos neste trabalho foi a definição, pelos árbitros, da lei aplicável para alegações de corrupção no âmbito das arbitragens internacionais. Ao nosso ver, os árbitros devem ponderar sempre as diversas leis relacionadas à arbitragem e, se em qualquer delas os fatos narrados se enquadrarem na definição jurídica de corrupção, devem aplicar os remédios jurídicos pertinentes, pois normas que versam sobre a matéria são, como regra, parte da ordem pública do local relacionado à arbitragem, quando não da ordem pública transnacional.

Retiramos daí a primeira lição sobre como a arbitragem pode ser um instrumento no combate à corrupção: dentro da discricionariedade que lhe é assegurada, os árbitros têm a possibilidade de assegurar sempre a aplicação de normas que impliquem na caracterização dos fatos narrados como atos ilícitos, em detrimento da aplicação de disposições mais brandas que possam ter relação com o litígio. Ao nosso ver, isso exponencia a aplicação de normas de locais que seguiram as recomendações da UNCC, além de evitar que agentes corruptos se beneficiem das disparidades do sistema jurídico internacional.

O segundo desafio enfrentado nesse trabalho foi definir parâmetros para a alocação do ônus e do peso das provas em arbitragens envolvendo alegações de corrupção. Ao nosso ver, a alocação proporcional e razoável do ônus da prova pelos tribunais arbitrais (em oposição à aplicação de critérios exagerados de "prova conclusiva", "evidência clara e inequívoca", etc.) permite uma flexibilização que impulsiona o combate à corrupção, tanto por permitir a imposição dos remédios cabíveis nos casos em que o tribunal arbitral está convencido quanto à prática dos ilícitos apesar de não existirem provas conclusivas, quanto por incentivar o controle e a transparência das partes e Estados na condução dos seus negócios. Partes que atuam de forma lícita, transparente, e que empregam um controle robusto acerca dos atos praticados por seus representantes, dificilmente terão dificuldades para refutar alegações de corrupção feitas por terceiros, evitando assim uma possível flexibilização do ônus da prova em seu prejuízo. Explicamos, ainda, que se tratando a corrupção de matéria de ordem pública, os árbitros devem adotar uma postura ativa na instrução probatória, de modo a assegurar que atos de corrupção que podem impactar no deslinde da disputa não passem despercebidos.

A terceira problemática abordada foi o dever ou o direito dos envolvidos em procedimentos arbitrais de reportarem às autoridades competentes atos de corrupção que venham a ser revelados nestes procedimentos. A conclusão é de que eventual dever de confidencialidade que se aplique à arbitragem não impede os envolvidos de denunciarem os atos de corrupção. A arbitragem não deve ser uma cortina atrás da qual se escondem atos criminosos, que em outras circunstâncias seriam revelados sem pudor em processos judiciais. A possibilidade desses atos serem denunciados pelos envolvidos em procedimentos arbitrais, ao nosso ver, também impulsiona o combate à corrupção, na medida em que exponencia nas partes a possibilidade de responderem por seus atos ilícitos em outras esferas, possivelmente prevenindo que os cometam pelo receio de serem descobertos. Apesar disso, vale lembrar, não há, ao nosso ver, uma obrigação dos envolvidos em procedimentos arbitrais em denunciar atos ilícitos porventura revelados nos procedimentos, salvo quando há previsão expressa na legislação aplicável, o que ainda é, infelizmente, bastante raro.

Analisamos também o papel dos advogados em casos envolvendo alegações de corrupção. Retiramos, desta análise, a importante lição acerca da dupla deontologia aplicável aos advogados que atuam em procedimentos arbitrais internacionais. Tais advogados devem observar tanto a legislação do seu local de origem quanto da sede da arbitragem e, aplicando-se esta dupla deontologia, espera-se que estejam sempre sujeitos à obrigação de dizer a verdade, devendo atentar-se também à eventual obrigação de reportar atos de corrupção praticados por seus clientes.

Em seguida, analisamos as soluções empregadas em arbitragens de investimento envolvendo alegações de corrupção. Em resumo, a partir da aplicação da doutrina das mãos limpas, tribunais arbitrais de investimento têm privado da proteção do direito internacional investidores corruptos, trabalhando assim em prol do combate à corrupção. Investidores internacionais corruptos devem saber que não vão receber qualquer proteção do sistema internacional aos seus investimentos, o que talvez lhes faça pensar duas vezes antes de praticar atos de corrupção em território estrangeiro.

Melhor sorte não assiste aos agentes corruptos em arbitragens comerciais. Contratos que preveem corrupção são, como regra, nulos de pleno direito, e contratos obtidos por corrupção são, também em regra, anuláveis, caso a anulação seja de interesse do Estado-vítima, sem prejuízo da condenação do agente corrupto ao ressarcimento das perdas e danos sofridos. Ponderamos apenas, vale também lembrar, que eventual indenização por perdas e danos deve corresponder ao prejuízo efetivo sofrido pelo Estado, descontado eventual ressarcimento recebido em outras esferas. Caso contrário, as perdas e danos corresponderiam a verdadeiro prêmio ao Estado cujos agentes renderam-se à corrupção, o que poderia tornar desinteressante o combate preventivo à prática dos atos.

O resultado prático é que não são assegurados direitos contratuais de partes que agiram contra a lei, de modo que a aplicação correta do direito pelo tribunal arbitral tem, por si só, o condão de punir o agente corrupto e propagar o receio quanto às consequências patrimoniais de atos de corrupção.

O emprego das conclusões aqui resumidas pelos envolvidos em arbitragens que tangenciem alegações de corrupção potencializa, ao nosso ver, o combate à corrupção no ambiente arbitral, de forma a assegurar a repreensão dos agentes corruptos ao menos na esfera patrimonial. Repreensão essa que, como regra, traduz-se também em apreensão, reduzindo a potencialidade criminosa dos *players* internacionais. É assim que a arbitragem, ao nosso ver, pode tornar-se um instrumento no combate à corrupção, esse mal antigo, sistêmico e corrosivo que destrói a credibilidade dos Estados, priva setores essenciais de investimentos necessários e, em última instância, assassina direitos essenciais dos cidadãos, as vítimas reais da corrupção.

REFERÊNCIAS

ABBUD, André de Albuquerque Cavalcanti. Confidencialidade *vs.* publicação de sentenças pelas câmaras arbitrais: das regras às condutas. *In*: VASCONCELOS, Ronaldo *et al.* (coord.). *Análise prática das câmaras arbitrais e da arbitragem no Brasil.* São Paulo: IASP, 2019.

–. Confidencialidade *vs.* publicação de sentenças pelas câmaras arbitrais: das regras às condutas. *In*: VASCONCELOS, Ronaldo *et al.* (coord.); FOUCHARD, Philippe; GOLDMAN, Berthold. *Fouchard, Gaillard, Goldman on international commercial arbitration*. Kluwer Law International BV, 1999.

ALVES, Rafael Francisco. *A inadmissibilidade de medidas antiarbitragem no direito brasileiro*. São Paulo: Atlas, 2009.

ALVIM, José Eduardo Carreira. *Tratado geral da arbitragem interno*. Belo Horizonte: Mandamentos, 2000.

ARMESTO, Juan Fernandez. Chapter 11: The effects of a positive finding of corruption. *In*: BAIZEAU, Domitille; KREINDLER Richard (ed.). *Addressing issues of corruption in commercial and investment arbitration, dossiers of the ICC institute of world business law*. Países Baixos: Kluwer Law International, 2015.

BARCELÓ III, John J.; VON MEHREN, Arthur T. *International commercial arbitration*. A transnational perspective. Estados Unidos: Thomson Reuters, 2006.

BENSON, Syrus. *Can professional ethics wait?* The need for transparency in international arbitration. Disponível em: https://www.gibsondunn.com/wp-content/uploads/documents/publications/Benson-CanProfessionalEthicsWait.pdf. Acesso em: 29 mar. 2020.

BENTOLILA, Dolores. *Arbitrators as lawmakers*. Países Baixos: Kluwer Law International, 2017.

BERGER, Klaus Peter. Evidentiary privileges: best practice standards *versus*/ and arbitral discretion. *Revista Arbitration International 22*, n. 4, 2006.

BESSON, Sébastien; POUDRET, Jean-François. *Comparative law of international arbitration*. Londres: Sweet & Maxwell, 2007.

BONATO, Giovanni. Panorama da arbitragem na França e na Itália. Perspectiva de direito comparado com o brasileiro. *Revista Brasileira de Arbitragem*, Curitiba, v. XI, n. 43, 2014, trimestral.

BONELL, Michael Joachim; MEYER, Olaf. The impact of corruption on international commercial contracts – general report. *In*: BONELL, Michael Joachim; MEYER, Olaf (eds). *The impact of corruption on international commercial contracts*. Springer, Cham, 2015.

BORN, Gary. *International arbitration*: cases and materials. 2. ed. Países Baixos: Kluwer Law International, 2014.

–. *International arbitration*: law and practice. Países Baixos: Kluwer Law International, 2012.

BRAGHETTA, Adriana. *A importância da sede da arbitragem*: visão a partir do Brasil. Rio de Janeiro: Renovar, 2010.

BRASIL. Tribunal de Justiça de São Paulo. Apelação n. 0026119-91.2011.8.26.0590. 19ª Câmara de Direito Privado. Rel. Des. Dimitrios Zarvos Varellis, j. 29-7-2015. Registro em: 3-8-2015.

BREKOULAKIS, Stravos. Chapter 1: introduction. *In*: LEW, Julian David Mathew *et al*. *The evolution and future of international arbitration*. Países Baixos: Kluwer International, 2016.

CAHALI, Francisco José. *Curso de arbitragem*. Resolução CNJ 125/2020 (e respectiva emenda de 31 de janeiro de 2013: mediação e conciliação). São Paulo: RT, 2013.

CÂMARA, Alexandre Freitas. *Arbitragem* – Lei n. 9.307/95. 5. ed. Rio de Janeiro: Lumen Juris, 2009.

CARMONA, Carlos Alberto. *Arbitragem e processo* – um comentário à Lei n. 9.307/96. São Paulo: Atlas, 2009.

CEPEDA, Naa Isabel Pérez. La política criminal internacional contra la corrupción. *Revista Brasileira de Ciências Criminais*, v. 89, 2001.

CRIVELLARO, Antonio. Chapter 7. Arbitration case law on bribery: issues of arbitrability, contract validity, merits and evidence. *In*: KARSTEN, Kristine; BERKELEY, Andrew (ed.). *Arbitration*: money laundering, corruption and fraud, dossiers of the ICC institute of world business law. Países Baixos: Kluwer Law International, 2003.

DELAUME, Georges R. ICSID arbitration: practical considerations. *Journal of International Arbitration*, v. I. 1984.

DERAIN, Yves; MIRABAL, Josefa Sicard. *Introduction to investment-state arbitration*. Países Baixos: Kluwer Law International, 2018.

DRUDE, Joachim. *Fiat iustitia, ne pereat mundus*: a novel approach to corruption and investment arbitration in journal of international arbitration. Países Baixos: Kluwer Law International, 2012.

FOUCHARD, Philippe. La portée internationale de l'annulation de la sentence arbitrale dans son pays d'origine. *Revue de L'Arbitrage*, n. 3, 1997.

FOUCHARD, Philippe; GOLDMAN, Berthold. *Fouchard, Gaillard, Gold-*

man on international commercial arbitration. Países Baixos: Kluwer Law International, 1999.

Gaillard, Emmanuel. *A teoria jurídica da arbitragem internacional*. Tradução de Natália Mizrahi Lamas. São Paulo: Atlas, 2014.

–. Transcending national legal orders for international arbitration. *In:* Van Den Berg, Albert Jan. *International arbitration*: the coming of a new age? Países Baixos: Kluwer Law International, 2013.

–. *La corruption saisie par les arbitres du commerce international*. Paris: Comité Français de l'Arbitrage, 2007.

–. The emergence of transnational responses to corruption in international arbitration. *Arbitration International*, v. 35, n. 1, p. 1-19, 2019.

–. The role of the arbitrator in determining the applicable law. *In*: Hill, Newman L. R. *The leading arbitrators' guide to international arbitration*. Huntington: Juris Publishing, 2008.

Garcia, Emerson. *A corrupção* – uma visão jurídico-sociológica. São Paulo: RT, 2004.

Gomes, Luiz Roldão de Freitas. Invalidade dos atos jurídicos – nulidades – anulabilidades – conversão. *Doutrinas Essenciais de Direito Civil*, v. 4, out. 2010.

Grebler, Eduardo. Relatório-Síntese do XIV Congresso do Comitê Brasileiro de Arbitragem, realizado de 13 a 15 de setembro de 2015, em Foz do Iguaçu. *Revista Brasileira de Arbitragem*, v. 13, n. 49, p. 207-228, 2016.

Greco, Luis. Aproximação a uma teoria da corrupção. *Revista Brasileira de Ciências Criminais*, v. 134, 2017.

Hanotiau, Bernard. International arbitration in a global economy: the challenges of the future. *J. Int'l Arb.* 89, 2001.

Hayes, Tessa; Baizeau, Domitille. The arbitral tribunal's duty and power to address corruption sua sponte. *In*: Menaker, Andrea. *International arbitration and the rule of law*: contribution and conformity. Países Baixos: Kluwer Law International, 2017.

Hiber, Dragor; Pavic, Vladimir. Arbitration and crime. *Journal of International Arbitration*, v. 25, n. 4, p. 461-478, 2008.

Horvath, Günther; Wilske, Stephan. *Guerrilla tactics in international arbitration*. 2. ed. Países Baixos: Kluwer Law International, 2013.

Horvath, Günther; Wilske, Stephan; Kahn, Katherine. Addressing corruption in commercial arbitration: how do arbitral tribunals evaluate and adjudicate contractual relationships tainted by corruption? *In*: Risse, Jörg *et al. German Arbitration Journal*. Países Baixos: Kluwer Law International, 2017.

Hart-Armstrong, Shelby. *How do tribunals in investment arbitrations treat parallel domestic investigations and proceedings?* Publicado em 14 jun. 2020. Disponível em: http://arbitrationblog.kluwerarbitration.com/2020/06/14/how-do-tribunals-in-investment-arbitrations-treat-parallel-domestic-investigations-and-proceedings/. Acesso em: 29 jun. 2020.

HUTIGTON, Samuel P. *A ordem política nas sociedades em mudança*. Tradução portuguesa. Rio de Janeiro: Forense, 1975.

HWANG, Michel; LIM, Kevin. Corruption in arbitration – law and reality. *In*: *Asian international arbitration journal*, v. 8. Países Baixos: Kluwer Law International, 2012.

HWANG, Michael; CHUNG, Katie. Defining the indefinable: practical problems of confidentiality in arbitration. *Journal of International Arbitration*. v. 26. Países Baixos: Kluwer Law International, 2009.

JAPIASSÚ, Carlos Eduardo Adriano. A corrupção em uma perspectiva internacional. *Revista Brasileira de Ciências Criminais*, v. 64, 2007.

KAPLAN, Neil. Arbitration in Asia – developments and crises – Part 2, 19. *Journal of International Arbitration*, 2002.

KESSLER, Raeschke Hilmar. *Corrupt practices in the foreign investment context*: contractual and procedural aspects. Países Baixos: Kluwer Law International, 2004.

KESSEDJIAN, Catherine. Transnational public policy. *In*: VAN DEN BERG, Albert Ian. *International Arbitration 2006*: back to basics? Países Baixos: Kluwer Law International, 2007.

KOHLER, Gabrielle Kaufmann. Identifying and applying the law governing the arbitration procedure – the role of the law of the place of arbitration. *In*: VAN DEN BERG, Albert Jan. *Improving the efficiency of arbitration agreements and awards*: 40 years of application of the New York Convention. ICCA Congress Series. Países Baixos: Kluwer Law International, 1999.

KREINDLER, Richard H. Competence-competence in the face of illegality in contracts and arbitration agreements, 2013, p. 334-335 *apud* VÉRAS, Felipe. *Arbitragem e corrupção*: um estudo sob a perspectiva do direito brasileiro. Dissertação (Mestrado em Direito). Universidade Federal de Minas Gerais. Disponível em: https://repositorio.ufmg.br. Acesso em: 25 jun. 2020.

LAMM, Carolyn *et al. Fraud and corruption in international arbitration*. Madrid: Wolters Kluwer España, 2010.

LESSA NETO, João Luiz. *Arbitragem e Poder Judiciário*: a definição da competência do árbitro. Salvador: Juspodivm, 2016.

LEW, Julian David Mathew; MISTELIS, Loukas A.; KRÖLL, Stefan M. *Comparative international arbitration*. Países Baixos: Kluwer Law International, 2003.

–. Control of jurisdiction by injunctions issued by national courts. *In*: VAN DEN BERG, Jan. *International arbitration 2006*: back to basics? Países Baixos: Kluwer Law International, 2007.

LIEBSHER, Christopher; HAUGENEDER, Florian. Chapter V: investment arbitration – corruption and investment arbitration: substantive standards and proof. *In*: KLAUSEGGER, Christian *et al. Australian Arbitration*

Yearbook 2009. Países Baixos: Kluwer Law International, 2009.

LLAMAZON, Aloysius. *Corruption in international investment arbitration*. Reino Unido: Oxford International, 2014.

LUTRELL, Sam. Chapter 11: Bias challenges in ICSID arbitration: unsettled issues. *In*: BALTAG, Crina. *ICSID Convention after 50 years*: unsettled issue. Kluwer Law International, 2016.

MAGALHÃES, José Carlos. *Revista Brasileira de Arbitragem*, v. IX. Curitiba: Comitê Brasileiro de Arbitragem (CBAR), 2017.

MANN, Francis. A *lex facit arbitrum*. *In*: SANDERS, Pieter (ed.). *Internacional arbitration*. Liver Amicorum for Martin Domke. Haia: Martins Nijhoff, 1976.

MARCENARO, Edoardo. Chapter 9: Arbitrators' investigative and reporting rights and duties on corruption. *In*: BAIZEAU, Domitille; KREINDLER, Richard (ed.). Addressing issues of corruption in commercial and investment arbitration. *Dossiers of the ICC Institute of World Business Law*, v. 13, 2015.

MATOS, Amanda Prado. Sociedade corrupta. *Revista de Direito Privado*, v. 100, 2019.

MENAKER, Andrea. Chapter 5: Proving Corruption in International Arbitration. *In*: BAIZEAU, Domitille; KREINDLE, Richard (ed.). *Addressing issues of corruption in commercial and investment arbitration*. Países Baixos: Kluwer Law International, 2015.

MEYER, Olaf. Combating corruption by means of private law – the German experience. *In*: MEYER, Olaf (ed.). *The civil law consequences of corruption*. Nomos Verlagsgesellschaft mbH & Co. KG, 2009.

MESHEL, Tamar. *Metal-Tech Ltd. vs. Republic of Uzbekistan* – is really no one getting punished? Disponível em: http://arbitrationblog.kluwearbitration.com/2014/01/03/metal-tech-ltd-v-republic-of--uzbekistan-is-really-no-one-getting-punished/?doing_wp_cron=1593031006.5890688896179199218750. Acesso em: 26 jun. 2020.

MILLS, Karen. Corruption and other illegality in the formation and performance of contracts and in the conduct of arbitration relating thereto. *In*: VAN DEN BERG, Albert. *ICCA Congress Series n. 11*. Haia: Kluwer Law International, 2003.

MOULLEC, Caroline Le. The clean hands doctrine: a tool for accountability of investor conduct and inadmissibility of investment claims' in Stavros Brekoulakis (ed). *The International Journal of Arbitration, Mediation and Dispute Management* (© Chartered Institute of Arbitrators (CIArb); Sweet & Maxwell, v. 84, issue 1, 2018).

MOURRE, Alexis. *Arbitration and criminal law*: reflections on the duties of the arbitrator. Arbitration International. Londres, v. 22, 2006.

–. Chapter 11 – arbitration and criminal law: jurisdiction, arbitrability and duties of the arbitral tribunal. *In*: MISTELIS, Loukas A. *Arbitrabi-*

lity: international and comparative perspectives. Países Baixos: Kluwer Law International, 2009.

–. Part II substantive rules on arbitrability. Chapter 11 – Arbitration and criminal law: jurisdiction, arbitrability and duties of the arbitral tribunal. *In*: MISTELIS, Loukas A; BREKOULAKIS, Stravos. *Arbitrability*: international and comparative perspectives. International Arbitration Law Library, v. 19.

NASSER, Paulo. *Caso Yukos*: Sentença Arbitral de USD 50 bilhões anulada pela Corte Distrital de Haia. Disponível em: http://nasser.adv.br/informativo-de-jurisprudencia-internacional/2016/06/01/caso-yukos-sentenca-arbitral-de-usd-50-bilhoes-anulada-pela-corte-distrital-de-haia/. Acesso em: 26 jul. 2020.

NERY JUNIOR, Nelson; NERY, Rosa Maria de Andrade. *Código Civil comentado*. São Paulo: RT, 2019 (*online*).

NIGEL, Blackaby *et al. Redfern and hunter on international arbitration*. 6. ed. Países Baixos: Kluwer Law International, 2016.

ÖSTERLUND, Johanna. *Revealing the man behind the curtain*. Proving corruption in international commercial arbitration. LLM. Master's Thesis in Procedural Law for the UPPSALA Universitet. Disponível em: http://www.diva-portal.org/smash/get/diva2:781422/FULLTEXT01.pdf. Acesso em: 25 jun. 2020.

OXFORD DICTIONARY. Disponível em: https://www.oxfordlearnersdictionaries.com/us/definition/english/corruption?q=corruption. Acesso em: 16 abr. 2020.

PARK, William W. *Arbitration of international business disputes*: studies in law and practice. 2. ed. Croydon: Oxford University Press, 2012.

PARTASIDES, Constantine. Proving corruption in international arbitration: a balanced standard for the real world. *ICSID Review Foreign Investment Law Journal* v. 25, 2010.

PAULSSOUN, Jan. Standards for conduct for counsel in international arbitration. *American Review of International Arbitration* (ARIA), Estados Unidos, 1992.

–. *Arbitration in three dimensions*. Londres: LSE Law, Society and Economy Working Papers 2/2010. Disponível em: https://www.arbitration-icca.org/media/0/12686652821290/arbitration_in_three_dimensions.pdf. Acesso em: 3 abr. 2020.

–. *The idea of arbitration*. Nova York: Oxford University Press, 2013.

PAULSSON, Marike. *The 1958 New York Convention in Action*. Países Baixos: Kluwer Law International, 2012.

PAULSSON, Marike; VIDAL, Marina Coelho Reverendo. ASA bioenergy holding AG *et al. vs.* Adriano Gianetti Dedini Ometto *et al.* Superior Tribunal de Justiça: national courts holding arbitrators accountable: arbitration & trust. *In*: CASADO FILHO, Napoleão *et al.* (org.) *Direito internacional e arbitragem* – estudos em homenagem ao Prof. Cláudio Finkelstein. São Paulo: Quartier Latin, 2019.

PIPPIDI, Alina Mungiu. *The good, the bad and the ugly*: controlling corruption in the European Union, p. 4. Disponível em: https://www.againstcorruption.eu/wp-content/uploads/2013/03/ANTICORRP--Policy-Paper-on-Lessons-Learnt-1_protected1.pdf. Acesso em: 29 abr. 2020.

POPOVA, Ina; PRAGNER, Dietmar. *Metal-Tech Ltd. vs. The Republic of Uzbekistan (Award).* ICSID Case n. ARB/10/3, 4 October 2013. Países Baixos: Kluwer Law International, 2013.

PRADO, Luiz Régis. Os novos delitos de corrupção e tráfico de influência internacional no direito brasileiro. *Revista dos Tribunais*, v. 815, p. 429--445, set. 2003.

RAMINA, Larissa. A Convenção Interamericana Contra a Corrupção: uma breve análise. *Revista de Direitos Fundamentais e Democracia*. v. 6, 2009.

RAMOS, Caio Pazinato Gregório. *Controle da jurisdição do árbitro pelo Poder Judiciário antes da sentença arbitral no direito brasileiro*. Dissertação (Mestrado em Direito). Pontifícia Universidade Católica de São Paulo (PUC--SP), São Paulo, 2019.

RAOUF, Mohamed Abdel. How should international arbitrators tackle corruption issues? *In*: FERNANDEZ--BALLESTER, Miguel; LOZANO, David Arias (eds.). *Liber Amicorum Bernardo Cremades*. Madrid: Wolters Kluwer España, 2010.

REED, Lucy Ferguson; PAULSSON, Jan *et al. Guide to ICSID arbitration*. Países Baixos: Kluwer Law International, 2010.

RIZZO, Guilherme. Burden of proof and adverse inferences in international arbitration: proposal for an inference chart. *Journal of International Arbitration*, fev. 2018.

ROGERS, Catherine. *Ethics in international arbitration*. Reino Unido: Oxford University Press, 2014.

SANDERS, Pieter. US n.7, Parsons & Whittemore Overseas Co. Inc. *vs.* Société Générale de l'Industrie du Papier (RAKTA), Bank of America, United States Court of Appeals, Second Circuit, 23 December 1974. *In*: VAN DEN BERG, Jan. *Yearbook Commercial Arbitration*. v. I. Haia: Kluwer Law International, 1976.

SAYED, Abdulhay. *Corruption in international trade and commercial arbitration*. Países Baixos: Kluwer Law International, 2004.

SERRANO, Vidal. *Curso de direito constitucional*. São Paulo: Saraiva, 1998.

SINCLAIR, Anthony Charles; LLAMZON, Aloysius. Investor wrongdoing in investment arbitration: standards governing issues of corruption, fraud, misrepresentation and other investor misconduct. *In*: VAN DEN BERG, Albert Jan (ed.) *Legitimacy*: myths, realities, challenges, ICCA Congress Series, v. 18. Países Baixos: Kluwer Law International, 2015.

SMEUREANU, Ileana. *Confidentiality in international commercial arbitration*. Países Baixos: Kluwer Law International, 2011.

TÄNZLER, Dirk; MARAS, Konstadinos; GIANNAKOPOULOS, Angelo.

The social construction of corruption in Europe. Routledge: Nova York, 2016.

TERRY, Laurel S. An introduction to the Community's Legal Ethics Code Part I: an analysis of the CCBE Code of Conduct. *The Georgetown Journal of Legal Ethics*. Disponível em: http://www.personal.psu.edu/faculty/l/s/lst3/ccbe1withappendix.pdf. Acesso em: 29 fev. 2020.

UNITED NATIONS OFFICE ON DRUGS AND CRIME. *State of implementation of the United Nations Convention against corruption*: criminalization, law enforcement and international cooperation. 2. ed. United Nations: Viena, 2017. Disponível em: https://www.unodc.org/documents/treaties/UNCAC/COSP/session7/V.17-04679_E-book.pdf. Acesso em: 20 abr. 2020.

VAN DEN BERG, Albert. *The New York Convention of 1958*. Países Baixos: T.C.M. Asser Institute, 1991. Disponível em: http://www.newyorkconvention.org/publications/nyac+i. Acesso em: 02 abr. 2020.

–. *Yearbook of Commercial Arbitration*. v. 19. Haia: Kluwer Law International, 1994.

–. *Yearbook of Commercial Arbitration*. v. 21. Haia: Kluwer Law International, 1996.

–. *Yearbook of Commercial Arbitration*. Haia: Kluwer Law International, 1999.

–. *Yearbook of Commercial Arbitration*. v. 32. Haia: Kluwer Law International, 2007.

–. *Yearbook of Commercial Arbitration*. v. 33. Haia: Kluwer Law International, 2008.

VÉRAS, Felipe. *Arbitragem e corrupção*: um estudo sob a perspectiva do direito brasileiro. Dissertação (Mestrado em Direito). Universidade Federal de Minas Gerais. Disponível em: https://repositorio.ufmg.br. Acesso em: 25 jun. 2020.

WAINCYMER, Jeffrey. *Procedure and evidence in international arbitration*. Países Baixos: Kluwer Law International, 2012.

WHITE & CASE. Queen Mary University of London. School of International Arbitration 2018. *International arbitration survey*: the evolution of international arbitration, p. 3. Disponível em: https://www.whitecase.com/sites/whitecase/files/files/download/publications/qmul-international-arbitration-survey-2018-19.pdf. Acesso em: 7 ago. 2020.

WORLD Compliance's Navigating Through the FCPA Minefield, Debunking Myths, and Addressing Red Flags. Disponível em: http://www.worldcompliance.com/en/resources/white-papers.aspx. Acesso em: 25 jun. 2020.

YOUNG, Michael; CHAPMAN, Simon. Confidentiality in international arbitration: does the exception prove the rule? Where now for the implied duty of confidentiality under english law? *ASA Bulletin*, Association Suisse de l'Arbitrage, v. 27.

CASOS

Caso CCI n. 7.047 ASA Bull. 1995, at 301 *et seq*. Disponível em: https://www.trans-lex.org/207047/_/icc-award-no-7047-asa-bull-1995-at-301-et-seq/. Acesso em: 15 jun. 2020.

Caso CCI n. 13.384, j. 2005.

Caso ICC n. 3916, j. 1982. Disponível em: https://www.trans-lex.org/203916/mark_960000/icc-award-no-3916-coll-icc-arb-awards-1982-507-et-seq/. Acesso em: 2 jul. 2020.

Caso ICC n. 12.990, j. 2005.

Caso ICC n. 4.145, j. 1987.

Caso ICSID n. ARB (AF)/12/1, Apotex *v.* USA, j. 25-10-2004.

Caso ICSID n. ARB/10/353, j. 21-10-2015.

Fraport AG vs. The Republic of the Philippines (ICSID Case n. ARB/03/25) ("Caso Fraport"). Disponível em: https://www.italaw.com/cases/456. Acesso em: 16 jul. 2020.

Hrvatska Elektroprivreda dd vs. Republic of Slovenia. Caso ICSID ARB/05/24, j. 6-5-2008. Disponível em: https://www.italaw.com/cases/3242. Acesso em: 21 mar. 2020.

Iran-US Claims Tribunal. Norman Gabay vs. Islamic Republic of Iran. Caso n. 771, j. 10-07-1991, 27-Iran-US C.T.R. (1992). Disponível em: https://jusmundi.com/en/document/decision/en-norman-gabay-v-the-islamic-republic-of-iran-award-award-no-515-771-2-wednesday-10th-july-1991. Acesso em: 21 mar. 2020.

Jan Oostergetel and Theodora Laurentius vs. The Slovak Republic. Caso UNCITRAL j. 23-04-2012. Disponível em: https://www.italaw.com/cases/1222. Acesso em: 30 jul. 2020.

John Forster Emmott vs. Michael Wilson & Partners Limited [2008] EWCA Civ 184. Disponível em: https://www.trans-lex.org/301850/_/john-forster-emmott-v-michael-wilson-partners%C2%A0limited-%5B2008%5D-ewca-civ-184/#toc_1. Acesso em: 17 jul. 2020.

Parsons & Whittemore Overseas Co. Inc. vs. Société Générale de l'Industrie du Papier (RAKTA). Corte de Apelação do Segundo Circuito dos Estados Unidos, j. 23-12-1974.

Plama Consortium Limited vs. Bulgaria. Caso ICSID n. ARB/03/24, j. 27-08-2008. Disponível em: https://www.italaw.com/cases/857. Acesso em: 26 jul. 2020.

Premium Nafta Products Limited & outros vs. Fili Shipping Company Limited & outros. Corte dos Lordes da Inglaterra, UKHL 40, j. 2007.

Spyridon Roussalis vs. Romania. Caso ICSID n. ARB/06/1, j. 7-12-2011.

State-owned corporation X Corporation Y, Final Award, ICC Case n. 11307, 2003. *In*: VAN DEN BERG, Albert. Yearbook of Commercial Arbitration, v. 33, Haia: Kluwer Law International, 2008.

Siemens vs. Argentina. Caso ICSID ARB/02/8, j. 6-02-2007. Disponível em: http://ita.law.uvic.ca/documents/Siemens-Argentina-Award.pdf. Acesso em: 05 ago. 2020.

The Hub Power Company Ltd. (HUBCO) vs. Pakistan WAPDA and Federation of Pakistan. Corte Suprema do Paquistão, j. 14-06-2000.

Union of India vs. Mcdonell Douglas Corporation. Julgado pela Queen's Bench Devision (Commercial Court) em 22-12-1998.

Waguih Elie George Siag and Clorinda Vecchi vs. Arab Republic of Egypt. Caso ICSID n. ARB/05/15, j. 1-06-2009.

World Duty Free Co Ltd vs. The Republic of Kenya. Caso n. ARB/00/7 (ICSID). Sentença Arbitral proferida em 4 de outubro de 2006.

Westacre Investments Inc vs. Jugoimport-SDRP Holding Co Ltd. Alta Corte da Inglaterra e País de Gales (England and Wales High Court), j. 19-12-1997. Disponível em: http://newyorkconvention1958.org/index.php?lvl=notice_display&id=1187&opac_view=6. Acesso em: 7 maio 2020.

Yukos Universal Ltd vs. Russian Federation (Final Award). Caso PCA n. AA 227, j. 28-07-2014.

REFERÊNCIAS NORMATIVAS

(Associação Brasileira de Normas Técnicas – ABNT)

ABNT NBR 6023: 2018 – Informação e documentação – Referências – elaboração

ABNT NBR 6022:2018 – Informação e documentação – Artigo em publicação periódica técnica e/ou científica – Apresentação

ABNT NBR 6027: 2012 – Informação e documentação – Informação e documentação – Sumário – Apresentação

ABNT NBR 14724: 2011 – Informação e documentação – Trabalhos acadêmicos – Apresentação

ABNT NBR 15287: 2011 – Informação e documentação – Projetos de pesquisa – Apresentação

ABNT NBR 6034: 2005 – Informação e documentação – Índice – Apresentação

ABNT NBR 12225: 2004 – Informação e documentação – Lombada – Apresentação

ABNT NBR 6024: 2003 – Informação e documentação – Numeração progressiva das seções de um documento escrito – Apresentação

ABNT NBR 6028: 2003 – Informação e documentação – Resumo – Apresentação

ABNT NBR 10520: 2002 – Informação e documentação – Citações em documentos – Apresentação

ÍNDICE GERAL